Teacher Education Series

京师教师教育论丛　第四辑

丛书主编　朱旭东

教师专业发展的情感基础研究

刘胡权　著

Research on the Emotional Foundation of Teachers' Professional Development

北京师范大学出版集团
BEIJING NORMAL UNIVERSITY PUBLISHING GROUP
北京师范大学出版社

丛书编委会

前言

PREFACE

世纪之交，社会的转型发展使家庭、学校和社会的结构发生了一定的变化，给教育带来了新的挑战，对教师的情感提出了特别的要求。虽然这些年来我们在理论上大力倡导教师的专业发展，但对于教师内质性的情感缺乏足够的重视。情感维度的忽视不仅使教师专业发展水平难以真正提升，而且对学生的身心发展也产生了不良影响，使师生间的情感性交往难以建立，教育的内涵大大削弱。

良师善邦，启师致远。怎样的教师才算是良师？如何让良师走得更远？这是教师教育领域根本的理论和实践问题。本书选择了8位情感经验丰富的优秀教师作为研究对象，以发现他们的情感体验、情感经历、情感经验等与其专业成长之间的内在联系，通过对他们个体生活史的回溯，以存在论逼近的方式，关注他们的内在景观，揭示他们生命成长的不同阶段中良善的人性情感、人文情感和职业情感是如何交织在一起，以促进他们的专业发展与生命成长的。

通过对优秀教师个体生活史的回溯，本书认为，教师的专业发展是一个逐渐形成与积累的过程。人的情感孕育、发展正是在“联结—回应”的生命成长过程中逐渐走向成熟、丰富的。在童年生活期，依恋感、安全感、归属感、同情心、联系感等基础性情感的孕育是人性发展的需要，对于教师未来的专业发展具有本体论的价值，需要得到呵护和关爱。在师范教育期，我们不能仅强调知识、技能层面，更需要培养师范生对教师职业的期待和热爱，培养他们的“情感—人文”素养。进入职场，经过不同阶段的锤炼、积累、内化和沉淀，教师逐渐形成以“情感—人格”为基础的专业发展结构，不断升华自己的职业情感，走向一种丰富、深沉的教育爱。

优秀教师的专业形象更接近于反思实践者，他们不是技术性地开展教育教学活动，而是高度主体性地参与问题情境，与学生形成活跃的关系，有兴趣和能力解决学生的问题，并以此为成就。在这一立场下，优秀教师的情感是关系性存在中的“情动”实践，是个人生活史中情感经验的不断积累和改组，经历了“冲突—平静—再冲突—再平静”的复杂过程，是文化—社会境脉下的自主建构。优秀教师的情感是一种复合性的情感，其背后的人性情感、人文情感和职业情感是交织在一起，促进他们的专业发展和生命成长的。

作为反思实践者的优秀教师的情感，与教师的专业发展有着基础性的联系，它贯穿于教师生命成长的各个阶段，对教师的专业发展不仅具有工具性价值，而且具有本体性价值。具体而言，教师对作为内质性条件的情感的认知和自觉，影响其对育人的整体认识及教育行为；教师正向、积极的情感状态的长期持存，有助于增强其职业认同与自我成长的内驱力，应对各种危机；教师在职业生活中经常出现的情感品质对师生关系、教育教学等具有积极价值。那些较为稳定的情感品质是专业发展的灵魂，是教师职业信念、道德操守的重要源泉；那些能够外化出来的情感能力是教师育人的重要体现，需要不断锤炼。

目录

CONTENTS

第一章 教师情感与教师专业发展

教师专业发展①的最终指向是育人，育人需要知识、技能、情感、审美等多方面基础的支撑。缺乏情感基础的知识、技能传授也只能是表层的、肤浅的。如果教师在情感、人文方面的素质比较薄弱，就难以对学生的发展产生一定的影响。这些年来素质教育的推进及教师专业化的诉求，都对教师情感方面的素质提出了要求。然而，长期以来，由于种种复杂原因，对教师素质中情感这一维度的研究较为缺失，缺乏相应的实证支撑。基于此，本书试图从优秀教师的情感入手，通过考察他们的个人生活史，探讨教师情感与教师专业发展的内在联系。

第一节 教师情感面临新的矛盾和挑战

世纪之交，社会主义市场经济的转型发展，使教育领域产生了物质化、功利化和娱乐化的不良习气，在一定程度上造成了教师在物质与精神方面的背离和反差。外部环境的剧烈变化，消解了教师的精神内核，击垮了教师原有的教育信念，使部分教师舍弃生命本身去追逐物欲的满足，精神式微得厉害。今天，人们的精神层面出现了许多新问题。文明与伦理价值的冲突、贫穷困境与消费渴求的冲突、应试压力与

① 从构词法来看，教师专业发展有两种不同的理解：一种是教师·专业发展，另一种是教师专业·发展。前者以教师为主体，强调其发展经历是一个由不专业到专业的过程；后者以教师专业为主体，强调教师这一职业是一个逐渐专业化的发展过程。本书主要探讨教师专业发展过程中的情感基础，因此采用的是前一种构词法的理解。

升学就业竞争的冲突、家庭迁徙与亲情缺失的冲突等都构成了人们新的情感矛盾，构成了人们精神世界新的境遇和困惑。①

一、教育的新问题对教师情感提出了新的要求

近年来，随着现代化和城市化进程的推进，家庭、学校和社会的结构发生了一定的变化，给教育带来了新的挑战，出现了诸多新的教育问题，如独生子女家庭潜藏的情感危机、处境不利儿童的情感缺失等。这些有着不同生活际遇的学生呈现出更为复杂的情感状态，需要特别的情感关怀，因此对教师的情感提出了特别的要求。

首先，独生子女家庭潜藏的情感危机挑战着教师的情感能力。社会分工的日益细化，使传统意义上的家庭功能日渐分化。家庭把教育的功能转移到了学校，使学校教师的职域和责任得到了扩展，要求教师能够统整儿童的发展。20世纪80年代，独生子女家庭开始普遍出现，这些独生子女被称为"独一代"。目前，这些"独一代"们大都已婚育，他们的子女多数又是独生子女。"独一代"的父母们生活在传统的多子女家庭，而"独一代"及子女经历了与其父辈和祖辈不同的家庭环境、经济环境和社会环境，也就有了与上代人不同的生活模式、教育模式和成长模式，其中潜藏着诸多情感危机。这使教师面临一定的挑战，必须正视学生家庭教育中的新问题。

其次，处境不利儿童的情感缺失需要教师特别的情感关怀。快速城镇化和农村大规模撤点并校，使我国出现了一些新群体，即进入城市的流动儿童、生活在农村的留守儿童。对于流动儿童来说，他们面临文化的融合和归属感的建立问题。多数流动儿童的父母忙于维持生计，无暇关注流动儿童的成长与发展，在家庭教育、情感关爱等方面缺位，导致少数流动儿童游手好闲，走上违法犯罪道路。对于留守儿童来说，他们面临情感的缺位和家庭教养的缺失。大部分留守儿童需要寄宿在学校，需要独自面对学习生活中的烦恼和冲突，缺少与亲人交流沟通的平台，缺乏恰当的渠道来释放压力。这些导致留守儿童产生自卑心理，使他们对学校生活缺乏兴趣。

近年来，伴随市场经济的发展和社会的转型，我国处于"流动"的状态。

---

① 朱小蔓：《关注心灵成长的教育——道德与情感教育的哲思》，自序4页，北京，北京师范大学出版社，2012。

"流动的中国"，有了"流动的儿童"。他们的父母因生存需要而四处漂泊不定，这给他们带来了诸多的不确定感。他们在成长的关键期得不到情感的关爱和滋养，为日后情感的发展埋下了隐患；学校简单、整齐划一的教育方式影响了他们对于社会的认知。因撤点并校而产生的低幼段学生的寄宿问题，更是一种违背教育常识的简单化处理。这些学生的情感关爱问题又有多少人在乎？人们在关注教育公平与教育质量的同时，能否俯下身来看看学生的真实生存状况？作为教师，我们扪心自问，我们能够为这些学生提供怎样的教育支持？

二、应试教育会使学校忽视对学生的情感关怀

素质教育的倡导虽然轰轰烈烈，但是囿于社会各界对教育的功利化追求，应试教育依然扎扎实实地开展。知识技能的掌握在信息社会不乏途径和手段，但是学生求真、崇善、向美的品质却难以通过简单的知识习得、技能训练得以养成，而是需要教师的情感感染、人格魅力和人文关怀的支持，需要教师"与学生相似"。然而，一些学校目前的情感教育目标比较模糊，多把情感作为手段，没有把情感作为研究对象，没有深入研究情感发展规律和情感教育方法，缺乏促进人类对情感的认识方面的研究；一些学校也没有合理安排情感教育的内容，缺乏前后一致的有效衔接，较少涉及爱情、友情、自我认知、人际关系处理、心灵成长等重要情感的研究；一些学校不太重视早恋、学习困难的心理障碍、青春期困惑、反抗期焦虑、心理压力和精神疾患等问题，没有顾及学生发展的真实需求；一些学校中的师生交往受应试教育的影响，过分注重功利性交往，忽视深度的情感交流。

综观目前中小学基础教育阶段师生关系不理想的原因，除了现代化发展带来的一些负面影响在学校中有所投射外，教师自身的情感素质低下也难辞其咎。教师对自身的情感素质对学生的人格发展的影响缺乏基本的认知。教育教学中存在教师不尊重学生、伤害学生的问题，以及师生关系缺乏基本的关怀型的情感氛围。同时，不管师范生培养还是职后教师培训，都缺乏对教师情感、人格等方面的培育。试想，如果学校是一种没有安全感，缺乏温暖，甚至是恐怖、异化的场所，如果教师自身的情感素质低下，尚且不能成为人格健全、精神饱满的完整的人，那么学生的情感发展及精神状况将会如何？

第二节　教师专业发展研究对情感维度相对忽略

一、有关教师专业发展的研究

人们对于教师和教师教育的关注由来已久。近 30 多年来，伴随社会分工的细化和人们对教育的日渐重视，教师专业发展在 20 世纪 80 年代以来日趋成为人们关注的焦点。① 梳理西方教师专业发展的历史演变，我们可以发现其大致经历了无专业化概念、专业化概念萌芽、专业化实践三个时期。教师专业发展作为一个学术概念来讨论，是 20 世纪 60 年代之后的事情了。西方学术界最初提出教师专业化概念的目的是提高教师群体的社会地位。正如罗杰·索德(Roger Soder)所言，专业化职业、专业主义、专业化等概念都属于社会概念，它们的含义只不过是某一特定时期的特定文化内某一群体可能想要传达的意思。这些概念不可能，至少不应该被具体化。但是，罗杰·索德认为我们可以从这些概念中推测其社会含义，即专业化职业成员是人们十分向往和羡慕的身份地位之一。当然，大多数人在理解该概念时掺杂了自己对名誉、较高社会地位和丰厚酬劳(包括金钱和其他方面的奖励)的看法。② 伴随时代的发展，人们从对教师群体专业化的关注转向对教师个体专业化的关注，从对外部社会环境和专业地位的关注转向对内在素质的关注，从教师个体被动的专业化(职称晋升、相关荣誉和经济利益等)转向个体主动的专业化(内在专业素质的提高和专业实践的改进等)。③

---

① 1980 年，以教师专业发展为主题的《世界教育年鉴》的出版，标志着以教师个体为主的专业发展成为人们关注的焦点。以美国为例，1985 年 5 月，卡内基教育与经济论坛发布名为《准备充分的国家：为 21 世纪培养教师》的报告，着重强调了专业化的问题。同时，美国教育协会和美国教师联盟宣布了旨在使教学职业专业化的重大计划。1986 年，霍姆斯研究小组发表题为《明天的教师》的报告，关注教学行业成为专业化职业的问题。

② [美]约翰·I. 古德莱德、[美]罗杰·索德、[美]肯尼思·A. 斯罗特尼克：《提升教师的教育境界：教学的道德尺度》，汪菊译，38 页，北京，教育科学出版社，2012。

③ 美国学者杰克逊(Jackson)将教师被动专业化称为教师发展的“缺陷观”，认为应该提倡教师主动专业化的“成长观”，使教师在反思实践中获得专业成长。教师个体主动专业化的实现，与教师在课程研究中的地位和作用密切相关，先后经历了“教师即研究者”“行动研究者”“解放性行动研究者”等不同观点的影响阶段，使教师由近代技术熟练者向现代反思性实践者转化。

(一)横向层面的发展结构研究

以往对教师专业发展结构的研究主要有两个方面：一是对专业特质的研究，二是对教师素质的研究。前者主要是从一般性的、专业的角度来考虑的，适用于专业人员群体所应具有的特质；后者主要是从教师的素质要求或优秀教师所具备的素质的角度展开的。①

白益民等人综合相关学者的研究，从教师专业发展的角度，认为教师专业发展结构应该涵盖教育信念、专业知识和能力、专业态度和动机、专业发展意识几个层面。从宏观来看，教育信念包括教育观、学生观、教育活动观；从微观来看，教育信念包括有关学习者和学习的信念、教学的信念、学科的信念、学会教学的信念以及关于自我和教学作用的信念等。专业知识方面主要强调教师的个人实践知识。专业能力方面主要包括一般能力(智力)和专业特殊能力(与教师教学实践相联系的能力，如语言表达组织能力和学科教学能力、教育科研能力等)。专业态度和动机方面主要涉及教师的职业理想、对教师专业的热爱程度(态度)、工作积极性的维持(专业动机)、专业动机的维持(职业满意度)。专业发展意识方面主要强调教师个体的内在主观动力。

值得一提的是，朱小蔓在 20 世纪 90 年代系统分析了国际师范教育实践的六种范式变迁(知识论范式、能力范式、情感范式或人格范式、建构论范式、批判论范式、反思论范式)，并对受近现代工业文明和科技文明的影响，将专业化理解为知识化、学科化、理论化、工具化和技术化等倾向进行了批判，认为教师专业成长的价值取向应该归结为教师人文精神。人本主义、人文精神、人的发展理论应当成为教师专业化的灵魂与核心，具体而言，应该包括观念系统、知识系统、伦理系统与心理人格系统四大系统。②

(二)纵向层面的发展阶段研究

20 世纪 60 年代，有关教师职业生涯的研究很少，到了 70 年代逐渐增多。国内外的研究大致可以分为四种类型：一是按照年龄或教龄划分的教师职业

---

① 叶澜、白益民、王枬等：《教师角色与教师发展新探》，229 页，北京，教育科学出版社，2001。

② 朱小蔓：《关注心灵成长的教育——道德与情感教育的哲思》，410 页，北京，北京师范大学出版社，2012。

生涯周期论，以彼得森(Peterson)、赛克斯(Sikes)的年龄划分为代表，以恩瑞(Unrun)和特纳(Turner)、纽曼(Newman)和伯顿(Burton)的教龄划分为代表①；二是按照专业成熟划分的教师职业生涯阶段论，以富勒(Fuller)的关注水平阶段理论、高瑞克(Gregorc)的教师职业生涯四阶段论、麦克唐纳(McDonald)的教师职业生涯四阶段论、冯克(Vonk)的教师职业生涯七阶段论、休伯曼(Huberman)的教师职业生涯五阶段论为代表②；三是按照社会系统论划分的教师职业生涯循环论，以费斯勒(Fessler)为代表③；四是自我更新的实现论，以斯蒂菲(Steffy)的六阶段论、白益民的“自我更新”五阶段论、申继亮的四阶段论为代表④。我国从20世纪90年代起，对教师专业发展的阶段及各阶段的特征、外部环境和内在动因等做了实证调查。总体来说，人们一般采用“职前期(师范教育)—模仿期(1～3年，新手教师)—独立期(3～4年，经验型教师)—

---

① 彼得森按照年龄将教师职业生涯划分为三个阶段：20～40岁为职业发展期，40～55岁为最理想的职业绩效期，55岁至退休为职业维持期或终结期；赛克斯用生活史的方法将教师职业生涯划分为五个阶段：21～28岁进入成人世界，28～33岁的徘徊，33～40岁的定位，40～50岁进入行政领导层，50～55岁准备退休；恩瑞和特纳按照教龄将教师职业生涯划分为三个阶段：教龄1～6年的初始教学期，教龄6～15年的建构安全期，教龄15年以上的成熟期；纽曼以10年为周期将资深教师职业生涯划分为三个阶段；伯顿以早期和中期有经验的教师为对象将教师职业生涯划分为存活期(从教第1年)、调整期(第2～4年)、成熟期(5年以上)。参见朱旭东：《教师专业发展理论研究》，299～303页，北京，北京师范大学出版社，2011。

② 富勒的关注水平四阶段论：教学前关注、关注生存、关注教学情境、关注学生；高瑞克的四阶段论：形成期、成长期、成熟期、专业全能期；麦克唐纳的四阶段论：转换阶段、探索阶段、发明试验阶段、专业的教学阶段；冯克的七阶段论：前专业、起步、成长为专业工作者、最佳专业水准、自我和专业的再定向、专业再发展、消退；休伯曼的五阶段论：生涯进入期、稳定期、试验与再评估期、平淡和保守主义期、清闲期。参见朱旭东：《教师专业发展理论研究》，304～309页，北京，北京师范大学出版社，2011。

③ 费斯勒等人运用社会系统论，将教师职业生涯划分为八个阶段：职前期、职初期、能力建构期、热情与成长期、职业挫折期、职业稳定期、职业消退期、职业离岗期。参见朱旭东：《教师专业发展理论研究》，311～312页，北京，北京师范大学出版社，2011。

④ 斯蒂菲的六阶段论：新手阶段、实习阶段、专业阶段、专家阶段、杰出阶段、荣誉退休阶段；白益民的“自我更新”五阶段论：非关注、虚拟关注、生存关注、任务关注、自我更新关注；申继亮的四阶段论：学徒或熟悉教学阶段、成长或个体经验积累阶段、反思和理论认识阶段、学者阶段。参见朱旭东：《教师专业发展理论研究》，314～317页，北京，北京师范大学出版社，2011。

成熟期(5～6年，骨干教师)—创造期(8～10年，专家型教师)”五段论。①

这些研究框架各有侧重，从不同的角度反映了教师专业发展与其他相关要素之间复杂的互动关系。这些研究较多关注职业变换的关键点，对教师个体的实践性知识不甚关心，因为国外职业变换是经常的，而我国教师职业基本上是“铁饭碗”。② 此外，这些框架的最大缺陷在于对阶段的理解只不过是一种概念的层面，远离教师个体的真实职业生活。这启发我们对教师的研究要立足教师个体本身，直面教师的职业生活。

综观已有的研究，一是对教师缺乏一种发展过程的观照，只侧重相关片段的研究，忽略教师个体成长及自我形塑的可能。诸多教师教育的理论范式③忽略了教师个体的主体性作用，对于教师个体的哪些经历可以促进专业成长，这些经历对于教师个体是否产生不同的效果，以及这些经历又是如何为教师专业发展提供有效支持和帮助等问题还涉及甚少。二是对教师专业发展的研究忽略教师的职业性质。国外学者认为，有关专业化职业、专业的、专业主义、专业化等内容的讨论并未涉及职业性质。④ 从美国对教师专业化的研究可知，美国教师将医生、律师等作为仿效对象，并未将工程师、牙医、建筑师等作为仿效对象，尽管这些职业群体具有许多专业化职业的特征，其主要原因可能是这些职业不具备医疗和法律行业的声望与权力。此外，教师对于那些历史久远的普通职业只字未提，这再次表明教师择业时越来越看重

---

① 朱小蔓：《中国教师新百科·小学教育卷》，224页，北京，中国大百科全书出版社，2002。

② 叶澜、白益民、王枬等：《教师角色与教师发展新探》，266页，北京，教育科学出版社，2001。

③ 美国学者泽克纳(Zeichner)将美国教师教育计划分为四种范式：行为主义取向、人格论取向、传统—技艺取向和探究取向，对应的理论基础为实证主义知识论和行为主义心理学，现象学知识论、知觉与发展心理学，学徒制，杜威的反省性教师的思想，认为这些理论范式忽略了教师个体在专业发展中的作用。美国20世纪90年代初的一项调查表明，有10%的教师认为，旨在促进教师专业发展的活动是在浪费时间，而且该比例随着教师教龄的增加而上升。这再次说明这些研究外在于教师个体，幻想于构建规律性的架构而忽视个体的真实需要。参见叶澜、白益民、王枬等：《教师角色与教师发展新探》，203页，北京，教育科学出版社，2001。

④ [美]约翰·I. 古德莱德、[美]罗杰·索德、[美]肯尼思·A. 斯罗特尼克：《提升教师的教育境界：教学的道德尺度》，汪菊译，10页，北京，教育科学出版社，2012。

显而易见的权力和名誉，而不去冷静地分析职业的特性、效能和社会价值。① 三是对教师专业发展的研究停留在规范论立场，倾向于追问“教师是一种什么样的角色”“教师意味着什么”“为什么我是教师”的存在论逼近。② 存在论逼近寻求教师的实然方式和存在方式，有助于人们重新认识教师的专业属性。

二、有关情感及教师情感的研究

人非草木，孰能无情？情感是人类精神生活的重要组成部分。情感研究常见于心理学、社会学、人类学和精神病学等领域，虽然历史久远，但因其复杂性、模糊性等特征，各学科领域中的情感研究较少且缺乏一致性。

(一)情感研究的不同取向

在心理学领域，有的学者从生理取向、认知取向、行为取向和进化取向对情感的处理与研究做了概括。③ 相比心理学的认知、感受等领域，情感的研究一直处于被忽略的状态。国内情绪心理学家孟昭兰教授的《情绪心理学》一书对情感的心理发展机制做了较为深入的探讨。在社会学领域，情感社会学的研究处于微观社会学的前沿。美国学者特纳以“为什么人类如此情感化”为主题，在其《人类情感——社会学的理论》一书中深入考察了人类情感进化的生物性基础。④ 特纳将社会学对情感的研究主要分为霍赫希尔德道德情感剧场理论、情感的符号互动理论、地位和权力的情感理论以及心理互动分析的情感理论等。国内学者郭景萍借鉴特纳的情感社会学研究，从社会转型的视角，对我国情感文明变迁的60年做了全面分析。

在教育学领域，苏联的教育学家，如苏霍姆林斯基、阿莫纳什维利等都是情感教育的重要倡导者。尤其是苏霍姆林斯基，他基于长期的教育实践，通过情感环境、情感激动、情感品质等相关概念，系统建构起情感教育研究

---

① [美]约翰·I. 古德莱德、[美]罗杰·索德、[美]肯尼思·A. 斯罗特尼克：《提升教师的教育境界：教学的道德尺度》，汪菊译，47页，北京，教育科学出版社，2012。

② [日]佐藤学：《课程与教师》，钟启泉译，206～207页，北京，教育科学出版社，2003。

③ 乔建中：《情绪研究：理论与方法》，34页，南京，南京师范大学出版社，2003。

④ [美]乔纳森·H. 特纳：《人类情感——社会学的理论》，孙俊才、文军译，2页，北京，东方出版社，2009。

的框架。作为近代学术意义上的情感研究，教育情境中情感研究的进展十分缓慢。除了考试焦虑之外，对于学生和教师的情感、师生失意的情感、教育情境中合意的情感等，美国得克萨斯州圣安东尼奥分校的舒茨(Schutz)认为，“几乎一无所知”。① 随着戈尔曼(Goleman)的“情绪智力”、帕尔默(Palmer)的“教学勇气”、弗里德(Fried)的“热情”、诺丁斯(Noddings)的“关心”、戈尔茨坦(Goldstein)的“爱”、布勒(Buller)的“情感力量”等情感主题研究的增多，教育领域中情感研究的价值被逐步建立。对比国外教育领域中的情感研究，我国的研究更为滞后。20 世纪 80 年代中后期，我国情感教育研究的开拓者朱小蔓出版的著作从《道德情感简论》到《情感教育论纲》，再到《情感德育论》，以及《关注心灵成长的教育——道德与情感教育的哲思》等，将情感教育的研究沿着儿童情感发展与教育、情感性素质教育理论与模式、情感性道德教育范式、学科课程中的情感教育、教师的情感素质与教师发展五条线索推进，系统建构起情感教育的研究框架，并在实践领域推动了情感教育模式的发展。此外，张志勇的《情感教育论》、卢家楣的《情感教学心理学》、梅仲荪的《爱国情感教育心理学初探》、鱼霞的《情感教育》等专著相继出版。他们将不同学科关于情感的科学研究与现代教学原理、德育原理相整合，提出相应的情感教育主张。

(二)教师情感的相关研究

教师情感作为一个新兴议题，在 20 世纪 70 年代之前缺乏相应的探讨。“尽管教师经常热情讨论自身的工作，但并没有研究关注情感在教师生活、职业和课堂行为中扮演的角色及其价值……当前，教师的职前和职后教育仍然没有系统考虑教师情感的重要性。这意味着，学术和专业研究并未将教师情感视为值得认真思考的议题。”②在为数不多的教师情感研究中，有的学者认为，情感研究可以有不同的理论假设，即作为教师个人内心体验的情感、作为社会文化产物的情感、作为互动和表演载体的情感。这三种不同的理论假

---

① [美]P. A. 舒茨等：《教育的感情世界》，赵鑫等译，3 页，上海，华东师范大学出版社，2010。

② Nias, J., “Thinking about Feeling: The Emotions in Teaching,” *Cambridge Journal of Education*, 1996(3), pp. 293-306.

设对应不同的研究方法，即心理动力学、社会建构论和互动论。①

国外学者认为，教师情感能为生产性、教育性的对话提供基础②，对于有效教学和学习、师生关系质量、教师职业选择及坚持等有重要影响③。因此，他们建议师范教育开发情感型课程，呼吁重视情感在教师专业发展中的作用。杰弗里(Jeffrey)发现英国小学教师特别具有创造力和优越感，其原因是他们置身于与学生相联系的创造性情感活动中。因为受到情感的感染，教师自觉投入其中，激发了创造的潜能。④ 此外，教师情感影响信念，教师也通过情感表达教师的身份。对于教师而言，课堂教学情境是教师情感、信念和身份交互的场所。⑤ 英国学者建构了以激情为核心的教师品质的八个组成部分，并认为保持激情有助于发展优秀教师。

国内的研究多是从教师的职业倦怠、教师的情感教学等方面关注教师情感，基本上还是工具论层面的探讨，较少关注教师情感的本体论价值。白益民等人提出了教师的专业态度和动机⑥；经柏龙提出了专业情意，认为专业情意包括专业精神，专业情操(理智感、道德感)，专业性向(人格特征或适合于教学工作的个性倾向)，专业自我(教师对个体自我从事教育工作的感受、接纳和肯定的心理倾向)，其中专业自我既包括自我意识等认知方面，也包括自我尊重感、自我效能感、自我价值感、自我反思、自我监控、自我更新等情意领域。⑦ 朱小蔓在其情感教育的研究脉络下，关注教师的情感—人格素质及其培养，认为教师的情感—人格素质是一个由教育爱为核

---

① 朱旭东：《教师专业发展理论研究》，51～53页，北京，北京师范大学出版社，2011。

② Tickle，L.，“New Teachers and the Emotions of Learning Teaching，”*Cambridge Journal of Education*，1991(3)，pp. 319-329.

③ Osborn，M.，“The Highs and Lows of Teaching：60 Years of Research Revisited，”*Cambridge Journal of Education*，1996(26)，pp. 455-461.

④ Jeffrey，B. &Woods，P.，“Feeling Deprofessionalised：The Social Construction of Emotions During an OFSTED Inspection，”*Cambridge Journal of Educaiton*，1996(3)，pp. 325-343.

⑤ 朱旭东：《教师专业发展理论研究》，44页，北京，北京师范大学出版社，2011。

⑥ 叶澜、白益民、王枬等：《教师角色与教师发展新探》，238页，北京，教育科学出版社，2001。

⑦ 经柏龙：《教师专业素质的形成与发展研究》，博士学位论文，东北师范大学，2008。

心的教育价值观、教育思维方式、教育行为技艺和教育风格类型等组成的综合体。根据教师的情感—人格素质，朱小蔓总结提出了若干教师发展模型，如关心型、创造型、自主型、反思型等。① 这些思想对于深入探讨教师情感具有重要价值。本书也正是基于此来探讨教师专业发展中的情感基础。

有关教师专业发展的著作颇丰，但多数研究聚焦在专业道德、知识及技术领域，教育心理学论著关注的是教师的工作动机和教育态度、人际关系和心理健康等，少有探讨教师情感的话题。我们对情感有所重视和认识，但是仅限于认识论或工具论层面，而没有从本体论或存在论的视角去体认或逼近。20 世纪 80 年代以后，欧美国家对情感教育的认识已经从“以情育人”发展到“育人之情”。我们不得不承认，这些年来，因为过多关注学生，而对学生背后的教师有所遗忘。我们为学生做了大量的研究和支持性、改善性工作，对于教师而言，仅是从伦理道德规范方面做了要求和在专业知识技能的支持上做了一定的工作，但是并未深入教师的内在做研究，尤其在教师的情感性人文素养方面做得太少。而这些研究却支撑着教师可以走得更远。

在研究方法方面，已有的研究还停留在经验、体验的描述层面，未能深入揭示情感的内涵及复杂性，只是外延的简单罗列或应当是怎样的应然描述，缺乏现场感或存在论的逼近，缺乏一定实证研究的支撑。此外，中华传统文化比较注重情感的教育价值，习惯以整体、综合的视角去看待情感问题。一些学者甚至认为中华传统文化就是情本体的文化，如李泽厚先生。因此，教师的情感研究需要在继承传统的基础上谋求创新，保留其精华与特色，以开放、批判和反思的态度看待国外不同视角的情感研究及研究范式，以多元方法整合各种研究视角与方法论，建构我国具有本土特色和解释力的中国教师情感理论。

三、教师专业发展研究的不足

如果教师在专业发展过程中忽视自身情感素质提升的话，那么教师只能沦为“教书匠”式的“经师”，远离社会及家长所期待的“人师”，教师的自我生命价值也难以实现。然而，令人感到悲哀的是，现实恰恰如此。教师在专业发展过程中，受知识范式、技能范式和伦理范式的影响，忽略了其情感维度，

---

① 朱小蔓：《关注心灵成长的教育——道德与情感教育的哲思》，434、495 页，北京，北京师范大学出版社，2012。

使情感处于“日用而不知”、习焉不察的状况。更有甚者，他们以其知识、技能凌驾于情感之上，或者将情感视为实现其知识、技能的手段，完全忽视了情感的本体价值。

(一)过分追求知识、技能维度

国外教师专业化思潮的兴起使教师专业发展的研究聚焦在专业知识和技能上。不可否认，随着时代的发展和学生成长的新需求，教师提高专业知识和技能当然很重要。然而，教师职业生活的复杂性和教育对象的特殊性，使教师职业难以同医生、律师行业一样。对教师专业化的过分强调，很容易使教师专业发展的伦理、道德、情感等维度隐退或被忽视。世纪之交，我国的教师教育体制开始改革，从师范教育向教师教育转型，试图构建职前培养和职后培训一体化的教师教育体系。在改革的过程中，一些院校过分追求学校升格，盲目追求教师的高学历化，认为教师的专业化就是高学历化，窄化了教师专业化的内涵，忽视了教师专业化内涵的情感、道德、伦理维度，片面追求标准化，信奉量化评价为主的质量监测，使教师的学历提升了，但整体素质却下降了。

此外，我们也应该看到，学术界对此的探讨并未激发实践领域的热情。正如有的学者指出的那样：“新课程的理念与价值观和现实的教育教学中的一些新方案、新做法似乎成了两张皮，教师依然很难告别‘工具理性’的‘技术熟练工’的身份，很难逼近‘反思实践家’的‘境界’。人类灵魂的工程师，仍然是戴着镣铐跳舞的教书匠，教师徘徊的灵魂，已经跟不上脚步……”①可见，我们在向欧美国家学习时，对于专业化的理解有失偏颇，过分注重外在的知识、技能维度，对内质性的情感、精神等维度理解不深，没有实现师范精神与教师内在精神的一致。在教师的专业素质或专业标准方面，我们虽然有中小学教师职业道德规范、中小学教师专业标准等文件的规定或形象的塑造，但是较笼统、不细化、不好操作，使教师个体在行动层面比较困惑。此外，对于教师专业发展的研究，大多是学习、借鉴国外教师专业发展研究的范式，缺乏基于本土文化的观照。

---

① [美]约翰·I. 古德莱德、[美]罗杰·索德、[美]肯尼思·A. 斯罗特尼克：《提升教师的教育境界：教学的道德尺度》，汪菊译，2页，北京，教育科学出版社，2012。

(二)较少关注情感维度

情感对教师的专业成长乃至生命发展具有重要意义。生命与生活的过程原本由支离的生活碎片填充，而填充的图形一定要靠情感来编织。离开情感层面，我们不能铸造精神世界。因此，教师要做一个积极培养学生情感的人，自身也应该是一个情感丰富的人。内在情感和精神世界丰富并保持开放性的教师，能够关注学生的情感(包括情绪)的表达，敏锐地发现学生沉默、对抗等消极情绪背后的精神活动，并创造性地寻找到转化学生的消极情绪为积极的行动动机的契机。这就需要教师不仅要关注学生外在的学习行为，而且要关注学生的精神世界，需要教师具有教育的敏感性，需要教师自身是情感丰富的人。苏霍姆林斯基认为教师是有情感修养的人，儿童每天都在亲身感受教师对其行为举止在他的心灵深处做出的最细腻的情感反应。这种反应就是用人道精神进行教育的强大基础，离开它，就无所谓学校。①

同时，现代科学的发展已经开始注重对情感维度的研究。2006 年，欧盟专家组提出了“学会学习”能力的“认知—情感”二维概念框架；2008 年，欧盟委员会终身学习研究中心又对这一框架进行修改，形成了“认知—情感—元认知”的三维概念框架。其中，情感维度包括五个子维度：学习动机、学习策略和面向变革的取向，学业上的自我概念和自我评价，学习环境，对来自重要他人支持的感知，学习关系。② 由此看到，现在需要的不仅仅是一种“冷认知”，即被客体化的普遍知识及其认知形式，更需要一种所谓“热认知”予以回应，即具有个人境脉的、具体化的知识，这也是以认知的体验性、思维的无意识性和抽象概念的隐喻性为特征的第二代认知科学的基本发现。它们强调认知的机体论的、情境性的、发展变化的以及复杂性系统的新特点③，越来越回到了“认知”的真实面目。

然而，现在已有的关于教师专业发展的理论和实践，往往比较强调教师在学科知识与技能等外显层面上的专业性，忽视情感等内质性因素在教师成

---

① [苏联]B. A. 苏霍姆林斯基：《和青年校长的谈话》，赵玮等译，123 页，北京，教育科学出版社，2009。

② 鲍银霞：《欧盟“学会学习”能力监测进展评介》，载《上海教育科研》，2014(3)。

③ Lakoff, G. & Johnson, M., *Philosophy in the Flesh: The Embodied Mind and Its Challenge to Western Thought*, New York, Basic Books, 1999, p. 3.

长中的重要性。大量的教育教学实践表明，教育的成功不仅仅在于学生成绩提高多少，而在于学生人格的健全发展和生命的精彩展开。这恰恰需要教师具有对生命内质性认识的敏感，能够敏锐发现学生的情感需求，理解、表达并与学生沟通，做出恰当的情感应对，见证、引导和支持学生的身心发展。朱小蔓在20世纪90年代初鲜明地提出要关注教师的情感人文素质培养，倡导创建情感师范教育。她认为在实践操作中，教师的情感—人格的资质与技能以及情感交往关系或“情感场”，受教育者的情感经验的积累或改组，不仅是判断教师情感素质的重要指标，也是衡量教师专业成长的重要标志。①本书正是基于这些基本判断，探讨教师专业发展中的情感基础。

第三节　生活史方法对教师专业发展研究的适切性

教育学作为人文科学，关注的是人的成长的学问，“人”而非“物”是其关注的核心。意义的获取是人文科学研究关注的核心，人的生存意味着理解意义和渴望对意义的理解。范梅南(Van Manen)指出，渴望不仅是一种心理状态，而且是一种存在状态；渴望是指人对生活某个方面的专注和浓厚兴趣。这种关注和兴趣是生命的真实存在，唯有将这种关注和兴趣融入生命，才会使研究不外在于生命本身。那种对生命的关注和独特生命经验的吸引，使我们想了解教师生命过活方式的独特性。教师作为教育者最基本的东西是什么？如何让教师更好地成为他们自己，使其专业发展和生命成长合一而不分裂？因此，本书以发现教师情感与专业发展之间的内在联系为主旨，通过生活史的视角，以存在论逼近的方式，关注教师的内在景观②，揭示促进教师专业发展的情感基础。

---

① 朱小蔓：《关注心灵成长的教育——道德与情感教育的哲思》，71页，北京，北京师范大学出版社，2012。

② 帕尔默的《教学勇气》一书明确提出了探索教师生活的内在景观。他认为，要充分描述内在景观图画，必须把握三种重要通道——智能的、情感的和精神的——三者无一可以忽略。智能、情感和精神依赖于相互之间的整体性，它们应完美地交织在人的自我中，结合在教育中。他的这种从生命整体性去活出“不分离的生活”的角度去反观教师的内在，对于作者是很好的启发。此外，派纳(Piner)在《自传、政治与性别：1972—1992课程理论论文集》一书中也明确提出“向内部回转”，把注意力永久地置于人的身体内部，以揭示人的真正的情感、认知的状况，简单来说，也就是精神的状况。

一、有关生活史及教师个体生活史的研究

（一）生活史研究的不同学科取向

一是社会学的生活史研究。生活史研究源于 20 世纪初的人类学研究。1927 年，托马斯(Thomas)和兹纳涅茨基，通过收集美国波兰移民的自传性材料、日记和往来信件，写出了《身处欧美的波兰农民》这一生活史研究的奠基性著作。之后，芝加哥学派使生活史研究在 20 世纪 30 年代走向巅峰。在此后的一段时间内，由于战争的影响，加之社会学家对量化统计方法的青睐，以及文化人类学家切身体验研究对基于自传资料解读的质疑，生活史研究一度跌入低谷。20 世纪 70 年代，社会学家对反常行为的研究使生活史方法有了复兴的迹象。20 世纪 80 年代，一些学者的研究使生活史研究得以丰富。作为一种研究方法，生活史从社会学研究中的传记法而来。传记法是基于个人自我经验对社会现实的自我建构。20 世纪 90 年代，德国社会学家阿亥特(Alheit)等人把传记法引入教育研究领域，使生活史研究注重个体独特的生活经验和内在感受，同时融合社会科学和人文科学对自我经验价值的认识，注重意义的理解与建构。

二是历史学的生活史研究。伴随传统史学向叙述史学的转向，人们开始关注生活史的研究。区别于传统史学过多关注结构而少见个体的状况，生活史研究更为关注微观个体的经验，强调以个体的经验折射世界的整体，在方法论上与心理学、人类学相联系。区别于历史研究中的思想史、制度史的研究，它强调鲜活的微观世界，它走进了活生生的教育生活，面对的是具体的个人；区别于传统史学的定性分析，它强调生活现场，视野下移，强调他者立场所形成的体验。① 可见，生活史研究强调一种人文关怀，注重个体生命的主体性和能动性。

三是作为一种哲学的反思对象。生活史研究受到西方学术界有关生活世界及日常生活研究的影响。现象学之父胡塞尔(Husserl)首先提出了日常生活世界这一概念；维特根斯坦(Wittgenstein)从语言分析研究的批判回到日常语言，提出与胡塞尔类似的概念生活形式；海德格尔(Heidegger)提出日常共在

---

① 周洪宇、刘训华：《多样的世界：教育生活史研究引论》，9 页，福州，福建教育出版社，2014。

世界，揭示现代日常生活世界的深刻和全面异化；西方马克思主义者、法国哲学家列斐伏尔(Lefebvre)把日常生活世界当作一个全面异化的领域；东欧新马克思主义代表人物赫勒(Heller)将日常生活称为伪具体性世界和自在类本质的对象化领域。此外，弗洛伊德(Freud)的精神分析学说、福柯(Foucault)的规训理论等对日常生活进行了理性反思与批判。这些思想使日常生活史研究成为一个新的领域，也使生活史研究具备了哲学反思的品性。

(二)教师个体生活史的研究

教师是通过整个一生才成为教师的。研究教师的生活史，揭示教师的生命周期和专业成长过程，在20世纪80年代以来，以英国社会学家为中心展开了。英国教育社会学家古德森从课程社会史和教师生活史两个领域，较好地运用了这一研究方法。美国学者派纳认为，生活史研究是一种回溯——通过生活史中能动者的生活故事叙述，重新进入过去。生活史的讲述为我们呈现了一个个情境，情境是个体生活史中现在的时刻的意义，这个时刻虽然是暂时的，但是通常带着希望、责任、感情和渴望而被置于物质的和精神的地方。研究现在的时刻有助于发现它的意义；把它形成文字能够帮助人们走出这个情境以便进入下一个情境。人只有理解过去和未来如何影响自己的现在之后，才能够走出当前的情境，因为他认为行为之源的转变意味着行为本身的转变，于是实践就被转变了。① 佐藤学梳理了有关教师专业成长的研究，认为教师专业成长阶段的研究，包括初任期的教师任职前抱有的期望与在学校现实的狭缝中经验到的现实之间的冲击、各自的职业阶段所要求的发展课题的研究。在生涯历程的研究中，有的学者以描述教师所经验的主观生活世界的方法，展开了逼近教师生活真相的研究。② 这些思想是教师生活史研究的重要立足点。

生命史、生活史其实是对宏大叙事历史的一种补充。宏大叙事的历史肯定是需要的，因为不知道整个历史的来龙去脉以及整个事件的直接的连接，

---

① [美]威廉·派纳：《自传、政治与性别：1972—1992课程理论论文集》，陈雨亭、王红宇译，8、11、31页，北京，教育科学出版社，2007。

② [日]佐藤学：《课程与教师》，钟启泉译，260～261页，北京，教育科学出版社，2003。

很多琐碎的事情就不会明白它是在什么背景下发生的，为什么会发生这种事情，不能像后现代那样去排斥宏大叙事。生活史作为一种补充，关注的是细节化的、鲜活的、个人生活经验的总结，把它从隐藏的历史中显现出来，通过细节化的、鲜活的个人经验，提取出一种历史的走向。① 通常人们讲宏大叙事的时候，往往把个人的活动、生命的经历与个人的情感和意愿等全都湮没了。只用宏大叙事来解释，解读每一段具体的历史，确实会对历史产生许多遮蔽、误解和误读。个人生活史对宏大历史具有激活作用。在讲述过程中，讲述者本人是这个中间的人，有一种生命的体验，且能把生命的体验和事实描述交互起来，把个人生命遭遇带到整个历史叙事中去理解，实际上是让个人与历史对话。但如果它里面没有亲历者的体验，那将是不可理解的。

然而，国内有关教师生活史的研究，既缺乏相应的实证研究，也缺乏对生活史的整体理解，已有的研究基本都是基于对生活概念本身的理解。生活史研究具有一种人文关怀，强调个体的能动性，强调在时间的链条中整体性地认识个体行为；生活史研究具有回溯的特点，强调在回溯的过程中反思自我经验，进行自我更新与意义建构。本书对生活史方法的运用，正是建立在这样的认识基础上。

二、生活史方法的适切性

生活史研究中的生活历史，既包括生命历程(life course)方面，又包括生活传记(biography)的方面②，但却不是两者的简单结合，而是揭示生命历程与生命的过活方式(the Way of Living the Life)之间的动态联系关系，即在生命的流淌中选择怎样的过活方式以实现自我存在的意义与价值。本书以生活史为基本方法，在以下三个方面具有适切性。

---

① 鲁洁：《回望八十年：鲁洁教育口述史》，1～2页，北京，教育科学出版社，2014。

② 在生物维度上，生命历程是客观而不可逆转的过程；在社会维度上，生命历程标记着生命体从儿童到成人的发展变化所导致的与社会联系的方式和内容的序列变化过程。传记可以是一切人(包括名人和普通人)关于生活的故事，包括他传和自传。传记包括生命历程事件的描述，但更多的是主人公某些特殊方面的经历。传记具有内部的逻辑一致性，其系列事件之间往往存在某种联系。参见徐改：《成功职业女性的生涯发展与性别建构——基于生活历史法的研究》，博士学位论文，华东师范大学，2007。

(一)生活史研究以人为本，关注个体的主体性

与传统史学侧重结构研究而缺失对个体关注不同，生活史强调个体存在的独特价值，希冀通过个体独特生命存在这样“一滴水”去折射“整个太阳”的光辉。它认定个体的存在是个体与社会不断互动的结果，但个体具有创造的能动性，能够自我更新，获得意义的理解与解释。因此，生活史方法的首要任务是通过个人记忆的挖掘和采集，去关注个人并研究个人，使个人成为生活史的第一焦点。生活史认定人性的共同密码及个性密码，分别隐藏于古往今来的无数个人的生命历程中。只有汇集更多个人的密码信息，才能够找到人性的根本奥秘；只有找到人性及其个体的差异性，才有可能更好地解释人类社会与历史之谜。生活史的价值就在于挖掘和收藏个人记忆，研究每个人的心理和个性。① 对于本书而言，就是要发现教师个体独特的自我经验模式何以支撑其专业发展，其背后的人性情感、人文情感和职业情感是如何交织在一起发挥作用的。

(二)生活史研究关注个体自我经验及意义建构

经验一词在生活史研究中，具有哲学先导和方法论的指导意义，这源于生活史一直是哲学反思的对象。德语中的经验较好地阐释了其本体论意义，对于本书具有极大的启发。德语中有两个词语表示经验：“Erfahrung”和“Erlebnis”。前者与英语中的“Experience”相对应，强调经历的客观事实性与主观感受性，侧重于客观事实层面的理解。后者则是狄尔泰(Dilthey)根据动词“Erleben”(意为边活边看)，将其引入学术界，对应英语的“Lived Experiece”。从语源学的分析来看，“Erlebnis”的前缀“Er-”强调依循事物的内在本质调节而从其外部出发，后面的“Lebnis”指的是“过活”(Living)的过程和结果，合在一起的字面含义就是，生命所展现和承受的正是依靠生命本身。②该词从本体论上强调了个人经验的独有和特享，无须向外寻求理论或先验的支持，生命只在生命内部实现自我更新。这一过程的实现需要那些即时的

---

① 陈墨：《口述历史杂谈》，40页，北京，海豚出版社，2014。

② 徐改：《成功职业女性的生涯发展与性别建构——基于生活历史法的研究》，博士学位论文，华东师范大学，2007。

(immediate)和未经过充分反思(pre-reflective)的意识，它们是经验的基本形式。个体在生命的时间链条中回溯这些基本形式，能够更好地认识自己，获得意义的理解与存在的持续。本书认同对自我经验的本体论理解，也是基于此去思考教师专业发展的可能。

(三)生活史研究在时间之流中关注生命的存在

生活史研究是在时间链条中整体反思生命的存在。它通过回溯察看生命何以更好地存在，否则我们只会停留在生命的局部蹉跎人生。生命的整体存在及独特的生命经历具有丰富的价值，麦卡蒙(McCammon)在其小说《奇风岁月》(*Boy's Life*)中有一段让人印象深刻的话："如果有个老人过世了，那就好像一座图书馆被烧毁了。……我好渴望能够有个像电影院的地方，里头有一本记录了无数名字的目录，我们可以在目录里找出某个人的名字，按下一个按钮，银幕上就会出现某个人的脸，然后他就会告诉你他一生的故事。……当我走在墓园里，聆听着那无数沉寂了百年、永远不会再出现的声音，我忽然觉得我们真是一群浪费宝贵资产的后代。我们抛弃了过去，而我们的未来也就因此消耗殆尽。"①可见，生活史是认识和了解生命经历的一种有效途径，更重要的或许是它还能满足人类的情感需求。毕竟，人是一种关系性的存在。了解他人，其实也是在了解自己。本书也是在时间之流中，在"过去—现在—未来"的发展链条上，整体考察教师专业发展的情感基础。

三、亲历生活史研究

运用生活史方法开展研究，面对的首要问题是研究对象的选择及研究者的"进入"，以及研究者在其中的角色定位与被研究者的伦理关系；最为关键的是访谈及研究资料的生成，因为生活史研究不把资料视为研究者单向的收集、整理，而是与研究对象的合作和互动生成；最后是研究资料的呈现。

(一)研究对象的选择

研究对象的选择既要考虑典型性，其携带的信息具有特定的价值，有助

① [美]罗伯特·麦卡蒙：《奇风岁月》，陈宗琛译，480～481页，南京，译林出版社，2011。

于研究问题的解决，能够保障研究的质量；又要考虑便利性，即方便进入，能够获得有效信息，否则研究难以开展。基于上述考虑，本书前期选取了2个样本开展了生活史的预研究，对研究的问题及访谈的技巧、方法等做了初步尝试，并进行了经验反思。在此基础上，本书后期才选择了7个样本进入正式研究。

考虑到样本的典型性，这9位教师都是情感比较丰富的教师，选择他们作为研究对象，主要是受马斯洛(Maslow)在“自我实现者创造力”“高峰体验”等研究中选择研究对象的启示。马斯洛根据研究内容的需求，从历史人物和身边的学生、熟人中选择基本符合他所设想的优秀者(他称之为“案例”)，通过针对这些“案例”的传记、访谈、体验以及心理测验、自由联想等方法，发现他们的共同特征及潜能、价值等。因为，在马斯洛看来，这些“案例”潜藏着一定的潜能和价值，这些潜能可以得到开发，从事实的存在到潜能的开发，这正是研究的工作所在。人本主义心理学者基本上都认为，正像一粒橡籽“迫切趋向”长成一棵橡树那样，人在自己的本性中也“迫切趋向”人性的完善实现。① 本书就是要发现、揭示这种“迫切趋向”。这些优秀教师作为“过来人”，其过往的情感经历、情感经验、情感品质及情感能力等支撑着其专业发展的方方面面。

考虑到样本选择的便利性，本书选择8位教师作为研究对象。有5位教师是之前与研究者有过合作关系的老朋友，研究者曾多次去过他们的学校，与他们保持一定的往来；有1位教师是研究者导师的访问学者，研究者与其有近半年的学习交往；有1位教师是研究者的朋友推荐的退休教师，人很和蔼，多次邀请研究者去听她的课；还有1位是研究者的师妹推荐的“最美乡村教师”，十分质朴，研究者有两天的时间与其访谈、交流。

此外，样本的选择尽量兼顾教师的各种变量，如出生年份、性别、教龄、学段、学科、城市/农村、岗位等。基于此，本书样本选择的基本情况如表1-1所示。

---

① [美]马斯洛：《人的潜能和价值——人本主义心理学译文集》，5页，北京，华夏出版社，1987。

表 1-1　样本选择的基本情况

教师	出生年份	性别	教龄	学段	学科	城市/农村	岗位	婚育	学历（初始）	家庭出身	地域
马老师	1954	女	38	小学	英语	城市	教学	已	中专	工人	北京
华老师	1966	男	32	小学	数学	城市	副校长	已	大专	农民	江苏
黄老师	1968	女	27	初中	思想政治	城市	副校长	已	本科	军人	浙江
李老师	1968	女	27	小学	语文	农村	教学	已	大专	工人	山东
陈老师	1974	男	21	小学	科学	城市	教学	已	大专	农民	浙江
魏老师	1970	男	25	高中	历史	城市	教学	已	本科	军人	重庆
杨老师	1977	男	15	小学	全科	农村	教学	已	中专	农民	贵州
曹老师	1984	女	10	小学	语文	城市	教学	已	本科	工人	江苏

（二）研究伦理与研究关系

本书所选的研究对象多为研究者所熟识，便于研究者设身处地从他们的角度去了解与认识，便于收集到真实、有效的信息。但是，也正是因为熟识，需要保持距离。在访谈开展中，因为熟识而彼此信任，能够打开心扉，自由畅谈；在资料生成过程中，因为熟识而便于理解，但需要跳出这种熟识保持距离，这样才有可能逼近真实存在的意义，而不至于因为熟识而被遮蔽。所以，研究者要在熟识与距离之间自由行走。当然，要想完全理解一个人的生活几乎是不可能的，哪怕关系再亲密也是如此。本书也只是通过优秀教师对自己生活史的回溯，在回溯中自然而然对某些经历和事件做出反思，以此来发现情感与专业发展的内在联系。

口述生活史的访谈需要一定的时间和受访对象的全情投入。为让受访对象更为明确本书的研究主题，自然而顺畅地言说，研究者预备了“有关研究课题及访谈事项的说明”（见附录），在访谈前会向他们说明研究的目标、意义及价值，也会说明最大限度地保护他们的隐私，对涉及的相关内容均做一定的技术处理。值得一提的是，所有受访对象在生活史访谈中都表达了自己的受益——因为回溯而反思发现了许多自己以前没关注的地方，从中收获意义与有意识地再出发。当然，研究者自己也是受益匪浅，往往在受访对象口述自己生活阅历的过程中，研究者就被“代入”其中，享受、品味着这种生命的丰富与奇妙。或许，正是这种不断地“卷入”“代入”，才使这些基于真实生活体验的存在得以呈现。

(三)进行访谈

生活史研究具有回溯的特点，强调受访对象能动地叙述生活故事，在时间之流中通过叙述重新进入过去。为什么要收集研究对象经历的资料呢？因为这些经历的资料反映了研究对象自己的特定经验，不仅对自身有益，而且这些经验的分享、提炼有助于让有类似经历的人获得情感共鸣，让他们意识到他们并不孤独，从而获得坚持下去的意义。获取这些经历的资料的主要方法是受访对象自己口述生活阅历。正是访谈者与受访对象的双向互动，使生活史成为一种研究性访谈，即一种“观点互动，在访谈者和受访对象间的互动中建构知识”①。因此，生活史方法强调资料的生成而非收集。

范梅南认为，为避免收集到的材料太多而使研究者陷入意义理解的混乱，我们在开始繁忙的访谈工作之前，要以严谨的态度确定自己的问题或定位自己的观点，以避免访谈不着边际、毫无重点。他进而强调，所有对经历的回忆、思考、描述、访谈录音、谈话记录都是对经历的转化，如果我们在思考中不注意生活经历的意义这一捉摸不定的因素，那么对经历的解释意义不大。② 这启发我们在访谈之前乃至访谈过程中始终要对研究的主题意义保持清晰的认识。

依据访谈计划的本质和所需过程的阶段，生活史的访谈主要分为两个阶段。在第一个阶段，研究者的主要任务是收集素材。基于预研究的经验，研究者为引导受访对象相对完整地口述个体生活史，需要给予他们必要的提示。研究者准备了“协助访谈的问题”(见附录)作为参照，但并非是依此展开的结构性访谈。研究者首先简单开场，介绍研究的背景及相关情况，然后讲述自身的生活经历(一是向受访对象做示范，二是获得受访对象的信任)，再邀请受访对象讲述自己的生活故事。在整个过程中，研究者尽量不打断受访对象的讲述，任其自我陈述，研究者适当回应和引导，但不深入追问。在第二个阶段，伴随一些主题逐渐浮出水面，研究者可以就自己不清楚或不理解的关

---

① [丹麦]斯丹纳·苛菲尔、[丹麦]斯文·布林克曼：《质性研究访谈》，范丽恒译，2页，北京，世界图书公司北京公司，2013。

② [加拿大]马克斯·范梅南：《生活体验研究——人文科学视野中的教育学》，宋广文等译，66、85页，北京，教育科学出版社，2003。

键人物、事件进行提问，与受访对象围绕主题进行互动、反思、建构，使受访对象成为研究者研究计划的合作者，共同思考。访谈虽然主要是这两个阶段，但至少需要三四次的访谈才能逐渐逼近研究的主题。在每次访谈过程中，研究者作为聆听者，要尽量融入受访对象描述的生活经历，为其所吸引和关注，以保证受访对象自由、舒展地畅谈自己的过往。

(四)研究资料的生成

经过访谈录音收集资料之后，便是对录音资料的转录。转录过程十分艰辛，考验着研究者的精力和毅力。录音的转录不只要注意文字的录入，更要注意文字背后和访谈过程中受访对象的神态、表情、语气，以及表达的重复处、强调处、矛盾处、停顿处等，甚至是一些方言的表达，这些都体现着受访对象的某些倾向。每位受访对象至少要接受 2 次深度访谈，每次时长在 2 小时左右，总共形成转录文字近 30 万字。除了访谈资料之外，研究者还收集了受访对象的其他资料，如发表的文章及著作、日记札记、活动发言、课堂实录等，以作为对访谈资料的印证与补充，尽可能展现研究主题的真实。汇总上述信息，如表 1-2 所示。

录音转录完便是对文本的解读。研究者大致经历了 4 轮循环往复的过程：第一轮是对受访对象生活史的勾勒，通过对受访对象人生轨迹的描摹，达到把握主题的目的。研究者对 8 位受访对象的生活史勾勒如表 1-3 所示。第二轮是根据文本资料进行显在主题的归类。例如，研究者根据 8 位受访对象的整体资料，梳理出童年生活期、师范教育期和职业生活期三个不同时期，对每个时期又做了具体的划分、归类。童年生活期主要是家庭成长环境及教养方式、童年特定的生活经历及受教育经历；师范教育期主要是学习期、实习期的不同体验；职业生活期是不同发展阶段的不同情感体验。第三轮是对显在话题、主题类属之间的联系展开分析。例如，童年生活期的家庭成长环境及教养方式对其情感孕育发展的影响；师范教育期的关键人物对其情感发展的影响；职业生活期的关键事件及特定的情感经历对其专业发展的影响等。第四轮是对潜在意义水平上的相关概念及不同理论观点的归类、分析，如情感经验、情感品质、情感能力等与教师专业发展的关系，如何理解教师的专业等。

表 1-2 生活史资料收集一览

教师	访谈资料(时间、转录字数)	发表文章及专著	日记札记	课堂观察	活动发言	其他
马老师	2015 年 3 月 1 日访谈，2.2 万；2015 年 5 月 2 日对马老师及其徒弟访谈，1.5 万	文章 3 篇		2015 年 5 月 5 日“师徒共上一堂课”		网络资料(参加相关活动等)
华老师	2015 年 3 月 1 日访谈，1 万；2015 年 5 月 2 日访谈，1.5 万	著作 2 本、文章若干篇		2015 年 3 月数学公开课	2015 年 8 月 13 日公益活动	网络报道
黄老师	2015 年 3 月 1 日访谈，2.3 万；2015 年 4 月 2 日访谈，2.3 万；2015 年 7 月 3 日访谈，3.7 万		日记 2 篇	绘本课 3 次	学习交流若干次	网络报道
李老师	2015 年 3 月 1 日访谈，1.9 万；2015 年 5 月 2 日访谈，2 万；2015 年 8 月 3 日访谈，1 万	著作 1 本	博客文章若干篇(包括学生博客)		讲座 PPT	学生作文、作品等若干篇
陈老师	2015 年 4 月 1 日访谈，1.5 万；2015 年 5 月 2 日访谈，1.3 万	文章若干篇		示范课 1 次	公益活动讲述成长经历 2 次	学生写的关于他的中考满分作文及其他学生的反馈文字；媒体及网络报道
魏老师	2015 年 3 月 1 日访谈，0.9 万；2015 年 5 月 2 日访谈，0.8 万	著作 1 本、文章若干篇		历史探究课 1 次	公益活动及沙龙 3 次	媒体采访及网络报道
杨老师	2015 年 7 月 1 日访谈，2.1 万			专题讲座 1 次	公益活动 1 次	媒体采访及网络报道
曹老师	2015 年 4 月访谈，4 万；2015 年 4 月对家长、同事及公益负责人访谈，1.5 万	文章若干篇	随笔 50 多篇	吟诵课 2 次	公益活动讲述成长经历 1 次	班级构建文档、吟诵课程文档若干篇

总之，文本的解读是一个不断寻求意义的循环往复的过程①，需要研究者细致并反复阅读文本，不断回返访谈现场，与受访对象移情换位，同时又能够回归研究者的身份和立场，在不断往返中确定案例的分析线索和写作架构。

表 1-3　受访对象的生活史勾勒

教师	生活史勾勒
马老师	1954 年，生于北京；1973 年，作为中学生被选拔到北京外国语学校学习英语两年；1974 年，到北京某区担任小学英语教师；1980 年，英语课停开，被调到没有停课的某校教英语，一直到退休；1992 年，全国英语课恢复，任外语组组长；2000 年，参加了教育部首次举办的中小学国家级骨干教师培训，3 个月脱产培训；2001 年，被评为北京市特级教师；2004 年，被评为北京市劳动模范；2009 年，退休，参与教师培训，自己带徒弟
华老师	1966 年，生于江苏南通；1981—1984 年，就读南通某中等师范学校；1984—1995 年，在乡村小学教体育、数学，先后任教导主任、乡教办主任等；1995 年，调到某县实验小学任副校长；1998 年，被评为江苏省特级教师；2002 年，调到北京某小学；目前是该校主管教学科研的副校长
黄老师	1968 年，生于浙江温州；1986—1988 年，就读温州某师范学校；1988 年，教初中思想政治，兼职学校团委工作；1991—2000 年，任三届班主任；2000—2008 年，先后任办公室主任、分校区校长；2008—2013 年，任某实验中学校长；2010 年，开发慧心课程，开展生命教育实践探索；2015 年，到北京师范大学做访问学者
李老师	1968 年，生于山东淄博；1989—1990 年，就读淄博某师范专科学校；1990—2001 年，在职业中专及技校工作；2001—2009 年，在淄博某小学工作；2009—2015 年，在潍坊某区小学工作
陈老师	1974 年，生于浙江温州；1991—1994 年，就读温州某师范学校；1994—2003 年，任某乡村小学教师，先后教过语文课、数学课，最终选择小学科学课；2003—2015 年，在温州某小学教科学，开创多个科学实验品牌活动；2007 年，参加社会公益活动，并创办、运行两个公益机构

① 徐改：《成功职业女性的生涯发展与性别建构——基于生活历史法的研究》，博士学位论文，华东师范大学，2007。

续表

教师	生活史勾勒
魏老师	1970年，生于重庆；1987—1989年，就读重庆某师范学校；1990—1993年，在某乡村初中教思想政治；1994—1995年，在某县初中教历史；1995—2001年，教高中历史毕业班；2001—2008年，调到另一个高中教历史；2008年至今，在北京某高中教历史
杨老师	1977年，生于贵州；1997—2000年，就读贵州某中专；2000—2015年，通过教师选招考试进入教师队伍，任教于某乡村小学；2011年，关注留守儿童生存状况，出版留守儿童日记；2013年，入选“最美乡村教师”
曹老师	1984年，生于江苏南通；2000—2005年，就读南通某中等师范学校（“3＋2”培养模式，3年高中，2年大学）；2005年至今，在南通某小学教语文；2012年，自主学习传统文化吟诵并引入课堂；2013年，参加多个公益机构的活动

（五）研究结果的呈现

基于4轮文本解读所呈现出来的主题以及人的情感孕育发展的基本规律，本书试图整体地把握每一位受访对象的生活史，根据其不同的专业发展阶段，较为连贯地梳理出情感与专业成长的内在联系。因此，在对研究成果进行整体呈现的时候，本书既考虑了作为完整的人的专业发展过程，又考虑了情感在不同生命成长阶段的孕育发展规律。所以，在不同的发展阶段，本书尽量呈现这一发展阶段的主题以及教师面对这些主题时应对的智慧，以便为下一阶段的发展奠定基础。在写作过程中，研究者一方面自然呈现受访对象对相关主题的口述，另一方面对所呈现的口述结合其整个生活史给出“位置”，做出意义的分析。这样，一是真实呈现了受访对象的自我经验与自我理解，二是符合诠释学“理解是基于对文本的理解”的要义，在文本理解和对话的基础上，将意义扩展开来。

在对受访对象生活史的处理上，本书没有将每一位受访对象作为一部分完整呈现，而是根据发展阶段主题的需要，在每一阶段主题下展开他们的生活史，看其如何应对。所以，本书在每一阶段都会呈现8位优秀教师在这一阶段的生活史情况，并据此展开分析。

第四节　研究的整体思考与设计

一、研究的问题

正如狄尔泰所言，我们所正在寻找的，是生命本身所内在固有的那种联系；而且，我们是通过一些个别事件来寻找这种联系的。这些对这种脉络有所助益的任何一种事件，都必然包含着某种与生命的意义有关的东西，否则它就不可能在它们的相互联系之中出现了。因此，本书的研究目标就是理解教师专业发展与教师情感本身所具有的联系状态，而这种联系状态是永远不可能变成理解过程所完全能够接近的东西的。理解生命情感的过程，只不过是一个持续不断地接近生命的过程而已；所谓生命展示给我们的方面，完全不同于我们在通过时间考虑它的形成过程中所根据的观点，这种情况既是由理解过程的本性造成的，也是由生命的本性造成的。①

基于此，本书的研究问题如下。

首先，优秀教师具有怎样的情感素质？这种情感素质是如何形成的？在生命成长的不同阶段，情感体验、情感经历、情感经验、情感记忆、情感想象、情感期待等在其中发挥了怎样的作用？

其次，优秀教师的情感体验、情感经历、情感经验、情感记忆、情感想象等与其专业成长之间具有怎样的内在联系？

二、研究的架构及核心概念

（一）研究的基本架构

教师是一种关系性的存在，对教师的研究要立足于教师的职业性质和生活实践，以存在论逼近的方式去获得。范梅南对存在性要素的划分包括存在的空间性、时间性、人际性和实体性。对于教师而言，空间性主要涉及家和学校两个重要场所；时间性主要是专业成长的阶段性；人际性主要是与学生及家长、同事的关系；实体性主要是身体的感受性。因此，我们将存在性要

---

① ［德］威廉·狄尔泰：《历史中的意义》，艾彦译，56页，南京，译林出版社，2014。

素的分析贯穿于研究中。

同时，参考借鉴了人的情感发展特点及教师专业发展阶段的理论，本书将教师专业发展划分为三个时期：儿童生活期、师范教育期、职业生活期。每个时期面临的发展主题不同，儿童生活期主要是情感的孕育、生成，为日后专业发展提供基础性的“情感—人格”储备；师范教育期主要是作为准教师对教师职业的向往、期待和想象等，同时为未来发展储备基本的知识、技能，形成对教师职业基本的情感、态度；职业生活期主要是教师情感的发展、成熟，经过职场的磨砺和不断地否定之否定，使个人化的教育哲学观形成、知识和能力日渐娴熟、专业发展的意识逐渐建立并走向自我更新、情感品质日益凸显、情感能力得到确认。基于这三个不同时期的发展主题及教师情感的特点，本书重新思考教师职业的性质，重构教师的专业性，建构专业发展中的情感基础。

因此，本书的第二、三、四章主要探讨童年生活期、师范教育期、职业生活期三个不同时期的发展主题及教师情感状况；第五章是教师专业发展的情感基础的理论建构。整个研究就如同一个纺锤，从问题端切入，经过三个不同时期的发展，最终建构对专业发展的情感基础的理解，如图 1-1 所示。

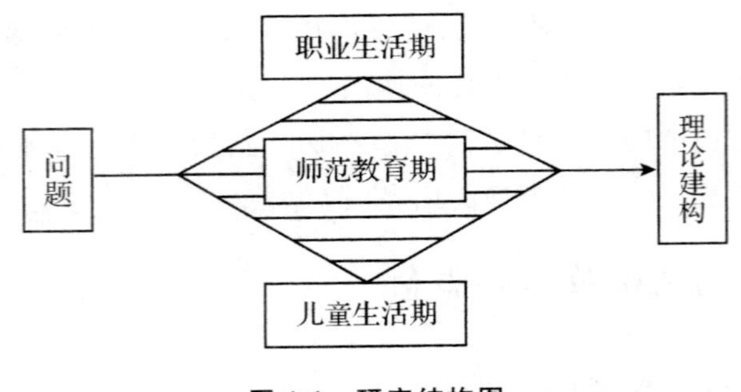

图 1-1　研究结构图

(二)核心概念的界定

1. 优秀教师

优秀教师是指那些以学生发展为使命，高度主体性地参与到与学生成长密切相关的问题情境中去，与学生形成活跃的关系，有能力解决学生的问题，并从中获得职业愉悦感、幸福感的教师。教师称得上优秀，不仅仅是因为教学胜任和成就，更多的是因为他们对于学生成长和学习的支持。这种支持背后是他们对学生的爱，对学生的尊重和理解，对学生情感需求的适时回应，并从中获得正面、积极的情感回馈；他们与学生建立了关心、信任的关系，在这种关系中，他们彼此成长。

2. 情感及教师情感

生命体的内在驱力、动机、情绪和感受等被统称为情感，它既具有工具价值，又具有本体价值，这最能代表人性。情绪侧重表示感情性反映的过程，它关涉人的自然性需求，具有较大的情景性、短暂性，并带有明显的外部表现；情感侧重表示感情的体验和感受①，它关涉人的社会性需求，具有较大的稳定性和深刻性，比较复杂，不宜辨识。本书中的情感主要是以哲学统领下的人类学、历史学、教育学及主要指向个体的心理学(如情绪心理学、人格心理学、发展心理学等)为学科视角，侧重情感的社会方面，兼顾了生理成分和生物性方面，是从教师生命的整体存在出发，考察其在不同生命阶段的真实状态及对专业发展所发挥的作用。本书从生活史的叙事中提炼出来的情感涵盖情感体验、情感经历、情感经验、情感冲突、情感记忆、情感想象等。

关于教师情感，日本学者编著的《新时代的教师》一书对研究者有较大启发。他们通过深入考察日本教师的日常工作，指出教师的工作性质是无边界性、多面性和不确定性的，教师职业是情动的实践。他们认为，教师工作与情感相关的两个方面主要包括：一是要理解学生的发言或行动中所包含的情感；二是教师作为专家能够控制自己的情感，不被情感左右，能够在不同场景中有意识地表达情感，并根据情境来调整与学生的距离，从而做出专家应有的行为。② 基于此，本书中的教师情感是一种复合性的情感。本书对教师情感的讨论是基于教师工作的现场、工作内容，基于教师交往的对象，关注教师情感、情绪的状态，发现、挖掘教育生活中有积极价值的情绪、情感品种及稳定的情感品质，重视那些能够外化出来的为人处世的情感能力，将特定时代背景下教师情感的复杂性、矛盾纠葛、处理过程等揭示出来。

3. 专业发展

本书认同作为反思实践者而非技术熟练者的教师专业发展，即教师的教

① 朱小蔓：《情感教育论纲》，8页，北京，人民出版社，2007。

② [日]秋田喜代美、[日]佐藤学：《新时代的教师》，陈静静译，10～11页，北京，教育科学出版社，2013。

学和育人活动不仅仅是技术性的，而是教师高度主体性地参与问题情境，与学生形成活跃的关系，有兴趣和能力解决学生的问题，并以此为成就的活动。因此，从横向来看，教师专业发展结构应该包括知识(通识知识、学科专业知识和教育专业知识)及个人实践知识、观念及教师个体化的教育哲学观、能力和“情感—人格”四个方面；从纵向来看，教师专业发展阶段包括职前的师范教育期和职后的职业生活期，童年生活期的情感孕育为日后专业发展奠定了坚实的基础。

4. 生活史

生活即生命的过活方式，生命在生活中绽放。没有生活，便无从谈起人生的意义。正如梁漱溟所言：“人生没有什么意义可指，如其询问，就是在人生生活上而有意义。”①生活史旨在揭示生命历程与生命的过活方式之间的动态关系，即在生命的流淌中选择怎样的过活方式以实现自我存在的意义与价值。

5. 生活经验

德国生命哲学家费迪南·费尔曼(Ferdinand Fellmann)认为，生命组成了自己的逻辑空间，生活经验从属于生命这个事实的内部，因此要比外部世界的思维形式灵活得多。生活经验可以作为自我经验的模式。生活在继续，这就是生活，是本体学的两个既适用于体验，也适用于世界的无区别的范畴。借用黑格尔(Hegel)逻辑学的话：在生命中，所有的内容都向自我呈现。② 然而，自我是不断形成的③，生活经验就是从生命内部产生并依靠生命本身得以更新的意义。

(三)研究涉及的相关理论

世界是一种包括人类经验在内的相互联系的现实存在，只有通过仔细深入地研究才能获得更为深刻的认识。否则，就像盲人摸象一样，无法认识整体。进化生物学家爱德华·威尔逊(Edward Wilson)在其《一致性：知识的联

① 梁漱溟：《人生的三路向——宗教、道德与人生》，155页，北京，当代中国出版社，2010。

② [德]费迪南·费尔曼：《生命哲学》，李健鸣译，13～14页，北京，华夏出版社，2000。

③ [德]费迪南·费尔曼：《生命哲学》，李健鸣译，1页，北京，华夏出版社，2000。

合》(*Consilience*)一书中提到，由于各学科之间的相对独立性，知识的融合在学术背景下不太容易实现，所以需要跨学科的方法在这种独立性之间架起桥梁，推动问题的解释和解决。①

教师教育研究是一个新兴的研究领域，迫切需要这种跨学科的知识融合。本书涉及的相关学科主要是哲学、心理学、社会学、脑科学、人类学、历史学等。涉及的相关理论主要是哲学领域的生命哲学对生活经验的研究，诠释学对理解的研究，心理学对情绪、情感的研究，社会学中的情感社会学研究，脑科学对联结及其衍生出来的相关情感的研究，人类学有关生命、传记的研究，历史学中口述史的研究，等等。就教育学而言，本书吸纳了相关的教师教育思想，如第斯多惠、乌申斯基的教师教育思想，苏霍姆林斯基的情感及教师教育思想，诺丁斯的关怀教育思想，范梅南的教育现象学研究，佐藤学对教师研究的存在论逼近，等等。

三、研究的意义

首先，我国现有的教师专业发展研究大都忽视了教师的情感维度，相关的概念和理论框架都没有考虑教师情感的地位和作用。然而，教育活动和教师发展除了理性的一面之外，还有情感的一面，即教育活动本身就是一种情感实践。正是在这一意义上，教师的教育工作才充满了复杂性和易变性。教育是育人的事业，若缺乏对教师情感及精神的关注，便会削弱教育工作的人文性，教育理论也难以被称为是完整的。本书的研究有助于人们将教师情感及精神纳入教育理论，从而更为全面地认识和处理教育活动的复杂性。

其次，在教育实践方面，教师情感虽然与教育生活密切相关，但由于情感的隐蔽性和内在性，许多教师在运用情感或践行情感的过程中并没有意识到这些活动。本书有助于将教师情感纳入对教育实践的思考，促进教师从本体论意义上认识与思考情感的基础性。此外，本书的研究也期望能够激发教师对自身情感进行有意识的反思，促使教师揭示、了解或质疑在自身教育工作情境中产生的情感问题、引发的情感事件及其背后所蕴含的那些日用而不知的但可以通达精神的情感品质。

---

① [美]丹尼尔·西格尔、[美]玛丽·哈策尔：《由内而外的教养：做好父母，从接纳自己开始》，李昂译，21～22页，杭州，浙江人民出版社，2013。

最后，本书尝试运用生活史方法进行研究。该方法讲求研究者的情感融入和与个案的情感共鸣。在文本解读中，研究者随时将受访对象的心理状态和行为选择与外界环境相联系，在其情感变化中把握个人与社会的互动。对于研究者来说，这是一次有益的学术训练和科研锻炼，对于完善个人知识结构、培养学术敏感性、提高学术科研能力、增强情感能力等具有重要的意义。

第二章 童年生活期[①]：情感孕育其中

教师的专业发展是一个逐渐形成与积累的过程，童年生活期几乎蕴藏着人的发展的所有“密码”。心理学、脑科学等相关社会科学和自然科学的大量研究成果表明，儿童早期的生活体验和受教育经历影响着情感的孕育及发展，进而影响着身心、人格的健全发展。儿童早期生活的几年就像是一本书的最初章节，它们架构整本书具体的环境、记忆和基础，随后的事情则以此为基础。[②]

第一节 童年生活期的选择与基本认识

之所以选择童年生活期作为教师专业发展的一个阶段加以考察，是因为“我们需要认识到，人文科学问题总是和童年生活中的有关体验相联系的”[③]。童年的生活体验以其特殊的作用机制影响着未来的发展，对此，我们有所觉察却语焉不详，不能够很好地解释其中的内在联系。就教师专业发展而言，已有的研究中不管生涯发展阶段理论还是发展的内在结

---

① 根据联合国《儿童权利公约》对“儿童”的界定，我们将18岁以前这个年龄段的生活称为“童年生活期”，它涵盖了接受高等教育之前的所有阶段。之所以将“童年生活”这样一个看似与教师日后专业发展不太相关的时期作为一个重要阶段来研究，是因为从人的情感孕育发展的规律来看，“童年生活”蕴含着未来发展的秘密，教师日后的专业发展可以在这个时期找到源头。这对于教师正确认识自己所教的儿童而言，更为重要。

② [美]内尔·诺丁斯：《关心：伦理和道德教育的女性路径》第2版，89页，北京，北京大学出版社，2014。

③ [加拿大]马克斯·范梅南：《生活体验研究——人文科学视野中的教育学》，宋广文等译，81页，北京，教育科学出版社，2003。

构研究，均很少触及教师的早期生活体验及经历，大多将重点放在师范教育期或职业生活期。从发展阶段理论和生活史回溯的视角来看，对童年生活期的考察十分有必要。

一、从发展阶段理论来看

教师的专业发展是一个逐步积累和成长的过程，从发展阶段理论来看，基本上关注职前教师和在职教师的专业发展阶段，尤其是在职教师的专业发展阶段。就职前教师的专业发展阶段理论而言，有的研究者关注任教前阶段，主要是职前师范教育阶段；有的研究者关注教师教育之前的学生阶段和师范生阶段，前者主要是教师在师范教育之前的受教育阶段，处于这一阶段的学生对教学职业进行考察但尚未正式投入，后者主要是师范教育阶段；有的研究者关注预想期，主要是师范教育实习之前对教师职业的想象。由此可见，研究者们已经意识到有必要将教师专业发展的阶段往前延伸，主要是延伸到师范教育阶段甚至是早期受教育阶段，但是并未再往前考虑至童年生活期。原因可能是由于其他阶段能够明显看到或发现专业发展的特点和发展的轨迹，但具体到童年生活期，由于其生活体验的复杂性、整体性、模糊性等特点，加之受制于各学科的发展及研究方法的局限，很难清楚地说明它与专业发展的关系，毕竟这一时期并非定向于专业发展。当然，这些考虑是现实的。但是就人文科学研究而言，并不在于追求它们之间的密切联系，而在于恰当地揭示、解释它们之间的内在联系背后的意义，从而建立起一种意识——回溯、反思自己的生命过往，基于过往有目标地舒展未来的生命。

基于这样的考虑，这一阶段所讨论的主体并非专业发展者，而是专业发展者的前身，有从教意向或从教潜在可能的人。有的研究者将其称为非关注阶段①，也有研究者从职业社会化的角度将其视为观察的学徒期②。无论哪种说法，都表达了这一阶段对未来发展的基础性作用。然而，正如上文所言，有关这一阶段的研究很少，相关的实证支撑并不多，难以得出明确的结论，但其重要性已被心理学、脑科学等学科证明。本章旨在通过优秀教师口述、

① 叶澜、白益民、王枬等：《教师角色与教师发展新探》，278页，北京，教育科学出版社，2001。

② [美]弗朗西丝·斯贡梅克：《道德教育中教师的作用：教师们对早期学校生活的回忆》，载《中国德育》，2006(4)。

反思自己童年的生活经历及其体验，建立起他们早期生活体验与后期专业发展之间的联系，从而发现情感在早期生命成长中的基础性作用，有助于我们更好地从情感的视角整体性地反思、建构教师自身的专业发展。

二、从生活史回溯的视角来看

从生命的发展历程来看，童年是生命的初始阶段，童年的生活和经历会对人的一生产生重要影响。弗洛伊德的精神分析学认为，未来的一切发展都可以在童年阶段找到自己的影子。正所谓，童年蕴藏着未来发展的“基因”。这些“基因”是在儿童早期生命过活的过程中产生的，在生命后期我们要能够觉察或意识到其与某方面的联系，取决于后期生命的过活方式——能动地寻找、发现、建构这种内在的联系。生活史作为一种研究方法，将人视为能动的个体，在“过去—现在—未来”的时间流淌中，发现作为整体的人的存在意义，即生命的某一阶段是生命整体的一部分，只有放置于生命整体之中并依靠生命整体才能呈现其意义。这种方法背后的方法论带有本体论的意义。依此考虑，人作为关系性的存在，是在时间、空间、关系、身体等存在性要素中展开自己的生命的，人的发展只有在存在的意义上理解才能更好地存在。生活史以其回溯的视角，在时间之流的绵延中发现过往与未来的联系，有助于未来意义的确认，也使生命本身成为一个完整而不分裂的整体。相反，对过往视而不见或不持反思的态度，难以让“现在”更有意义地存在，也找不到未来发展的方向。

就教师专业发展而言，教师的专业成长是一个持续的社会性建构的过程，早期生活体验和情感经历影响着教师未来的专业发展。一位优秀的教师能够通过自己的生活史去回溯自己的生命过往，在时间链条中能动地反思、建构自己的专业发展，这样的过程的实质是对自我生命的内在关照。

因此，基于我们对童年生活期的认识，根据联合国《儿童权利公约》以及国内心理学、教育学等对儿童期①的界定，参考教师专业发展的阶段理论，

① 儿童期是一个人心理的发生和形成时期，结合情感发展的特点，梅仲荪等人将儿童情感发展划分为3个阶段：儿童前期(0～6岁，为婴幼儿期)；儿童中期(6～12岁，为小学时期，是情感发展的中介期，是情感教育的重要时期)；儿童后期(12～18岁，为少年期、青春期，是初高中时期)。参见朱小蔓、梅仲荪：《儿童情感发展与教育》，50页，南京，江苏教育出版社，1998。

我们将童年生活期视为18岁之前的阶段。为了研究的需要，我们主要从儿童的早期生活体验和受教育经历两个方面入手，通过生活史的回溯，探讨童年生活期对未来专业发展的影响。早期生活体验主要是探讨儿童早期的一些重要的生活体验与生活经历及其对他们情感、人格形成的重要影响，这些关涉一个人未来发展的重要基础，对于教师同样如此；受教育经历主要是探讨教师在小学—初中—高中受教育的过程中所经历的、对他们未来从事教师职业有所影响的关键人物和关键事件等。

第二节　早期生活体验孕育教师专业发展的情感基础

在访谈过程中，受访对象对于自己早期生活史的口述，一方面是选择性的，即选择那些他们印象深刻的或他们认为对自己有重要意义和价值的部分；另一方面，相对于师范教育期和职业生活期的口述，有关早期生活体验的口述并不多，其原因可能是受访对象并未将早期生活体验视为专业发展的重要组成部分，并在它们之间建立联系。根据受访对象的早期生活史口述，本书从家庭环境和生活经历两个方面考察早期生活体验对未来发展的影响。家庭环境作为儿童早期重要的情感环境，影响着儿童基础性情感的发展；只有儿童的基础性情感得到呵护和关爱，联结感等其他相关的情感才能发展顺畅。早期生活经历影响和深化着联结感的发展。

一、早期家庭环境影响着儿童基础性情感的发展

父母和家庭是人类情感的重要源泉。从个体情感发生学来看，儿童情感的发展起源于父母的抚爱和家庭温馨氛围的熏陶。① 父母的抚爱和家庭温馨氛围营造了一个充满关爱的情感环境，这样的情感环境已经直接或间接地使孩子们受到了人类本性中最基本的情感的影响——热爱、憎恨、渴望、愤怒、牺牲、自私、孤独、荣誉等。在这里，他们通过情感使道德基础大致形成。家庭的影响会贯穿人的一生，而且很深。家庭成员之间的交流总是会给人某种道德教育，其影响将在子女未来的成长过程中不断显现出来。家庭生活中看似微小的事件会在成长的过程中经年累月积少成多，一辈子影响着家庭成员后来的生活。实际上，家庭是情感和道德学习的“熔炉”。

① 朱小蔓、梅仲荪：《儿童情感发展与教育》，190页，南京，江苏教育出版社，1998。

(一)儿童发展的基础性情感

家庭之所以被视为“创造文明的最佳机构”“人类的共同模式”，关键在于家庭对人类本性中最基本的情感的孕育。情感对于儿童发展的重要性体现在两个方面：一是它的原始早发性，如对脑与神经活动的形塑、对身体健康的影响、对道德发展及心理与人格健全的影响、对生命意义价值体系的构建的影响等。二是它的早期未分化性。婴儿最初的世界是混沌不分的，它渐渐在环境及关系中，在脑发育、认知发展的过程中分化出各种基础性情感，并由此导致日后多种不同情感品质和能力产生的可能性。

在婴幼儿阶段，联系感、依恋感和归属感是最重要的基础性情感，这是人性的基本需求。联系感是一种自然社会性情感，它深深植根于人的自然天性之中，与人的一定的先天性需要相联系，具有早发性、自发性和直接感受性。① 伴随着社会阅历的丰富和与外界联系的密切，联系感会衍生出很多不同的变式，这些变式涉及个体与他人、个体与自然、个体与社会等。联系感越丰富，越会为人的社会性情感乃至高级道德情感奠定基础，人的精神世界也就越丰富。从这个意义上来看，一位教师是否优秀，关键看其联系感建立得如何。联系感越丰富，说明教师对事物间的联系认识得越透彻，精神世界越丰富，对学生的影响越积极。依恋感表现为婴幼儿与成人之间积极、主动的情感联系，即具有与成人交往、接近、亲近的情感需要。作为教育者(无论父母还是教师)，成人如果能及时而恰当地满足婴幼儿的这种情感需要，婴幼儿就会因为满足而产生对成人的信任感、归属感、安全感、信赖感、亲切感等重要的情感。这些情感不仅是个体发展的基础，也是道德人格发展的最重要的基础，其他情感都是在此基础上衍生、发展而迁移创生的。② 可见，依恋并非婴幼儿天生的特征，而是联系、经历的结果。儿童为应付家庭、学校等环境所采用的适应模式，同样会被运用到家庭之外与其他人的关系上，以后儿童与外部环境的交往会加强这种适应模式，并使其长久

---

① 朱小蔓：《关注心灵成长的教育——道德与情感教育的哲思》，251页，北京，北京师范大学出版社，2012。

② 朱小蔓、梅仲荪：《儿童情感发展与教育》，77页，南京，江苏教育出版社，1998。

地存留下来，最终变得根深蒂固。① 可见，依恋感如果建立得好的话，我们后期对同事、爱人、朋友等的依恋感就会比较容易建立，就比较容易感到幸福。研究者对孤儿院儿童的研究表明，如果儿童未能与保育员建立起早期的情感联系，即使他们的躯体性需要得到了满足，仍将出现发育迟缓、畏缩、抑郁和各种后期发展的社会问题，如极端地渴求成人的注意和难以与他人建立亲密的社会联系。一项为期 4 年的研究，对 200 多名 2 岁前在所处社会环境曾受过干扰的"危险"少年进行了追踪调查。三分之二的孩子在 10 岁前便表现出严重的行为或学习上的问题，或在 18 岁前发生各种精神健康障碍、犯罪行为或不希望的妊娠。其他三分之一的孩子则能应付正常生活，表现为高度的社会性以及早期与某个人，如祖父母之一或学校教师等建立联系。②

朱小蔓、梅仲荪根据这些基础性情感的发展特点，按其不同年龄段给出了教育策略与发展要点，如表 2-1 所示。由此可见，这些基础性情感对于道德的最初成长、人格的发展有着非常重要的意义。如果缺乏这些情感的种子或者这些情感的种子发育不畅，那么道德就不会发展，人格就不会健全，人就会缺乏基本的自我认同与整体同一感。朱小蔓认为，几种典型的、作为道德根基的情感，即依恋感、同情心、羞耻感或罪错感、兴趣愿望感和秩序格局感③，如果在生命的早期得到呵护和关爱的话，道德、人格的发展基础就会比较好。

表 2-1 儿童基础性情感的教育策略与发展要点④

年龄	关注要点	教育策略与发展要点
0 岁	依恋	通过关注性满足，发展依恋感
1 岁	好动	通过安全性保护，发展安全感

① [美]丹尼尔·西格尔、[美]玛丽·哈策尔：《由内而外的教养：做好父母，从接纳自己开始》，李昂译，124 页，杭州，浙江人民出版社，2013。

② [美]维克托·S. 约翰斯顿：《情感之源——关于人类情绪的科学》，翁恩琪、刘赟、刘华清译，96 页，上海，上海科学技术出版社，2002。

③ 朱小蔓：《关注心灵成长的教育——道德与情感教育的哲思》，296 页，北京，北京师范大学出版社，2012。

④ 朱小蔓、梅仲荪：《儿童情感发展与教育》，190 页，南京，江苏教育出版社，2003。

续表

年龄	关注要点	教育策略与发展要点
2岁	冒险	通过支持性参与，发展信任感
3岁	听话	通过尊重性引导，发展秩序感
4岁	模仿	通过榜样性示范，发展自主感
5岁	好问	通过积极性鼓励，发展探求感
6岁	合群	通过合作性互动，发展认同感

根据人的情感的发展特点及其阶段性，儿童早期是培养情感的最好时期，要关注到联系感、依恋感和归属感等基础性情感。这些基础性情感是儿童社会性、合作性行为产生的重要源泉，是人的动机系统中重要的、强大的生命力量，在深层次上内在地影响人的爱好、趣味、鉴赏力等，进而逐渐影响人的价值观。我们要不误时节，积极应答，悉心培养。

(二)家庭成长环境及教养方式影响儿童情感和道德品质的形成

家庭作为情感和道德学习的“熔炉”，是儿童最先接触的成长环境。从存在论的意义上来讲，家庭作为情感的空间，是一个能让人产生安全感和归属感的地方，能够赋予具体生活体验以深刻的意义。父母或家长对子女采取的教养方式，对于子女的情感需求能够给予及时、恰当的应答，影响着儿童优秀品质的形成及基础性情感的发展。现代社会生活中的变化导致传统以家为依托的个人生活中心逐渐被边缘化。“家”的印象越来越模糊，“家”离我们越来越远，人渐渐成为没有历史、失去传统的人。在这种情况下，学校教育就成为个人情感与精神成长的重要依托，既要承担起学生知识与认知教育的任务，又要关注学生的情感与精神发展。正是在这种意义上，本书来寻找受访对象对于家庭环境的生活史依据。

1. 家庭成长环境影响情感应答关系的建立

从整体来看，受访对象早期的家庭情况，如表2-2所示，大体可以分为三种：马老师、黄老师、李老师、陈老师、曹老师都属于成长环境比较好的；华老师和魏老师一开始家庭成长环境还是不错的，中间遭遇变故，使家庭面临困境；杨老师属于家庭成长环境比较差的。

表 2-2　受访对象早期的家庭情况

教师	出生年份	家庭背景	自述
马老师	1954	工人	我家是回族，父母是工人、党员，他们在工作上很认真；母亲年年被评为劳模
华老师	1966	农民	父亲教过私塾，去世早；母亲有文化，在上海读过书；三个孩子中只有我一个读过书
黄老师	1968	军人	爸爸是某军事基地的技术人员；我从小在部队大院长大，部队大院文化好；姐弟三人中只有我从小爱读书
李老师	1968	工人	外公好学，父亲在矿务局工作，母亲在医院工作；我从小在医院大院长大，家庭环境宽松、温馨，养成自己性格的懦弱及柔软
陈老师	1974	农民	爸爸是种田高手，二叔也是种田高手，后来做陶瓷，三叔是能干的木匠，四叔是海军；小时候我家就是整个村子的中心，好玩的东西特别多，父母对我和弟弟放养，我带着弟弟玩
魏老师	1970	军人	父亲是部队的，家里常有政委伯伯和县长叔叔出入；1976 年，家庭发生变故，父亲对我特别严厉，要求我好好读书，认为自己是吃了读书少的亏
杨老师	1977	农民	家庭十分贫穷，兄弟姐妹 7 人；为了生计，我曾辍学 13 次，当过瓦匠，走村串巷做过生猪买卖，给当屠户的哥哥做过帮手；父亲倔强，听不进劝，不支持我读书；父亲跟母亲关系紧张，且粗暴；母亲多次借钱支持我读书
曹老师	1984	工人	爸爸在外面做建筑；妈妈是高中生，后来在服装厂做普通的工人，我是睡在妈妈服装厂的衣服堆里长大的；外公是一个革命老红军，我小时候常在外公家听民间故事

第一种情况是家庭成长环境比较好的教师，从小得到较好的保护。他们在性格上表现出积极向上、开朗大方、阳光乐观、充满正能量等，展现了一种积极、有力的生命状态，比较符合社会公众对教师的形象期待。这种正向、积极的情感状态对学生的感染与影响也是正向的、积极的。究其原因，主要是他们的婴幼儿阶段的情感发展比较顺畅，父母的善良与关爱、家庭温馨融洽的情感氛围使他们早期的依恋感、归属感得到及时、恰当的应答，也使他们的人格基础发展良好。以黄老师为例，她从小生长在部队大院中，被保护和呵护得比较好。部队大院作为家庭的外在社会环境，在20世纪80年代末那样的年代，也为其成长提供了难得的"保护罩"。与其处于同一时代的她的丈夫，则是在一种艰难的环境下成长的。黄老师这样回溯她的成长环境。

黄老师：我是比较开朗、乐观的。我觉得我的这种阳光心态和比较积极的生命状态，和我小时候很好地被保护是有关的。

部队在那个时候相对于地方来讲，似乎是一个精神的乐园，因为部队的文化建设比较好。我上次(第一次访谈)①提到有露天电影，有部队专门的文化室，有借阅图书的地方。《解放军文艺》《少年文艺》《铁道游击队》《苦菜花》这些书给我留下了很深的印象，丰富了我的精神生活。这使我在人生初期——小学和初中这个阶段，一直有很好的基础。

我们在部队大院里感觉更多的是快乐，晚上聚集在大院里听故事。20世纪80年代初，我们整个生活就是很阳光、很灿烂的。我和我的丈夫不一样，他小时候受的苦比较多。虽然他在县城，但是以前县城和农村是连在一起的，他要下田，种地，拉板车。他还有吃不饱饭的经历。我们几乎没有，在空余的时间就是玩，还会从书籍里找到自己的乐趣。

我小时候的成长环境是这样的：我就读的小学、中学是好学校，没有让我对人生产生不好的看法，连颠覆掉的情况都没有。我的生活一直是很顺利的。有些人觉得我比较单纯，就是比较淳朴、善良，和社会上的人不太一样。

其他几位教师，如李老师，从小在医院大院长大，也是被保护得很好；曹老师的母亲忙，但是其外公充当了良好的情感应答的角色，她小时候常在

① 括号中的内容为研究所加，便于读者了解，后文同样如此，不再标注。

外公家听民间故事；马老师成长在回族家庭，其父母比较注重对孩子的关爱和教养；陈老师从小在农村自由自在地成长，父母的散养反而让他体验到了自由的快乐。可见，早期比较宽松、自由的成长氛围与和谐、融洽的家庭环境，使他们从小得到关爱和呵护，让他们的安全感、依恋感、自我接纳感、惬意感得以顺畅发展。

第二种情况是家庭成长环境本来比较好，但中途遭遇变故的教师。他们在家庭变故之前已经建立起了较好的情感应答关系，基础性情感得到发展。但因遭遇外在的变故，已经建立起来的情感应答关系面临新的挑战，他们需要重新整合已有的情感，这让他们较之情感发展顺畅的教师更早成熟，情感更加深刻。华老师在童年时，家庭环境很好。但因变故，哥哥姐姐因此没再读书，三个孩子中只有他读过书。从殷实的家庭一下跌落到家徒四壁，他在童年时就面临着情感的冲突与人生的困境，从 12 岁起就开始干农活：播种、捉虫、喷药、除草、施肥、收割、脱粒等。他最喜欢上学，因为他成绩好，在课堂上有优越感。却因家庭变故，他饱尝痛苦。但痛苦也是一笔财富，磨砺了他的性格，升华了他的情感。与华老师相似，魏老师对于这种变故理解得更深刻，他在自己的精神成长史中做了反思，并认为这次变故之后他不再无忧无虑，而是按照父亲的期待或命令努力读书。

魏老师：我家出事之后，父亲对我特别严厉，就像变了一个人，总把“好好读书，我就是吃了读书少的亏”挂在嘴上，让我每天完全按照他的命令行事。迫于他的“淫威”(当时我找不到这样一个词来表达感受)，我告别了无忧无虑的时代，成为老师眼里的乖孩子。

第三种情况是家庭成长环境比较差的教师，童年时没有得到很好的保护，而是独自面对生活中的冷暖，并开始自救。杨老师是在环境比较差的家庭中长大的。因为家庭贫穷，父亲不让他读书，他先后辍学 13 次，当过瓦匠、卖过猪等。在他的印象中，父亲跟母亲的关系紧张。可是，在这样的家庭环境中，杨老师并没有走上邪路。其原因就在于他想读书，想要解救自己，这是一种动力。

杨老师：父母让我做什么我都会非常积极，原因是我想读书。我希望他们看到我听话、乖巧的一面，然后满足我一个最基本的愿望，就是读书。父母让我干活，我总是拼尽力气表现。我们家里烧煤，我从便道上把煤拉到门口，其他的兄弟姐妹休息了，我一个人还在拼命地干。

杨老师在童年时虽然没有从父亲那里获得情感满足，建立起恰当的情感应答关系，但是他从母亲那里得到了及时的回应。母亲十分支持他读书，为了让他读书，母亲多次带他四处借钱。另外，他天生对文字感兴趣，喜欢阅读，小时候在地上捡到一张纸都要看看上面写的是什么。上学以后，他很喜欢一些带有哲理的文章和读物。这使他通过阅读建立起自己内心与外界的联系，弥补了其他情感的不足。他后来反思，希望教育能够改变像他父亲这样的人，其实是在内心呼唤一种情感应答关系的建立。

杨老师：我生活在山村里。如果我们山村有一位老师教好我父亲的话，他就不会像现在这样经营我们的家庭。一位老师在一所学校里教书，看起来就像发光体一样，辐射了周围的一群人。如果老师的光足够亮并带有正能量的话，这个地方将会有一批批人成长起来，并影响一代又一代的人。

通过上述教师的家庭环境情况我们可以看到，家庭作为一种重要的情感环境，需要父母的关爱及良好的情感应答，其实质在于“人用心灵来感觉别人内心的极其细腻的活动并通过自己的精神活动来回答它们，表现为精神激奋的一种活动反映出情感环境的特点”①。朱小蔓认为，比较好的情感应答有五种：关爱和呵护、肯定和鼓励、期待和信任、严谨和严格、容忍和宽容。② 谁没有在与最善良的、亲切的、英明的、深爱着自己的人——祖父和祖母——的交往中度过自己的童年，谁就少听到一千个动听的故事，少进行一千次引人入胜的游玩，少一千次得到满足愿望的快乐，少受到一千次英明的教导，多一千次碰到意想不到的困难，多一千次得不到他人对自己的悲伤的同情。③

---

① ［苏联］B. A. 苏霍姆林斯基：《苏霍姆林斯基选集》第 3 卷，747 页，北京，教育科学出版社，2001。

② 朱小蔓：《情感教育论纲》，1 页，北京，人民出版社，2007。

③ ［苏联］Щ. A. 阿莫纳什维利：《孩子们，你们生活得怎样?》，朱佩荣、高文译，174 页，北京，教育科学出版社，2005。

2. 家庭教养方式影响情感品质的形成

家庭教养方式实质上是指父母对待孩子的情感态度及在行为上的要求和控制程度。学者罗欧根据情感态度将家庭教养方式分为情感关注型、情感回避型和情感接受型三种类型。情感关注型分为溺爱型和严格型；情感回避型分为拒绝型和疏忽型；情感接受型分为随意接受型和抚爱接受型。他又把家庭的心理气氛分为两类，即双亲的温和或冷淡。① 无论哪种类型，其实质在于是否建立良好的情感应答关系。情感关注型、情感回避型都是单向的过分侧重，只有情感接受型是双向的互动。家长与子女这种双向互动关系的建立，有助于子女获得顺遂感、自我认同感和悦纳感，使主体内蕴含的归属欲望和向善要求比较容易得到满足，反之则会产生消极情感反应。因此，职业生涯相关研究认为，情感应答关系建立得比较好的人，比较容易从事定向于人的工作；相反，建立得不好的人，比较容易从事定向于物的工作。对于教师而言，良好情感应答关系的建立是教师素养的基本要求。这种素养的形成，有赖于童年时的家庭教养方式。

受访对象的家庭教养方式基本体现为情感接受型，表现为随意接受型或抚爱接受型。所谓随意接受型，类似于我们常说的散养；所谓抚爱接受型，是指父母表现出关爱和呵护。正是这种情感接受型的教养方式，使教师在童年耳濡目染了父母的许多优秀的情感品质，如责任感、真诚、宽容、同理心、奉献、坚韧等，如下以几位教师的生活史为例。

曹老师：我从小是被妈妈带大的。妈妈在服装厂里做普通的工人。在我很小的时候，妈妈在上班，我睡在服装厂的衣服堆里。妈妈很要强，爸爸常年在外面做工程，她一个人含辛茹苦地把我带大。她一直对我说“做事情就要做认真了”。爸爸也经常对我说“要做就要做到最好”……我觉得勤奋对于一个人来说是很重要的，这和学习多少知识没有关系，和家长的鞭策也没有关系。勤奋可以使一个人获得很好的成绩。我很勤奋，难道我没有收获吗？有。我依靠自己的努力慢慢成为很优秀的老师，我想把这种精神品质传递给我的学生。

① 吴贵明：《中国女性职业生涯发展研究》，29～33页，北京，中国社会科学出版社，2004。

马老师：我觉得我一直是很认真的人。爸妈是工人，他们在工作上很认真。家庭教育要求我做一个正直的人，做一个认真的人。

魏老师：受父亲的影响，曾经我最大的梦想是成为一名装甲部队的军官。头戴船形帽，塞着耳机，手拿报话机，冒着枪林弹雨站在坦克炮塔上凝视着前方……这个经典的场面，在我的脑海里不断上演。

杨老师：小时候的童年经历可能也会为以后做老师奠定基础，包括人性的情感、人文的东西，这是一位老师应具备的基本素养。向善、向美、求真都是人性基本的情感，人文的东西是与自己后来的生活经历相关的。改变自己、感恩生命的这种良好品质，会通过情感来影响学生。有时候一位老师身上固有的特质和人格魅力更容易让学生感受到，这是显而易见的。老师优秀的品质，如坚持、坚守、勤劳、诚信、合作和探究，会影响学生。

20 世纪 90 年代，上海师范大学曾针对高等师范学校的教育教学改革，以 768 位中学优秀教师为样本，开展了一次较大规模的实证调查研究。研究结果发现，优秀教师的道德品质主要是在大学前形成的，与家庭的绝对优势有关。其中，“同情心”家庭占到 64%，“道德认识和道德行为”家庭占到 52%，“宽容”家庭占到 53%，“诚实”家庭占到 69%。心理素质的形成在大学前和大学后比较集中，大学前形成的主要是认真负责、为人处世正直、与人友好相处、自信心、宽容、办事有条理有计划、有成功欲不服输、学习有毅力恒心。总结起来，中学优秀教师在大学前形成的良好人格特征主要包括：道德品质——公正、诚实；人际关系——乐群、博爱、宽厚；工作、学习态度——责任心、求知欲、成功欲、有恒心；自我意识——自信心、独立、自律。① 可见，优秀教师的这些基本的人格品质都是在大学前形成的。这些早期发展因素为他们成为优秀教师或骨干教师奠定了基础。这再次证明了早期关爱、温暖、安全、和谐、依恋等情感的应答环境和生活经验有助于促进教师积极情感的发展和社会性发展。“儿童那些人之初本源性的、基础性的情感以及生命早期的情感倾向和认同对于其价值观和信念的形成犹如良种和沃土，具有

① 王邦佐、陆文龙：《中学优秀教师的成长与高师教改之探索》，9、21、33 页，北京，人民教育出版社，1994。

优先效应。”①

在童年时期，生命中正当的情感需求得到及时的、细致的、温暖的、信任的、鼓励的情感应答，并不断积累和重温安全的、惬意的、友善的、信任的经验。这些会形成儿童健康的自我感、归属感、依恋感、安全感、友谊感、成功感、自律感等，在此基础上才有可能进一步生成责任感、使命感、敬畏感、崇敬感，以及由于不断地进行道德反思而升华出的道德尊严感和人生幸福感。它们是人性中的真善美之根，是日后自由飞翔的翅膀，是未来人们能够过上完整生活的重要基础，也是在现代高风险社会中能够识别和抵御诱惑与恶的生命“疫苗”。这些情感体验在家庭教育和学校教育中都会出现，需要及时发现、及时应答，特别是要在童年时期加以关注，从而在人的发展过程中得以扎根、孕育、萌生和生长。如果情感应答关系不顺畅或没有建立，儿童不但会将正当表达情感的需求错误地消退，而且有可能形成情感缺乏的人格，会对日后的社会适应性构成严重障碍。② 就自我修养而言，人们一方面需要伴随生命的成长和发展去增强自己的“识别—回应—调适”的能力；另一方面需要主动扩展和丰富自我与自然、社会、生活的联结，悉心感受、深入体验，积累情感经验。

二、早期生活经历影响着儿童联结感的发展

人际神经生物学研究表明，人类大脑的发展依赖于基因信息和生活经历的共同作用。自生命之初，人类的大脑就能对由神经元(大脑最基本的构成元素)之间的联结产生的种种经验做出反应，这种联结支撑着大脑结构，帮助大脑记忆。大脑可以对过去的经历产生反应并创建新的脑内联结，这一过程就是记忆。记忆的产生是由于神经元相互发送信号、相互联结的缘故。精神病医生兼神经科学家埃里克·坎德尔(Eric Kandel)证实，当神经元重复发出信号(被激活)时，神经元核内的基因信息就会被“打开”，进而指示合成新的蛋白质，促使新的神经元突触联结产生。神经发送信号(经历)开启基因遗传机制，从而使大脑改变其内在神经联结(记忆)。虽然基因决定了大多数神经元

---

① 朱小蔓、钟晓琳：《情趣教育：一种有意义的情感教育探索》，载《中国教育学刊》，2014(4)。

② 朱小蔓：《关注心灵成长的教育——道德与情感教育的哲思》，64页，北京，北京师范大学出版社，2012。

的联结方式，但生活经历通过激活基因的表达影响着这种联结过程的发生，同样重要。如果给大脑提供一种互动和反思的外在经历，就能够使儿童的大脑朝着社会化的方向发育。而且，经历甚至会影响大脑的构造，这种构造决定了人们对生活经历的感知和记忆方式。① 可见，早期生活经历的重要性体现在它影响大脑神经元的联结，影响记忆，进而影响联结感的发展。

心理学研究表明，脑内联结会生成两种主要的记忆形式：内隐记忆和外显记忆。内隐记忆可以引起大脑某些特定回路的反应，包括基本情绪、行为反应、认知观点，还可能涉及身体感觉的编码系统。我们的大脑能够在不知不觉的情况下对内隐记忆进行编码，无须有意识记忆。内隐记忆是早期非语言记忆的一种，自人出生起就存在并活跃一生。内隐记忆的心理模式可以对重复的经历做出反应。比如，儿童在与依恋对象的多次接触后，其大脑建立起依恋感，以后再遇到困难或伤痛，儿童会主动寻找依恋对象带给他的安全感。伴随大脑海马的发育，外显记忆逐渐建立。外显记忆包括语义(事实)记忆和自传(情景)记忆。前者在1岁半左右产生，后者在2岁之后产生，无论哪种记忆的提取和编码都需要意识的介入。特别需要指出的是，自传记忆具有一种自我认知感和时间感，这与前额叶皮层有关。它位于上层脑皮层的最前部，对于包括自传记忆、自我意识、反应能力、直觉预警和情感调节在内的多种大脑活动都非常重要，这些大脑活动正是由依恋情结决定的。它的发育较易受人际关系的影响，这就是为何幼年时期与他人的关系，特别是依恋感，会影响人的一生。② 人作为关系性的存在，早期诸如依恋感这样的基础性情感的发展能够在情绪调节、思维产生以及与他人的情感联结上形成高度灵活的适应能力。

以上从人际神经生物学、心理学等角度说明了早期生活经历对于联结感建立与发展的重要性。联结感作为一种自然社会性情感，并非先天具备，但却与人的一定的先天性需要相联系。婴幼儿的大脑欠发育为生活经历发挥作用和建立外界联系准备了生理基础。正是基于人的自然天性与需求，婴幼儿对父母的依恋感这种最初的基础性情感，不断发展变式，发展为各种不同的

① [美]丹尼尔·西格尔、[美]玛丽·哈策尔：《由内而外的教养：做好父母，从接纳自己开始》，李昂译，23～25页，杭州，浙江人民出版社，2013。

② [美]丹尼尔·西格尔、[美]玛丽·哈策尔：《由内而外的教养：做好父母，从接纳自己开始》，李昂译，14～17页，杭州，浙江人民出版社，2013。

情感品质，经过生活体验的积累日渐具有认知基础并且稳定，形成内在的情感品质和能够外化的情感能力，为未来的发展奠定了坚实的基础。人的发展正是在与外界不断交换能量和建立联结的过程中得到丰富和成长的。从这个意义上来看，具体到职业领域，优秀教师之所以优秀，正是在于他与学生、与学科、与同事建立的联结感很丰富。联结感越丰富，说明他对事物间的联系认识得越透彻，精神世界越丰富，对儿童的影响也越立体、有价值。基于此，本书考察这些优秀教师的早期生活经历，其目的正是呈现这种联结感的丰富性对其专业发展的重要性。

(一)在故事、游戏和梦想中发展联结感

在童年生活期，我们对世界的认识是整体性的，我们的思维是不受限的。我们喜欢在广袤的世界中无拘无束、自由自在地畅想，我们的想象力、创造力如果得到尊重和呵护的话，我们与外界的联系和未来发展的可能性将无限大。我们正是在这样一种状态下过活自己的生命。故事、游戏、梦想等，将我们与世界联系的触角无限伸展，使我们模拟着现实的世界，体会着事物间的联系，畅想着未来的可能。

我们来看几位教师的早期生活史依据。曹老师和黄老师的早期生活经历中有讲故事或听故事的体验。在故事中他们展开在现实中不敢展开的联想，扩展了思维，体会到了人生多样的可能性和丰富性，这对于联结感的丰富是极为重要的。故事作为人文科学重要的叙事载体，以其形象化的图景、生动有趣的情节，将人带入其中，让人超越自我世界的有限性，体验别样的生活。正是由于早期深刻体验到了故事的魅力，曹老师和黄老师在日后做教师的过程中，非常注重给学生讲故事，并将此视为教师专业性的一个重要方面。曹老师师范毕业后第一个做“我讲你听课”，并将故事融进古诗词教学、绘本阅读等，讲故事成了她的教学特色。黄老师专门开发了慧心课，通过绘本阅读开展生命教育。

曹老师①：很小的时候，我在讲故事方面很有天赋。祖父说我有张“神嘴”。我爱把听来的和看来的传奇小说、童话故事“添油加醋”地讲一番。然而忙碌的家人是没有那么多闲工夫听我这张闲不了的嘴说事的，于是家里的老猫成了我的听众。在一个暖暖的午后，老猫眯着眼睛，趴在簸箕里小憩，我

---

① 本部分内容出自曹老师的日记随笔。

蹲下身子兴冲冲地说："嘿，我给你讲个故事吧！"老猫眯着的眼睛微微抬了一下，然后又合上了。我站起身子，突然大喊一声，老猫受了一惊，立起了身子，"喵"的抱怨一声，又趴了下来，头侧一边。我抑扬顿挫地讲着，随着情节的跌宕起伏，我眉飞色舞的表情和手舞足蹈的动作，不知在什么时候吸引了老猫。它昂起脑袋，用它那双炯炯有神的眼睛盯着我。我饶有兴趣地停了下来，老猫"喵喵"地叫着，好像在说："讲啊，后来呢？"我好像受到莫大的鼓舞，兴致更足。当我第三次讲到"芝麻开门"时，身后回响着一群人的声音，回头一看，都是我平时想一起玩的小伙伴。自此以后，老猫和他们成了我的常客。胆怯的我在故事中变得开朗。

黄老师：当时院子里有个比我们大几岁的孩子，叫娇娇。夏天的时候，大家玩"木头人""红缨枪"，玩累了，我们就到娇娇的家里。我们的部队虽然在一个小山沟，但是其战略地位很高。当时很多来这边工作的都是专家，我爸爸是一般的技术人员。娇娇的家庭条件很好，她自己很喜欢看书。我们每天围着她，她就给我们讲故事。在夏天的晚上，大家围坐在一起听故事，这个印象到现在一直很深刻。

从他们的生活史中，我们能够清晰地看到故事扩大和丰富了他们与外界的联结，并让他们将此内化为未来从事教师工作的一种能力。其实，游戏的过程也同故事相似。故事是通过聆听别人的世界来建构自己的世界，以此丰富联结；游戏是通过模拟现实对自己的生活经历进行处理，以此来丰富联结，进行记忆。心理学家认为，年龄偏小的孩子往往通过角色扮演游戏对他们的生活经历进行记忆处理。通过想象生活场景，他们能够实践新的能力，并在情绪层面认识和理解他们所处的社交世界。在假装游戏中构建故事，在幻想中进行假设，这也许是我们在思维模式上对生活经历做出的一种理解，并把这种理解根植进我们的自我意识。无论故事还是游戏，都是基于自我意识并最终丰富自我意识的。

在童年，我们每个人都有梦想。从联结的角度来讲，梦想是基于现实的印迹而对现实的一种超越，是对现实自我世界的一种预想或超越；梦想是表达对未来的一种情感期待，能够引导自己的行为朝向那个目标。有梦想，说明有不受限于现在的联结的需求。这种需求如果得到回应或支持，梦想就会引领行动，成为现实，否则只是一种期待。许多优秀教师认为，自己儿时的梦想反映了那个时代儿童的普遍梦想。从其反思中，我们看到了时代的特征。这也充分说明了每一个人的梦想都是对自己的生活经历和时代背景的想象与超越，实质上是试图在自我世界与他在世界之间建立一种联系，只不过是在生命过程中有的联系得到了回应和支持而成为现实，有的则没有。许多教师的梦想虽然并未成为现实，但是在童年生活期却发展，丰富了自己的联结感。魏老师出生于部队家庭，生命早期受父亲的影响，一直有一个英雄梦和强国梦。

魏老师：那时(小学)，我整天做梦要像雷锋、刘文学一样当英雄。我走在大街上，盯着老太太和老头子看，巴不得他们摔一跤爬不起来，然后我就走上前去，把他们扶起来送回家，最好天还下着瓢泼大雨，把自己全身打湿，就像雷锋送老大娘回家的那种情景一样。或者盼着哪里出现一个坏人，我一定会像刘文学一样猛扑上去，和他英勇搏斗。这样的场面只要想一想，我都会热血沸腾。

小学时除了英雄梦外，我还有一个强国梦。那时有两部电影让我印象特别深刻：一部是《林则徐》，另一部是《甲午风云》。看到林则徐被充军时，我哭了；看到邓世昌的致远舰绝望地冲向日军吉野号而被鱼雷击沉时，我哭了。于是我就幻想：英军进攻虎门时，用现在的重机枪对付；打日军时用现在的导弹护卫舰。对暴力美学的向往和自发的爱国意识，大约是那个时代的儿童的普遍特征。

(二)在动手体验和劳作中丰富联结感

陈老师出生于温州的一个农民家庭。在他小时候，他们家是整个村子的中心。他从小受父亲、叔叔的影响，特别喜欢动手劳作。在与自然万物的接触中，他积累了丰富的生活体验。这些体验也成为其后来做科学教师的教学特色——带学生野外考察。陈老师正是在与事物的近距离、多面向的亲密接触中，扩展和丰富了自我的联结感，并沉醉其中，作为他的精神追求。他现在很多科学课的做法，都是在复制童年的想法。

陈老师：在我小时候，我们家就是整个村子的中心。我叔叔做木工，我们自己也会做古琴，这种体验带给我的影响是非常深刻的，我周围很少有人会有这种经历。我的科学教育的观点就是学以致用，东西学了以后要用起来，这个观点可能就是在那个时候打下的基础。

小时候，我早上和弟弟把今天要吃的蔬菜摘回家，比如四季豆、茭瓜。科学课本里所讲的东西，在我的周围到处都是。我们会玩这些科学的东西，如组装车子、放电影。我还用幻灯机把连环画打在墙壁上给伙伴们讲《水浒传》和《西游记》的故事。这些经验对我来说都很深刻。

正是基于上述的生活体验，陈老师在成为教师后，提出了少年科学院和家庭实验室的概念。少年科学院的提出，是因为他曾经希望自己能够成为一位科学家，他通过这个概念将此寄托在学生身上。家庭实验室的提出，是因为他小时候喜欢做家庭实验，但是今天的学生已经缺失了这些，所以要提倡。这样的生活体验，让他洞悉了事物间的联系，给他带来了快乐。所以他迫切希望学生也能有这样的体验，自己去发现、分析和设计问题，最后得到一定的结论。如果得不到结论，学生至少在这个过程中获得各种体验，有失败的、有成功的、有喜悦的、有快乐的、有哀伤的。

华老师出身于农民家庭，起初的名字就和农业有关，从 12 岁就开始干农活：播种、捉虫、喷药、除草、施肥、收割、脱粒等。正是这样的早期生活体验，让他成为教师后，有意识地将教育与农业联系在一起，保持着农民的心态和气质去教书。

华老师①：我要用农民对庄稼的那份浓厚、深沉的感情来爱我所选择的教师这个职业，爱我的学生；像农民精心选种那样钻研文本，选择教学内容；像农民深耕、细翻土地那样精心设计问题情境；像农民因地制宜、因时制宜、因物制宜，细心呵护每一棵庄稼那样，尊重每一位学生，让学生在原有水平上得到和谐、全面、可持续的发展；像农民确定播种时机那样，寻找课堂上大胆地退、适宜地进的时机；像农民从不责怪长得不好的庄稼，而是责怪自己一样，反思课堂中的遗憾和自己的关系。能像农民种地那样教书是件很踏实、很惬意、很幸福的事。

（三）在阅读和欣赏影视作品中丰富联结感

很多哲人都讲过，一个人的阅读史就是他的精神发展史。可见，阅读对于人的成长的重要性。从联结的角度来看，阅读不同于我们通过劳作、实践

① 这段反思文字出自华老师的随笔集中的一篇。

获得的直接经验，它更多是洞悉他人的间接经验。一个人通过自身、他人能获得的联系毕竟还是有限的，但是阅读可以跨越时间，纵览古今中外的优秀智慧，真正滋养心性，丰富人生。从阅读中，一个人能建立与他人的内在联结，寻找到生命存在的奇妙与意蕴，将联结之网编织得更加细密。对于教师而言，阅读的重要性不言而喻。

黄老师：我从小就很爱读书。让我印象深刻的是以前在小学的时候，部队里有专门的文化室和图书借阅的地方。我是同龄人中比较爱看书的。大家都能认识到书籍对于一个人的精神成长、知识面的扩充和表达的作用。

在我们姐弟三人中，我是最安静的、最喜欢读书的。那时候的父母不像现在，对孩子没有很多的期望和要求，基本上是放养的，任由你的天性发展。

华老师：读小学二年级时，我偶然得到了一本没有封面的《十万个为什么》，这让我大开眼界，并因此养成了凡事喜欢刨根问底的习惯。

魏老师①：小学里发生的一件事，对我的一生产生了深远的影响。在三年级的某一天，我完整地读完了一期《中国少年报》，在毫无预兆的情况下，我突然拥有了巨大的成就感，于是狂热地爱上了读书读报。《儿童文学》《儿童时代》，严文井、张天翼、格林、安徒生的童话，叶永烈的科幻小说等把我带进了一个崭新的世界，使我获得了前所未有的感受。读中学时，伤痕文学方兴未艾，刘心武、王蒙、张抗抗、郑义、梁晓声、张贤亮等风头正健，读了他们的小说之后我的共同感受是改革开放好。后来进入省重点高中，我接触到了刘宾雁和陈祖芬的报告文学。尤其是刘宾雁的《第二种忠诚》震撼了我。

杨老师：我可以做一件对人类有用的事情，这激励我开始喜欢阅读。如果不爱阅读的人，身边有他崇拜的对象的话，他完全会模仿身边的人；如果没有这样的人引到正轨的话，他完全有可能学坏。我之前有很多的冲动。如果没有正常的渠道来发泄的话，那么后果是不堪设想的。这是通过阅读主动接纳的一种现象，主动寻找价值。如果不愿意自主阅读和汲取正能量的话，人就会很容易学坏。

---

① 该部分出自魏老师对自己精神成长史的反思文章。

通过上述教师的生活史依据可以看到，这些优秀教师基本上都在童年时开始阅读，在阅读中建立各种联系，使情感得以舒展、精神得以丰富、生命得以充实。对于家庭贫苦、父母关系不和谐融洽的杨老师而言，阅读让他找到了调适情绪、获取正能量的关键途径，弥补了早期的许多情感缺失，也为他日后爱上阅读、写作和实现作家梦奠定了基础。

好的影视作品对人的影响是巨大的，它以生动、立体、真实的画面让个体卷入情境。黄老师正是在生命早期接触到了一部优秀的影视作品《乡村女教师》，萌发了对教师职业的向往和憧憬。多年之后，黄老师认为正是这部作品让其冥冥之中走上了教师岗位。乡村女教师的形象与黄老师之间建立了联结，并引导其未来行为的选择。

黄老师：我小时候生活在部队，以前看过很多的露天电影。印象深刻的是读小学的时候，我看了一部关于苏联乡村女教师的电影。我在成为教师不久后写过关于自己走上教师岗位是受这部电影影响的文章。这部电影主要讲述了这位女教师贡献自己的一生来培养孩子的过程，让我很受震撼。这种精神的力量就像种子一样，不知道它在什么时候会发生作用。

其实，和黄老师一样，很多教师都是因为看了《乡村女教师》这样的影片才走上了教师岗位，可见其精神的穿透力。人本身就具有一种对美好事物的向往能力，受其吸引，与其建立联结。

第三节　早期受教育经历影响教师专业发展的观念和能力

人的发展是遗传、环境和教育共同作用的结果。教师的专业发展也是一个各种要素不断建构、发展的过程，需要情感、知识、能力、观念等基础的支撑。如果说上一节主要探讨的是早期生活体验对教师专业发展的情感基础的影响，那么本节主要探讨的是早期受教育经历对教师专业发展的观念、能力等基础的影响。

一个人在早期受教育的过程中，会接触到各种风格迥异的教师。每位教师个体身上融汇了多种变量，哪些变量会对学生产生影响，会产生怎样的影响，因教师个体的差异而异。学生的成长是所有教师持续接力的结果。师生之间是否会建立关系？会建立一种怎样的关系？这不仅取决于学生，更取决于教师。如果师生之间建立一种关心型关系，彼此的情感需要得到及时、适切的回应，那么作为一种生命与生命的联结，就会成就彼此，成为彼此生命中的关键事件和关键人物，影响彼此的发展。综观优秀教师生活史中的早期受教育经历，都出现了这样的关键事件和关键人物。这些关键事件和关键人物影响着他们对教育的观念和认知，影响着他们对知识的获取和偏爱，影响着他们的兴趣和爱好，也最终影响着他们成为教师后的专业发展。通过回溯过往，教师能够意识到早期受教育经历对于自己未来发展的重要性，从而自我反思当下乃至未来应该成为怎样的教师，应该与学生建立怎样的关系。唯有在“过去—现在—未来”的时间链条中，在学生（自己早期的做学生的角色）与教师（自己早期受教育过程中的教师）、教师（现在的角色）与学生（现在面对的对象）的关系之中，展开反思、实践，教师的专业发展才有可能实现。

一、做学生的感受影响着做教师的教育观念

在成为教师之前，我们有着长达12年或更长的时间都在做学生，我们经历了小学、初中、高中等不同阶段，普通学校与职业学校等不同性质，语文、数学、英语、物理、化学、政治、历史、生物学、体育等不同学科的大量的教师群体，我们一天之中除休息日外有7～8小时与教师亲密接触。这种长时间、无间距、多样态地与教师接触，无疑对于未来的教师成长具有重要价值。学生在与教师的长期接触中，一方面将无数课堂场景中活生生的画面及与教师相处的特别的情感记忆存储到头脑中；另一方面将其对教师的心理分析、揣摩等心得体会（这些是学生“维持生存”的重要基础）融入自己的经验判断。学生正是在长期浸润中，逐渐把教师的教育教学或身处其中的情感体验、经验判断等，以一种场景记忆或整体画面的方式潜移默化地注入自己身上。正是在这种观察或见习的学徒期，学生逐渐掌握了这种直觉式的、前科学的教育认识（因为他未经检验或反思），而且在步入职场后重新激活这些认识而持续保持。因此，如果师范教育期没有对这种前科学认识的内在经验模式完成更新的话，作为学生的教师只能在日后的职场中经历特殊事件而实现其反思、更新，否则会继续保持这种直觉式的前科学认识。

由上所述，长时间的受教育经历也使学生形成了自己对教育的朴素观念和认知。斯蒂芬斯（Stephens）认为，学生正是在家庭、学校中通过学习教育者（父母、亲人或教师）所教授的内容，学会了怎样做教师，使作为学生的教

师表现出好为人师的倾向。学生不仅是在学习中学会做教师，也是在与大量教师的接触中认识教师这个特殊的职业，进而走向它。学生在受教育的过程中会接触很多不同的教师，有些教师会走进他们的内心，成为他们的重要他人。学生正是以这些重要他人为参照物，树立起自己早期的职业理想或未来的梦想。赖特（Wright）和塔斯卡（Tuska）的调查发现，成为教师的过程类似于一个人孩提时代变得与重要他人相似的过程，学生可能会变得与某位教师相像，而教师又可能无意识地变得与某位教师相像。① 我国著名思维学家张光鉴先生的相似论也证明了这一点。与自己心仪教师的相像，并将其作为榜样，使学生在无形中参照或全部接纳榜样教师的教育观念和认识，在师范教育期如果不能做哲学反思更新的话，学生就会将此带到职业生涯中，影响自己的教学和专业发展。但遗憾的是，无论学生自己还是师范学校都未严肃地认识到这一点，所以生活史的回溯便显得很有价值。

（一）榜样教师的影响

优秀教师在回溯自己的早期受教育经历时，都会提到在此过程中受到一些重要教师的影响，他们作为关键人物或重要他人，对自己的生命成长产生了积极的影响。从优秀教师的回溯来看，对自己产生影响的并不是这些榜样教师的专业知识、能力，而恰恰是他们的人格魅力，是他们对学生的期待和鼓励。皮格马利翁效应很好地说明了这一点。国外的研究发现，教师的人格特征对教学和教育效果的影响较大，如教师的作风民主、态度热忱、关心帮助学生、期望学生进步等。毫无疑问，这些人格魅力具有感染性，深深地影响着学生的内心。其实，并不是教师的专业知识、能力不重要，而是教师需要热情和投入精神，使学生进入有意义的学习活动。试想，如果教师本身都没有被这些知识的价值吸引，表现出兴奋、有深刻的体验等，那么学生怎能被其吸引，与之建立联结？可惜的是，我们并未对此引起足够的重视，相反是被其他所谓客观、标准、科学的东西吸引，忘却了根本性的东西。

黄老师：我刚开始学英语时的基础是比较差的。让我印象深刻的是，我们以前的公开课不太多，但是也上过一次公开课。老师一般是让基础好的学

---

① 叶澜、白益民、王枬等：《教师角色与教师发展新探》，279页，北京，教育科学出版社，2001。

生发言，但这次就让我来回答这个问题。我虽然没有答出来，但是心里很高兴，我好像被当作好学生来看待了。从此以后，我开始努力学英语，后来在各学科中英语学得最好。

杨老师：读初中时，我遇到了我的语文老师。受他的影响，我十分喜欢写作，并一直坚持到现在。有一次，他在班上念了我的作文，并给予了很高的评价："文章写实性强，这很好，初学写作，写些纪实性的，才觉得有话可写，达到练笔的目的。祝愿你今后实现作家梦!"正是他的这种鼓励，为我种下了"作家梦"和"老师梦"。我要像他一样，成为一位好的作家和一位好的老师。至今，我仍然保留着那个作文本和那段评语，因为是语文老师鼓舞我走上了这条路。对于我而言，这是一个转变的开始。

通过黄老师和杨老师的亲身经历，我们可以看到教师在学生心目中的重要意义。如果一位学生知道他在教师心目中的"特殊"地位，这会对他的成长和学习产生重大的教育意义。正如范梅南所言，做教师的经历也就体现在心里常常想着孩子们，并时时关注着、期盼着他们长大成才。① 杨老师从语文老师的鼓励和期待中发奋图强，克服了家庭环境差的劣势，以教师和作家为梦想，开启了自己新的人生征程。最终，他实现了自己的梦想，成为一位优秀的乡村教师，也没有放弃作家的梦想，出版了自己的著作。

曹老师：上学的时候，我的阿姨对我的影响很大。我的阿姨从代课老师，通过自己的努力一步步成为一位正式的老师；她从乡下调到市区，从一位普通的语文老师，成为一位特级教师。她放弃了很多的东西，才成就了她的教育事业。当时我唯一的感触是我的阿姨爱生如子。

李老师：读高中的时候，我遇到一位语文老师，他从师范院校毕业后分配到我们学校。他比较有个性，教学方式也很特别，会带领我们开展各种演讲比赛、辩论赛等，还经常在野外给我们上课。他带我们游学、骑自行去游玩，还带我们去过泰山。

---

① [加拿大]马克斯·范梅南：《生活体验研究——人文科学视野中的教育学》，宋广文等译，71～72页，北京，教育科学出版社，2003。

榜样教师的影响不仅在于他对学生的关爱、期待和鼓励，更在于他影响了学生日后成为教师的教育观念。曹老师正是看到了她的阿姨作为教师的发展历程，受其影响，日后选择了教师职业，并按其阿姨的形象去做教师；李老师也是在其语文老师的影响下，在自己的生活生涯中复制了他的老师的做法，为自己的学生塑造了深刻、难忘的经历。教育作为一种情动的实践，需要通过情感应答关系的建立，联结教师和学生，使生命与生命之间的影响得以产生。教师作为情感实践的主体，如果能够及时回应学生的情感需要，成为学生情感倾诉的第一人，倾听学生的烦恼、与学生探讨未来发展等，就能够拉近与学生的情感距离，师生间的信任关系也就比较容易建立。相反，如果教师自身缺乏敏感性，不能觉察、发现学生的情感需要，对于学生的明示需要不能及时做出回应，那么师生间的关怀关系就难以建立。长此以往，学生与教师形同陌路，生命难以联结。

(二)特定生活体验的影响

从受访对象的生活史访谈来看，他们在早期的受教育过程中作为学生获得了某些印象深刻的生活体验。这些生活体验影响了他们日后做教师的行为选择。

李老师比别人晚上一年小学。因此在她的记忆里，她一直在追赶别人，总受人欺负，而她的老师并未觉察她的这种情感需求，没有及时回应，所以她就忍辱负重。因为有过这种生活体验，所以在她成为教师之后，就特别关注班里的有特殊需要的群体，不想让同样的事情发生在自己的学生身上。在实践中，我们发现低年级的学生对教师有着一种发自内心的爱，他们十分期待教师能够关注他们，这是一种无须伦理努力的自然关怀。我国传统上用“一日为师，终身为父”“师生如父子”这些俗语来表达师生间的自然关怀关系。现代社会的发展使这种自然关怀逐步被契约关系代替。但是，学生从家庭的自然关怀走向学校，仍然期待教师的自然关怀。如果在相遇伊始，教师没能够及时回应这种自然关怀，学生会逐渐对教师失去期待，产生不满情绪。

与李老师的生活体验相似，华老师由于家庭出身不好，课下常被欺负，而在20世纪70年代教师不会有意去关注这种情况。为摆脱这种不利处境，他从小学开始就喜欢课堂，认为课堂是享受的地方，是享受知识、平等和骄傲的地方。只有在课堂上，他和同学才是平等的，甚至是被教师偏爱的。所以他在课堂上积极表现，在学业上很优秀，满足了他的好胜心。正是这样的生活体验，使他在日后成为教师后十分关注课堂上每一位学生的表现。他力求使自己的课堂能够体现生命关怀，让学生享受课堂。

曹老师在生活中遇到了自己的阿姨。阿姨是一位特级教师，她读书最多的时候就是在她的阿姨家时。那时候，阿姨工作很忙，会让她自己读书，也会和她聊聊读书后的体会。后来她找到了对文学的喜爱，因为她从小文笔不错，对语文很独爱。她日后成为教师也是将语文作为自己的专业学科。

黄老师小时候看的电影《乡村女教师》使她萌发了对教师职业的向往与憧憬。她读高中时的理想是成为教师。后来高考正好考到师范院校，她就索性做了教师，发现自己还是适合的。她在冥冥之中受到了早期乡村女教师形象及精神的影响，日后也很享受和学生在一起的时光。

魏老师认为自己是一个表面温顺却内心叛逆的人，喜欢听人唱反调，其实是对真实或真相的一种向往。魏老师从小按照别人的要求去做一个好孩子，内心却并不认同。他通过阅读接触到思想的另一面，开始怀疑一些问题，使追求真相、想说真话的欲望越来越强。在成为教师后，他虽然面临应试教育难以突围，但尽量按照内心思考，尽量讲真话。所以，他任教历史学科时呈现各种相关材料，让学生自己去发现真相，保护学生求真的愿望。魏老师自己的生活经历使他认为教育应该让学生求真、求善、求美，教师应该成为一个按照内心思考、敢于讲真话的人。

可见，每位教师都有自己的童年时代，在童年时代都会有自己特定的生活体验。这些生活体验作为教师个体生命中最初始的经验，影响着其未来的发展，是一笔十分宝贵的财富。教师回溯自己的童年生活体验，首先应该想到自己曾经也是儿童，面对他们时，应该与他们相似。如何做到与儿童相似？这就需要走进儿童的内心世界。

二、做学生的体验影响着做教师的教育能力

从教师专业发展的能力结构来看，一些基本的能力都是在早期的受教育过程中形成的，如语言表达能力、与学生沟通交往的能力、基本的管理能力等，这些能力为日后成为教师奠定了基础。一位优秀的教师能够基于自我经验去发展和扩充自己的能力结构。这种自我经验是教师个体所独享的，是建立在他的生活史的基础上的。如果教师能够回溯过往，找到那些蕴含自我经验的独特生活体验，那么这些生活体验就具有了解释学的意义。根据此意义，教师就能够着力塑造和发展自己的个性特征。因此，每位教师只有在自己生

命过活的基础上去发现和发展自己的生命，才能成为最好的自己，也才能成为优秀的教师。综观受访对象的早期生活史，教师做学生的过程中，基于他们个体的独特生活体验和自己的兴趣爱好，形成了自己独享的生活经验。这些生活经验在他们成为教师后不断发展，便形成了现在他们独特的教育能力。

(一)语言表达能力

许多教师认为，语言表达能力是教师的基本能力。这种能力其实在生命早期已经形成，后来走进职场后将其发展、扩充。问题的关键在于，教师是否意识到自己在这方面的优势，以及如何发现这种优势并有效发展、利用，让其成为自己的特色。曹老师在回溯自己童年的生活经历时，认为自己喜欢听外公讲故事，长大后自己也开始喜欢讲故事，上学之后克服了自己的羞涩给同学们讲故事，使这种能力得以发展。后来接受师范教育乃至进入教师职场后，她将讲故事作为自己的特色能力，充分利用，提高了自己的专业发展水平。她的经历启示我们要重视自己早期的独特生活体验，并持续地发展、延伸这种体验，使之成为自己独享的有生命价值的东西。梅子涵认为，童年不能没有童话。同样，童年也不能没有会讲故事的人。会讲故事的教师是幸福的，他通过故事表达建立起与学生之间的生命联结。这种联结是令人难忘而又具有情感孕育的价值，潜藏了诸种可能。会讲故事也应该是教师的一种专业能力，它考验着教师的人文精神素养——能否给学生一个美好的初始。

曹老师①：上了学，我的舞台不再局限在屋前的三尺地。从第一次羞红脸站在讲台前给同学讲故事，到后来去学校广播台给全校的同学讲故事，我历练了无数次，故事也越讲越老道。走到哪里，都会有人喊“山鲁左德”(《一千零一夜》中那个会讲故事的姑娘)。连老师都笑着说：“我可把你的照片留好，将来成了明星，可有价值了。”

19岁那年，怀揣着“初生牛犊不怕虎”的勇气，我瞒着家里、学校偷偷地去上海考艺校。当我以讲述表演的形式展现在评委的面前时，我看到评委眼中的震撼；当我匍匐在地，嘶哑地喊着“别抢走我的金币，别拿走我的火柴”，我看到三位老师潸然泪下的面容；当我划亮一根根火柴，惊喜地看到希望，又在黑暗中一次次失望，撕心裂肺地哭喊着“奶奶，别走，别走”，我听到了

① 该部分内容出自曹老师的日记随笔。

评委们响亮的掌声。我如愿以偿地通过了面试。可惜现实是残酷的，读师范专业的我不能参加高考。梦想被打破的同时，我决定站在三尺讲台上，给我的孩子们讲故事。

每天，我从简单的绘本故事开始，一字一句地指着读给孩子听。孩子是第一遍听，第二遍跟着念，第三遍试着讲。后来我声情并茂地讲给孩子听，让孩子仔细观察故事中的画面，说人物的表情动作，扩充故事内容。再后来我像妈妈一样，配上适合的音乐，轻柔地述说故事，让孩子结合生活经验模仿故事中的情境，创编故事内容。渐渐地，讲故事成了我的教学特色。

然而，真正要将讲述内化成适合儿童的教学，并不容易。对于每一个故事，我都需要阅读很多遍，并形成自己对故事和画面的理解，然后上网阅读这个故事的网评或者名家的点评，再认真地解读这个故事，写下讲述稿，最后再根据故事的情节、图画的作用，设计教案。对于每周的阅读课，我都需要花费至少四个晚上的时间。家人心疼我太执着，可是当我看着孩子们专注的表情时，我累并快乐着！

无心插柳柳成荫。孩子的识字能力的发展事半功倍，一年级半学期不到，家长惊喜地告诉我："孩子突然能读整本书了。"孩子的语言在一次次讲述中得到了锤炼，他们一个比一个讲得好。挑选出来的两个孩子参加校级比赛，一鸣惊人，夺得第一名。孩子的语感在潜移默化中得到了提高；孩子的习作水平在积累中得到提升。在短短的一个学期，学生发表习作近 30 篇，7 人获省级奖。可见，讲故事促进了孩子的各项能力的提高，也促进了我的专业水平的提升。

黄老师认为，朗诵、朗读、语言的表达等基本能力，对于后来走上教师岗位是很有好处的。因为教师是用语言和学生打交道的，好的语言表达会给学生一种精神的享受。她读小学的时候特别喜欢朗读、阅读，参加过朗诵比赛。同黄老师一样，李老师因在小学阶段晚入学一年，一直在追赶其他同学，在学习上没有优越感。但是，她喜欢朗诵与表演，喜欢做主持人，而且不会害羞，这使她获得了一种在学习上难以获得的优越感。所以她在主持、表演节目方面尽量表现，以赢得教师的关注。多年之后，她成了一位小学语文教师，注重通过朗诵、表演、主持等形式让学生体验语言及语文的魅力。她的教育理念是给学生一个美好的初始，让其体验并享受，进而追求这种美好。无疑，童年的这些生活体验影响并促使她选择成为教师。

(二)基本的管理能力

优秀教师在早期受教育阶段，基本上都是品学兼优的优秀学生，他们大多在这个阶段做过教师的小帮手，担任过班长、团支书及相关重要“岗位”。调查表明，优秀教师担任班级学生工作的比例为54.84%，远高于一般教师的28.57%。① 正是这样的经历，锻炼了他们的基本管理能力、与同学相处的能力、处理矛盾的能力等。这些早期经历或体验让教师对课堂管理、班级管理、学生工作等进行了提前演练。教师的管理工作不同于其他管理工作，主要面对的对象是不成熟的学生。这主要体现在以下三个方面：一是机体的未成熟性。较之其他动物，人是在生理尤其是大脑未成熟的状态下出生的，这种先天的不成熟为后天教育预留了空间，有着无限发展的可能性。二是生命的自然性，纯真活泼，童心未泯。教师感受到生命的美好与原初的那种生命状态，为这样的生命状态所感动、反思。三是自我意识及自塑能力的发展。学生从自我中心到他律，再到自我意识萌发后的真正自律，是个体意识到自我的存在、自我经验的积累和自我成长的过程。面对这样一个个生命体，教师的管理工作应该如何开展？优秀的教师会基于对生命的理解或人性的洞察，自然涌动出一种对生命的呵护、关爱、鼓励、期待等本能冲动，从过程性、发展性等视角与生命相处，从人文关怀的角度处理学生的问题。从这样的理解出发，教师的管理不应该是外在的、冰冷的、权威的、科层的管理，而是内在地、温暖地、民主地、平等地与学生相处。因为，我们相信学生，相信生命的自洽，相信人与人相处的关心型关系的建立将有助于生命的成全。

从这些优秀教师的生活史来看，他们几乎都是这样的生命型教师。所谓优秀，根本在于对人的生命的呵护与成全。围绕这个核心目标开展的行为才能被称为优秀。基于此的教师管理，应该是民主的管理。综观这些教师的早期家庭教养方式和学校管理方式，基本上都是放养型。“放养”并不意味着没有情感关注，而是基于对人性善良、真诚、美好的信任与期待，去让生命自我舒展与成全。当然，也有社会及家庭现实因素的影响。这些早期生活体验，使他们相信生命本身，成为教师后也同样相信学生能够自主管理，让他们放手去做。黄老师和陈老师就是这方面的典范。

---

① 王邦佐、陆文龙：《中学优秀教师的成长与高师教改之探索》，12页，北京，人民教育出版社，1994。

黄老师：放手自主管理——可能因为我家里就是比较放手的。我没有思考过为什么我在整个管理过程中会注重学生能力的培养。我对我的女儿是放养的。不爱管人是源于对人的信任吗？人都是有一种自己内在的智慧，我从来没有觉得自己是聪明的，但我觉得不聪明的人也能做成事。所以我相信别人也会有他们能够做的事。

做老师以后，我很注重发挥学生的主体作用，原因在于，以前我们自己做班干部的时候，老师也是放手让我们做的。所以我就将这种模式应用到自己的班级中，让学生多做事，锻炼他们。

陈老师：我爸妈对我和我弟是放养的。做老师以后，我就把我的童年片段复制给孩子们，带他们到野外去考察、开展家庭实验，放手让他们自己去做。我认为应该对班级授课制做系统反思，大自然是更好的课堂，没必要把孩子们封闭在教室里。

可见，我们不一定要遵循传统、按部就班地进行管理工作，而是需要回到自己的内心体验，回到生命的真实需要，不去过多在乎外在的评价、分数等，毕竟人是最重要的。真正的管理必须是基于人性，让生命自身去自我成全的。教师回溯自己的过往体验，回到生命之流中，有助于从源头上认识事物的真相，避免外在的遮蔽。

第四节　孕育人性情感，奠基未来发展

范梅南认为，存在性要素对研究过程中的反思具有极为重要的导引作用，这些存在性要素包括生存的空间(空间性)、生存的感体(实体性)、生存的时间(时间性)和生存的人际关系(相关性或公有性)。① 关于儿童生活体验对教师专业发展的影响，本书从早期生活体验和受教育经历两个方面展开生活史的回溯。前者侧重于对专业发展的情感基础的影响，后者侧重于对专业发展的教育观念、能力的影响；前者主要从早期家庭环境和生活经历考察生活体验对儿童基础性情感及在此基础上发展起来的联结感的影响，后者主要考察

① ［加拿大］马克斯·范梅南：《生活体验研究——人文科学视野中的教育学》，宋广文等译，136页，北京，教育科学出版社，2003。

受访对象在学校做学生期间形成的教育观念、相关能力对未来专业发展的影响。从上述研究中可以看到，对于存在性要素的空间性，本书主要考查了家庭、学校作为儿童成长环境对儿童情感发展的影响；对于存在性要素的实体性，本书从人际神经生物学、心理学等角度考察了儿童联结感的建立及发展；对于存在性要素的时间性，本书通过生活史的回溯考察了童年生活体验在“过去—现在—将来”的时间链条上的位置与意义；对于存在性要素的人际关系，本书主要考察了父母与孩子、师生之间情感应答关系的建立情况。通过这些存在性要素的导引，本章较为系统地反思了这一时期的情感在教师专业发展中的重要作用。

依恋感、安全感、归属感、同情心、联系感等基础性情感的出现是人性发展的基本需要。认识到情感对于人的发展的本体论意义，我们就要呵护、关爱这些基础性情感，为其发展创造良好的情感环境和情感氛围。家庭、学校等儿童早期的成长环境应该是一种惬意的、温暖的环境，这也是童年的自然属性本身所需要的。惬意感符合儿童对美好事物的期待与想象。其他那些吻合于自然生命和精神生命生长的正向情感，如自我意识被唤起的意义感、成功感、价值感、幸福感等，其活跃、持存、积累和孕育本身，构成和完成了人的情感品质的发展。而对于那些不利于自然生命和精神生命成长的负向情感，如自卑、怯懦、焦虑、害羞、羞愧、悲伤等，虽具有正面价值，但在童年期也不适合长久地持存，否则会严重影响性格和人格。

作为儿童生命成长中的重要他人，教师理应在儿童心中种下一颗美好的情感的种子，并细心呵护。教师“要让尽量多的人和物进入童年期的精神生活”，且要触及他们的内心，不要“仅在意识表面上爬行”①。苏霍姆林斯基主张在整个儿童期的情感领域中一直保存着这些人和物的迷人的吸引力，重视学生获得真正的感受体验。他认为，所有的教育工作，只有在人产生内在的、具有属于自己的感受时，心灵才能得到扩展。② 另外，要在关系互动中激发儿童的人性之善，这些关系包括自己与身边事物的关系、自己与父母亲人的

---

① ［苏联］B. A. 苏霍姆林斯基：《苏霍姆林斯基选集》第 3 卷，753 页，北京，教育科学出版社，2001。

② 朱小蔓：《关注心灵成长的教育——道德与情感教育的哲思》，219 页，北京，北京师范大学出版社，2012。

关系、自己与他人的关系、自己与社会的关系，等等。苏霍姆林斯基认为："孩子怎样对待他周围的东西和生物(一本书、一本练习簿、一株花、一只鸟和一条狗)，这正是人性素养的开端，是对人的态度的开端。"①我们可以通过关系中的"人化"，建立起儿童与其他事物及人之间的内在联结感，让儿童通过彼此的互动及恰当的情感应答，来感受、体认、扩充人性的情感。

---

① ［苏联］B. A. 苏霍姆林斯基：《和青年校长的谈话》，赵玮等译，179页，北京，教育科学出版社，2009。

第三章 师范教育期：培养教师人文素养

优秀教师的成长过程，不仅可以追溯到他的孩提时代，而且必须延伸到他的教学生涯。师范教育作为师资培养的主要阵地，起着承前启后的作用。所谓“承前”，即它承接童年生活期。童年生活期的情感孕育及发展情况、童年生活期形成的朴素教育观念及一些基本能力等，影响着作为师范教育的生源——师范生的素质结构。所谓“启后”，即经过师范教育期的培养，准教师成为正式的教师，直接输送到中小学。因此，师范教育的培养过程尤为重要，直接影响着未来教师的素养。本章通过回溯优秀教师在师范教育期的生活史，讨论师范教育对未来教师专业发展的影响，考察情感在其中的位置及发挥作用的机制。

第一节 师范教育期的选择与价值判断

师范教育期作为教师的职前培养阶段，其产生和发展经历了一个历史的过程。回溯师范教育的发展历史，我们需要思考：师范教育的培养目标是怎样的？如何更好地达成这一目标？不同的培养范式对教师的专业发展有着怎样的影响？怎样的培养取向更适合教师的专业成长？对这些问题的梳理，有助于我们更好地在“过去—现在—未来”的时间链条上，从教师专业发展的视角整体性地思考师范教育的定位与培养目标。

一、国际师范教育的培养范式及启示

从师范教育的国际发展来看，17 世纪末开始，一些教师

的职前培养机构先后在欧洲国家出现，这时只是解决师资培养缺乏的问题，并未形成对教师作为一种专业的认识。18—19世纪，特别是19世纪以来，随着义务教育制度的建立和实施，各国对专门培养教师的需求日益扩大，师范教育在更多的国家得到发展，这时对教师专业化已形成基本的认识。进入20世纪，特别是第二次世界大战以后，人们对教师作用的认识、对师范教育的目的和性质的认识向纵深方向发展，越来越意识到教师承担着重要的社会使命和责任，需要专门的教育和培养，师范教育得到蓬勃发展。20世纪中叶以来，世界各国把整个师范教育过程分为教师培养的"职前教育""实习试用期教育"和"职后教育"(在职教育)三个阶段①，认为后两个阶段主要可以弥补第一个阶段知识的不足或知识、技能的缺乏，第二个阶段可以充实第三个阶段的实践体验，使第一个阶段的知识得以运用。可见，社会已经逐渐对教师培养形成了整体性的认识。20世纪70—80年代，师范教育虽然得到蓬勃发展，但是越来越多的学者、专家开始反思师范教育的培养目标，认为师范教育应该培养数量足够、质量合格的教师；这些教师应该热爱教育和青少年，具有良好的行为习惯和道德修养，具有扎实、全面的普通和专业知识，了解教育的对象、内容和环境，掌握科学的教育教学方法和手段；这些教师既应该是学科专家，也应该是教育专家。② 正是基于对这一时期师范教育的全面反思和系统认识，20世纪80年代中期以后，各国相继发布了一些有关教师发展的重要文件，使教师专业化成为国际潮流。直至今天，我们已经形成对教师专业发展的基本认识并做了许多相关的努力。

在师范教育的发展过程中，伴随教师专业化概念的产生和逐渐明晰，国际师范教育实践大约经过了六种范式的变迁。③ 一是知识论范式。这种范式认为教师只要掌握一定的科学基础就具备了知识方面的话语权，就能和医生、律师一样成为专业化人员。这种范式在20世纪中叶以前备受追捧。但是，专业化并非就是知识化，知识只是其中某一方面的基础。同时，作为专业的教育的发展也缺乏一定的知识论基础，使通过知识论成就专业化的努力难以实现。

---

① 苏真：《比较师范教育》，350页，北京，北京师范大学出版社，1991。

② 苏真：《比较师范教育》，464页，北京，北京师范大学出版社，1991。

③ 朱小蔓于20世纪90年代在《教师专业化成长》一文中，以美国为例，系统分析了国际师范教育实践的六种范式的变迁：知识论范式、能力范式、情感范式或人格范式、建构论范式、批判论范式、反思论范式，本部分基于此做相关阐述。参见朱小蔓：《关注心灵成长的教育——道德与情感教育的哲思》，409～410页，北京，北京师范大学出版社，2012。

二是能力范式。1957 年苏联卫星上天，使美国意识到知识本位的师范教育难以培养学生的创新能力。就人才发展而言，综合能力更为重要。知识只是基础，教师要有把知识表达出来和传递出去以及教会学生的能力。能力范式受到行为主义心理学的影响，认为能力可以量化和标准化，只需要按照量表的规定逐条对教师进行评价即可，完全忽略了背后深藏的教师态度、人格等内在因素。三是情感范式或人格范式。基于知识论范式和能力范式的反思，20 世纪 60 年代末开始的情感师范教育或人格师范教育，以情感为主要价值取向。美国教育家库姆斯(Combs)提出，以人文主义的哲学观、知识观和教育观为背景，强调教师的情感、道德、自我意识、个性、处理人际关系的态度和技能的养成，探索了"角色扮演""情意性演练"等培训方法。这种范式产生了一定的影响。但由于情感因素、人为因素的复杂性以及美国深厚的实用主义传统，加之这种范式因对儿童的过分关注而受到批评，使这种范式最终走向衰弱。四是建构论范式。这种范式主要受建构主义的影响，认为知识只有个人化才能内化为个人的素质，强调个体要不断建构自己的知识体系。这种范式对于教师个人的实践知识有着较大的影响。五是批判论范式。这种范式主要受批判主义者的影响，认为教师不能只关注教学的专业性而忽视公共性，强调要在课程和学校制度之外对整个社会保持一种关心、兴趣和审视的眼光，主动介入社会生活并保持独立立场。六是反思论范式。20 世纪 80 年代中期，反思性实践家概念的提出和以活动过程的反思为核心的实践性认识论获得了教育研究家与教师的支持，因为它提供了主张并确认教师专业化的强有力的基础，而学校教育深受僵化的官僚主义与烦琐的技术主义困扰。这一理论的提出，使技术熟练者的教师专业化被"反思性实践家"的教师专业形象替代，直面问题背后的更大问题的实践性探究，强调了教师专业发展的自主性与能动性。①

综观国际师范教育实践的六种培养范式，实际上最终可以归结为教师的知能(知识与能力)和情感人格两大类培养范式。两者应该互融共促，如果执

① 反思性实践家是美国麻省理工学院的哲学教授唐纳德·舍恩(Donald Schon)在 1983 年所著的《反思性实践家——专家如何思考实践过程》中论述专业的实践面临范式转换时提出的。该书通过建筑师、城市工程学家、经营管理专家、精神分析专家等实践家的案例研究，提出了用反思性实践家来表达新型专家形象，替代技术熟练者。前者以行为过程的反思为基础，是指通过同情境的对话，反思问题，在反思的同时，同顾客合作；后者以技术理性为基础。参见[日]佐藤学：《课程与教师》，钟启泉译，299～300 页，北京，教育科学出版社，2003。

其一端，必有损于教师的整体素质的提升。伴随着国际师范教育的一体化发展，这两种范式趋于融合互促，衍生出了许多新的培养范式。未来教师的形象逐渐清晰、丰满和立体，其所应具备的素质不再是单一的知识、能力，而是集知识、能力、人格等于一身的主体性素质。这对我们有两方面的启示：一是教师的培养要保证教师形象的整体存在，不理解或片面强调某一方面都不能培养整体的教师；二是教师的培养要基于教师个体的存在，无视教师个体自我经验及生命成长的过往，只依循完善的或思维缜密的逻辑假设的理论建构，不能够浸入个体内心，不能实现培养的目标。

二、我国师范教育的培养模式及启示

与国际师范教育的培养实践有所差别，我国的教师培养受制于我国独特的文化传统。我国自古以来就有尊师重道的传统，孟子在和齐宣王对话时，引《尚书》中“天降下民，作之君，作之师”，把君师并列起来。荀子把“师”纳入天、地、君、亲的序列，在《荀子·礼论》中提出“天地者，生之本也；先祖者，类之本也；君师者，治之本也。无天地，恶生？无先祖，恶出？无君师，恶治?”西汉杨雄在《法言·学行》中说：“务学不如务求师。师者，人之模范也。”将“师”“范”最早连在一起，见于《后汉书》：“君学成师范，缙绅归慕。”意为师法的模范，演绎为“学高为师，身正为范”。“范”为典范之意，具有浓郁的价值引导色彩，这个“范”与我国传统的“士”的规矩或作用有一定联系。①教师的高地位对教师形象提出了严格的要求，《荀子·致士》有言：“师术有四，而博习不与焉。尊严而惮，可以为师；耆艾而信，可以为师；诵说而不陵不犯，可以为师；知微而论，可以为师。”这也是古代对教师形象的基本认识。到了近代，1897 年，盛宣怀在上海创办南洋公学，设立师范院，提出“惟师道立则善人多”。1902 年，张謇在南通创立通州师范学校，提出“教育为实业之母，师范为学校之母”，开近代师范教育之先河。1904 年，清政府颁布的《奏定学堂章程》，对师范教育的机构及教育课程、教师实习等做了具体规定，这是我国学习借鉴国外师范教育经验的最早实践。中华人民共和国成立初期，我国学习苏联的教育经验，当时高等师范院校普遍开设教育学、心理学、学

① 刘云杉：《从启蒙者到专业人——中国现代化历程中教师角色演变》，44 页，北京，北京师范大学出版社，2006。

校卫生学、各科教学法、教育史、教育实习等课程，主要还是知识论范式的教师培养。改革开放以后，我国开始重视教育在人才培养方面的重要作用，师范教育主要侧重教师基础知识、基本技能的培养，以适应现代化建设的需求。

值得一提的是，20世纪90年代，我国一些学校为适应素质教育对教师提出的新要求，积极回应国际上认知和情感两类师范教育思潮逐步融合的趋势，在师范教育历经“知识和能力并重”“文化育师”“情境培训”等探索的实践基础上，积极倡导人格①化师范教育，并由若干教师教育院校首先在培养大专和本科程度的小学教师的教育改革实验中推行。江苏的南通师范学校就是这场改革的先行者。南通师范学校于1990年开始的五年制专科程度的小学教师人格本位教师教育改革，融通知识、能力和情感人文素质，建构起一套适应未来教师职业需要且能够体现科学与人文、智能与德行、认知与情感有机结合的人格化课程体系，在促进活动课程多样化、教育实践课程多层化的同时，对学科专业课程进行了整体变革。这些院校强化教育课程体系，与学科专业课程并重，根据教师职业行为的客观需要和内在逻辑，开设儿童发展心理、教材分析、学科教学法、班队管理、教育思想史、教育哲学、研究方法等课程，进行了探索实践，产生了一定的影响。②

综观我国师范教育的发展历程，在很长一段时间内，除了强调教师的知识、技能之外，因为受传统伦理文化的影响，我国还特别强调教师的伦理人格。古代的教师培养主要是传统伦理人格型，近现代的教师培养主要是知识传习型和传统技能型。知识传习型教师培养是以知识传习为基础，强调知识化，即专业化，教师主要是“授业解惑”的知识传习者，承担着文化的传承。传统技能型教师培养是以基本的教育教学技能的传习为主，让教师掌握一门“手艺”，凭此教会学生学习，解决学生的问题，处理日常事务。传统伦理人格型教师培养是从传统的教师形象期待的应然出发，坚持“学高为师，身正为范”，修身律己、慎独慎微等伦理人格，将教师人格圣化。从我国教师培养的

---

① 所谓“人格”，超越了一般心理学意义上的理解，特指具有全面性、主体性、个性多样性的现代教师职业品质。

② 朱小蔓：《中国教师新百科·小学教育卷》，236页，北京，中国大百科全书出版社，2002。

模式来看，我们可以得到两点启示：一是重视教师人格在师范教育中的作用与地位。这一点有传统的积累，虽然我们强调的是传统伦理人格，但是在新的时代背景下，需要思考如何更好地发挥传统伦理人格的精神内涵，使传统伦理人格转向现代伦理人格。二是重视教师个体在师范教育中的作用。我国的师范教育无论知识型、技能型还是伦理人格型，都是从教师群体的视角强调教师某一方面的素质对于实现教育目的的工具价值，忽视了教师个体的丰富性及可能产生的整体性价值，这一点需要引起我们的重视。

三、"情感—人文"培养取向的提出

中华人民共和国成立以来，中小学教师的培养分别由中等师范学校、高等师范专科学校和高等师范学校承担，其职前培养的封闭式师范教育体系曾在特定的历史阶段稳定地为我国基础教育培养了大批急需的教师。然而，20世纪90年代以来，我国加快了现代化的进程，由计划经济向社会主义市场经济转型，对人才的渴求日益加剧，对教育提出了培养高质量人才的要求。1993年，《中华人民共和国教师法》颁布，明确了教师是履行教育教学职责的专业人员，教师的职责是教书育人、培养社会主义事业的建设者和接班人。1999年，受国际教师专业化思潮和终身教育思想的影响，以及我国师范院校职前培养和在职进修联系不够紧密、结构不合理造成的师资不配套等问题的存在，我国的教师培养体系发生转折性变化，体现在教师的学历要升高，要求职前和职后一体化考虑，把教师当作一个专业来追求。由此，我国师范教育体系由三级师范向两级师范转变，由师范教育向教师教育转轨。然而，在教师教育体系从封闭向开放转变的进程中，师范学校存在一些盲目追求高学历化，忽视教师内涵的道德及情感尺度，片面追求标准化、量化评价为主的质量监测的现象，使我国教师的学历迅速上升而综合素质却未跟上。

同时，新的时代背景对教师的素质提出了新的要求。在信息社会，知识的不确定性和开放性使知识传习已不能满足学生的基本需求，迫切需要教师重视学习的内在动机、新的学习方式、个体经验的开发与发展以及个体与他人的建构学习等。科学技术的迅猛发展及新媒体的广泛运用，使传统技能的培养难以有效开展，需要教师学会充分利用现代信息技术和教育技术。在新的时代背景下，学生发展面临的问题也日益复杂，需要教师了解复杂理论、系统理论等以提高自己在复杂情境中灵活处理教育问题的能力。此外，教师还需要面对学生发展的诸多问题及提升学生适应未来发展的各种素质①，这些都挑战着教师的专业性。

反观我国教师的职前培养，它过于侧重教师知识、能力等外在方面的专业体现，少有探讨教师在伦理道德意义、情感人文素质方面的专业性。然而，后者恰恰是从深层次上制约前者的。试想，如果教师自身缺乏良好的情感性人文素养，自身又不能与学生相处得和谐愉悦，那么他们自身的职业认同感、专业提升的愿望无法产生，无法在教育教学工作中体会成功的愉悦，其实质性的专业成长之路被自我堵塞。同时，受制于自身情感性人文素质的不足，教师无法保障教育教学过程的效能，也会影响学生形成积极的情感态度和正面的价值观。

意识到这些问题，20 世纪 70 年代国际上提出情感师范教育的培养范式，将师范教育目标分为教师知识、教学技能、教师的情感和自我意识三类，并集中关注教师的情感和自我意识。卡克赫夫(Carkhuff)指出情感师范教育强调个人本身的价值和态度的形成，以及人与人之间感情和技能的发展。梅奈特(Mehnert)认为师范教育应重视学生的情绪反应以及教师对这些情绪的移情作用。目前，国内外已有许多相关研究，如皮格马利翁效应，揭示出教师的情感人格素质是友善、期待和激励。瑞安斯(Ryans)的研究发现，优秀教师较一般教师，更能对自己进行肯定性的认识及评价，他们自认为情绪稳定、自信、精神振奋、爱好广泛、喜欢同别人交往。陈振华的研究表明，有效教师是那些具有幽默感、公平意识和更具有同情心的“有人情味的人”。② 教师这个职业本身就是化育生命的，带有浓重的人文色彩。朱小蔓早在 20 世纪 90 年代初就倡导建设情感师范教育，她认为情感师范教育培养的未来教师具有教育爱，具有积极的自我观念，对学生抱有尊重、理解和接纳的态度，善于了解并引导学生的情感态度和价值观。1998 年，她依据教师的情感人格与教育素质的关系，提出教师“情感—人格素质”的初步框架，认为它是一个以教

---

① 2012 年，经合组织(OECD)发布的《为 21 世纪培育教师 提高学校领导力：来自世界的经验》研究报告指出，21 世纪的学生必须掌握以下四个方面的十大核心技能：思维方式，即创造性、批判性思维、问题解决能力、决策能力和学习能力；工作方式，即沟通和合作能力；工作工具，即信息技术和信息处理能力；生活技能，即公民、变化的生活和职业、个人和社会责任。这些都挑战着教师的专业性。

② 吴安春：《德性教师论——创造型教师的专业发展》，85 页，北京，人民教育出版社，2003。

育爱为核心的教育价值观、教育思维方式、教育行为技艺和教育风格类型等综合体，并据此提出了衡量教师情感性人文素质的操作性指标。①本书认同并基于这些基本判断，探讨教师专业发展中的情感基础。

根据上述历史考察可知，师范教育需要基于师范生已有的素质条件，明确培养目标与培养任务，除了加强师范生的学科专业知识、技能训练，形成良好的知识结构及与学科相关的基本能力外，还应侧重师范生的"情感—人格"发展及个性培养，增强他们对教师职业的认知及从事教师职业的自觉性和认同感，进而升华为一种使命感和责任感等。没有这些内在的情感素质，其知识、能力等很难内化和升华，对从事教师职业的意义感与指向性也不强。基于这些基本判断，本书将师范教育期分为学习期和实习期，前者主要侧重对教育专业知识及学科专业知识等相关理论的学习，后者主要侧重教育实习。本书从这两个阶段回溯优秀教师的生活史，考察它们对教师专业发展的影响。受访对象的师范教育情况如表 3-1 所示。

表 3-1　受访对象的师范教育情况②

受访对象	就读年份/年	培养机构(专业/年限)	毕业后任教学科
马老师	1972—1974	中师 (英语专业/2 年)	小学英语
华老师	1981—1984	中师 (小学教育专业/3 年)	一开始教体育，后来一直教小学数学
黄老师	1986—1988	师专 (思想政治专业/2 年)	初中思想政治

① 朱小蔓：《关注心灵成长的教育——道德与情感教育的哲思》，71 页，北京，北京师范大学出版社，2012。

② 我国近代师范教育起源于 20 世纪初。21 世纪之初运行的师范教育制度，是在 1985 年国家教育委员会召开的全国中小学师资会议上确定的，主要分为中等师范学校(简称中师)和高等师范院校两个层次，是教师进修学校和教育学院两级职前培养与在职进修的师资培养体制。高等师范院校又分为师范专科学校(简称师专)、大学本科和研究生院(简称高师)三个档次。中等师范学校招收初中毕业生，学制为 2～3 年，主要培养小学及幼儿园教师。高等师范学校招收高中毕业生，其中师范专科学校学制为 2～3 年，培养初中教师；属于大学本科的师范大学或师范学院的学制为 4 年，其中某些师范大学的某些专业的学制为 5 年，主要培养高中教师；在师范大学附设的研究生院，主要培养高等教育机构的教师教育科学研究人员。

续表

受访对象	就读年份/年	培养机构(专业/年限)	毕业后任教学科
李老师	1988—1990	师专 (中文专业/2年)	一开始在职业中专及技校教语文，后来到小学教语文
陈老师	1991—1994	中师 (小学教育专业/3年)	一开始教语文、数学，后来选择教小学科学
魏老师	1987—1990	师专 (思想政治教育专业/3年)	一开始在初中教思想政治，后来在初、高中教历史
杨老师	1997—2000	非师范电大中专 (药剂专业/2年)	毕业后通过教师招考进入乡村小学教书
曹老师	2000—2005	师专 (小学教育专业/5年)	小学语文

第二节 学习期的体验对教师专业发展的影响

在师范教育之前，作为学生，我们对教师职业耳濡目染了12年或者更长的时间，这段时间对教育和教师职业的认识更多的是朴素的、零散的和体验性的。进入师范院校，作为准教师而学习对于我们来说是一种全新的体验。这时，我们的角色定位发生了变化，从学生成为准教师，虽然并不是真正意义上的教师职业体验，但已开始较为系统地认识教师职业，学习与之相关的知识。接受师范教育这段时间带有很强的虚拟性，师范生毕竟还是作为学生来学习，缺少专业教师的体认，其专业学习环境远离中小学实际。这确实反映了师范教育的实际，即便在实习阶段，师范生也只是作为实习教师在一定程度上开展教育教学工作，对教育的深刻认识及专业结构的建立也只能在职场中慢慢磨砺。因此，本书通过回溯优秀教师的生活史来考察哪些关键人物及关键事件影响了他们的理论学习及观念更新，哪些深刻的生活体验使他们从中学会了怎样做一位教师和影响了他们未来的专业发展。

一、独特的教学方式

现有的师范教育培养模式主要是通过课程来影响未来教师的专业结构的。国内外的师范教育实践基本上都将教师的学识结构分为普通文化知识修养、所教专业学科知识修养、教育理论知识修养三类，相对应的课程依次为一般课程、学科教育课程和教育专业课程。一般课程主要包括基础教育科目（写作、演说、语言等），自然科学，人文科学（哲学、历史、艺术等）和社会科学等，占整个课程的30％～40％。① 学科教育课程主要包括学科的教学知识和学科教育学。教育专业课程主要包括教育基础理论课、学科教学法、教育观察和实习等，是将教师的教育教学作为一门专业来看待而进行的基础训练，旨在提高教师的教育教学能力。三类课程各自的目标和内容以及应在何种比例和状态下保持平衡，一直是师范教育关注的重要主题。美国曾在20世纪50年代提出“4∶4∶2”的比例结构，即一般课程占40％、学科教育课程占40％、教育专业课程占20％，但在不同学段会有不同的设置。② 其实，师范教育期是形成师范生基本专业结构的时期，知识，尤其是专业知识的积累与储备是非常有必要的。师范生并非拒斥知识，他们需要令人信服和能激起信念的知识。这些知识能够帮助他们理解教育的本质，能够启发他们思考为什么选择教师职业，选择教师职业意味着什么，如何做好教师。这些问题会一直伴随教师的整个生涯，是每位教师应当自我追问的，对于学习期的准教师而言更为重要。师范生正是在追问、思考、回答这些问题的过程中，不断生成、建构其自我经验与教育意义。关键在于如何让师范生获得这种令人信服和能激起信念的知识。无疑，教师独特的教学方式或人格魅力至关重要。如果教师所做的一切，不能给师范生以学科和专业的认识或体验，这样的教学可能是失败的。多年以后，教师留给师范生的印象，可能不是他们的知识，而是他们的风格，或者他们的专业素养，或者他们的教学素质……成为教师以后，他们不会按照教材的理论去选择自己的教学模式，更多的是参考、模仿先前生活记忆中的教师形象。因此，教师要珍视留给师范生的印象。教师要专业成长，是为了自己走得更远，也是为了照亮学生，示范成长。以下几位受访对象在师范教育期的教师的独特的教学方式，不仅给他们留下深刻的印象，而且使他们的专业发展趋向于这样的选择，引领他们的发展。

---

① 一般课程旨在形成师范生一定的学艺能力（该词出自日本，指学术和艺术等方面的实际技能，类似才艺），如语言文字方面、艺术方面、体育方面等。一般课程可以培养师范生健全的人生观，养成他们认识事物的基本能力，统整学科的能力，思考、表达、批判的能力等。参见陈永明：《国际师范教育改革比较研究》，369页，北京，人民教育出版社，1999。

② 转引自陈永明：《国际师范教育改革比较研究》，387页，北京，人民教育出版社，1999。

(一)复　制

陈老师是一位小学科学教师，从小就喜欢动手实践，对自然、科学有着深切的热爱。三年的中师生活，让他遇到了三位教师，奠定了他今后职业生涯的独特的专业发展方向。他自己坦言，成为教师后就是直接复制了三位教师的教学方式。因为陈老师深信这具有足够的吸引力，能够让人体验到学习的快乐与兴趣。

陈老师：在师范学校，有一个人对我很重要，引起了我的注意——物理老师徐老师。他长得文文静静，很帅，年龄五六十岁，讲话慢吞吞的。在第一周的晚上，他把很多做孔明灯的纸、竹签和酒精棉带到操场上。他教6个班，每天晚上教1个班。孔明灯飞起来了，大家很开心。然后他给我们讲孔明灯飞起来的原理。我做老师以后，开发的田园科学课程，就是受徐老师的影响。离开课堂，向我们的社会、我们的生活、我们的自然界靠近，那里会成为一个大的课堂。

第二位老师对我的影响也很大，是生物学老师李老师。他上课的方式就是我后来的上课方式。那年在师范学校我很调皮，有一天想早点去食堂，结果不小心把那个玻璃门撞坏了。李老师对我说没有关系，要赔的话，我们给你赔。但是我的心里很不安。于是李老师让我采摘蘑菇来做实验室的标本。3年后，实验室的墙壁上、柜子里到处都是采集的蘑菇的标本。后来全校学生都来参观这些标本。李老师还专门开了报告会，让我讲给同学听，并让我写了一篇一万多字的报告。他有时候还带着我们去学校附近的海岛上考察植物、动物，或者到东塔山上采集植物标本。他的教学理念在当时已经是比较先进的。我后来组织学生野外科考，也是学习了他的这种方式。

第三位老师是化学老师赵老师。这位老师对化学很喜爱，开设了一门免费的化学选修课，每周上两次。放学后，我们可以到他这里上各种各样的化学课。有一次，我们弄出一个“海底世界”，很漂亮。我们把一些药水倒进去，水变成青的，再倒进去，药水珊瑚就出来了，这是化学反应沉淀了；我们把很多药水倒进去，“海底世界”就出来了。这些记忆对于我来说都是很深刻的。

陈老师中师毕业后在乡村小学任教，刚开始组织科学考察队，上课就是陪着学生。他复制了他的三位老师的风格和模式，自己觉得应该这么做，慢慢积累了很多经验。比如，这周进行地质的项目，下周进行植被的，再下周进行土壤的，之后进行动物的；有时候玩飞机，有时候去农田里；有很多农作物的项目在他所在的那所农村学校建设了10年。范梅南认为，一位真正的科学课教师是一位反思着科学，探索着科学的自然属性和自然界的科学的人——一位真正的科学课教师是体现了科学、身体力行的人，从一个强烈的意义上说他就是科学。① 达到这种境界的教师，是将教学工作融为生命成长的不可或缺的组成部分，实现了教学和自我生命价值统一的人。陈老师的这三位老师用他们的热情和献身精神，使学生进入有意义的学习活动。② 这让我们想起李秉德先生回忆邰爽秋先生③面对政府无能，痛哭流涕给他们上课时的场景。李秉德先生回忆说，正是邰爽秋先生的这些眼泪，使他将自己的一生贡献给我国的教育事业。④

(二)反　思

李老师是一位小学语文教师，在师范学校学的是中文专业。在她的师范学习经历中，她受到多位教师的影响。只不过有的教师对她的影响是正面的，有的是负面的。正是这些教师的多种形象，为李老师反思自己应该成为怎样的教师准备了“原材料”，使李老师知道在哪些方面自己应该效仿或依循，在哪些方面自己应该注意避免。

李老师：当时的班主任是一位特别内向的老师，班里的同学对他的意见很大。同学们提出了很多问题，如不爱出面，什么都不管，与同学没有太多的对话，也不组织活动等。我虽然对班主任的某些做法也不认同，但是我对这位老师产生了同情之心。

马老师上课时从来不带教材，他能从头到尾把知识背下来。有几次，我因为记笔记很认真，受到了表扬。当时记得他很厉害，什么都能记住，可是我们再重复一遍又有什么意义？这是他让我思考的地方。

---

① [加拿大]马克斯·范梅南：《生活体验研究——人文科学视野中的教育学》，宋广文等译，161页，北京，教育科学出版社，2003。

② 瞿葆奎：《教育学文集·教师》，70页，北京，人民教育出版社，1991。

③ 邰爽秋，哥伦比亚大学博士毕业，钟情于民族文化和教育事业。

④ [加拿大]许美德：《思想肖像：中国知名教育家的故事》，周勇等译，58页，北京，教育科学出版社，2008。

写作老师是一位作家，曾获过奖。有一次，他读我的范文，这对于我来说也是鼓励。教学法老师是从中小学调到大学教课的。他曾经表扬我，认为我适合做老师，这坚定了我从教的信念。书法老师曾鼓励我说，在多届学生中，我的汇报是他认为最好的。正是这些老师的肯定、鼓励和认可，让我走上了从教的道路。

李老师认为，自己从这些教师身上学到了自己应该怎样做教师。李老师列举了多位教师做得不够好的地方，其实师范学校这种知识本位的培养方式目前仍然存在。李老师在日后的职业生涯中，受到他们的影响，反思他们的教学模式，弥补了他们当年的不足。李老师认为他们的激励、肯定和欣赏等使她获得了深刻的愉悦体验，所以当她成为教师的时候，她特别喜欢在公共场合鼓励、表扬学生。

从李老师的回溯中，我们看到了师范教育存在的一些问题。首先，师范教育片面重视专业课教学，忽视培养师范生的博学多能。从比较师范教育的角度来看，重视基础课是一种具有时代性和世界性的共同趋势。这既是时代发展的需求，也是人的全面发展的必要途径。其次，师范教育忽视师范生的能力、情感、意志品质等方面的发展。传统的师范教育学习模式还是在延续高中的注入式、灌输式的教育模式，强调记诵，缺乏创新。最后，师范生缺乏系统的教育专业训练，对教育理论理解不够，缺乏基本的科研能力。师范教育理论不能反映儿童心理发展及教师职业发展的新内容，不能适应师范生的实际需求，对于他们的观念更新和未来发展指导不够，不能使他们应对教师实践工作的复杂性。我们需要打破单一的传习式的教学方式，实现传习性、独立性和创造性三种教学方式相结合，实现学活、会学、能创新；改革传统的教学方法，实现探索性(情境教学、实验、研究法等)和接受性(讲授、演示)相结合。

(三)思想启蒙

魏老师是一位高中历史教师，在师范学校学的是思想政治教育专业。他在关于自己的精神成长史的反思文章中，比较系统地梳理了自己思想的形成与发展。在谈到师范学校时，他讲述了两位对他思想转变有影响的教师。这两位教师通过自己的专业思想，对魏老师起到了思想启蒙的作用。

魏老师①：在我的思想转变过程中，大学老师起了一定的作用。他们给我最大的帮助是为我提供了认识世界的方法和培养了我做学问的意识。有两位老师是我十分敬重的。一位是罗老师，讲授马克思主义哲学，她的第一堂课就使我们耳目一新。她开门见山地指出，马克思主义是众多传入我国的西方哲学中的一种，要发展它，我们必须要了解它。哲学只是训练人的思辨能力的一种工具，学哲学就相当于下围棋、象棋。从此，笼罩在哲学上的光环在我心里被破除，读萨特和叔本华就有了一种玩智力游戏的态度，"一句话惊醒了梦中人"大概描述的就是这种情况。

另一位是游老师，讲授心理学。上他的课必须提前去占座，因为听课的人多，否则只能站着听课。令我印象深刻的有两点：一是他说话的方式。他讲课时始终没有任何表情，没有任何多余的手势动作，没有抑扬顿挫的语调。换句话说，他征服学生纯粹靠语言的魅力和思想的力量。二是他做学问、写文章的理念。他认为，做学问不要四平八稳，宁要深刻的片面，不要肤浅的全面。这个观点至今仍影响着我。

正是由于有这样的经历，当我第一天站在讲台上的时候，我就有一种与绝大多数教师不同的信念：我要用我所受过的教育(包括生活的教育)和我全部的知识去影响下一代。我需要做的是，在我的课堂上让孩子们逐渐成长起来，懂得用自己的眼睛看世界，用自己的头脑思考问题。这一切需要时间、需要耐心，但我坚信这样做对社会的进步非常重要。

魏老师正是基于这样的体验与认识去开展他的历史教育，保护学生求真的愿望的。他认为，求真意味着我们可能永远达不到，但是我们要趋近于它。怎样去求真？怎样面对矛盾的信息？怎样进行甄别？怎样来处理？怎样进行思考？从中应该获得哪些有益的教训？对于这些问题的追问，使他逼近了自己的专业认识。

由上可见，我们不需要用一些具体的知识信息和规章制度去武装教师的头脑。相反，我们应该帮助教师自己去探索，帮助他们在自己选择的领域和其他领域之间建立联系；帮助他们放弃各自为营、独善其身的传统观念；帮助他们深刻理解自己的专业在更广泛的人类生活中的位置和作用。正如诺丁斯所言，师范教育应该是综合性的、整体化的，而不应该是高度专业化的、

---

① 该部分出自魏老师关于精神成长的反思文章。

以学科教育为中心的。① 诺丁斯批判了目前师资培养中过分注重专业知识、技能的做法，她认为教师扩大知识面很有必要，但反对专家至上和权威崇拜。她鼓励教师勇于探索，像苏格拉底那样追求智慧。这意味着教师必须熟悉自己的领域，在此基础上发现学生的潜力和弱点，并且鼓励学生在这个领域内积极探索。

二、和谐的师生关系

师生关系是教育活动的核心。对于这一点，师范生在学习期不一定会有这么深刻的认识。长期以来，我们对知识、技能及传统人格的强调，使师生关系这个教育的本真问题被掩盖、稀释，知识、技能及传统人格凌驾于关系之上。实际上，这些都是外在于教育本身的。教育应该关注人、人与人的关系和生活本身。正如克里希那穆提所言："生命是一个在关系中不断运动的过程。如果不能很好地理解关系，我们就会产生困惑，就会有挣扎，我们做出的努力就会徒劳无功。要了解关系的复杂性，需要足够的耐心和真诚。关系实际上就是一个不断揭示自我的过程，在这个过程中，人们会找到不幸产生的隐性根源。也只有在关系中，人们才有可能实现这种自我揭示。如果不能了解自己，不了解自己的内心和思维方式，而单纯去建立外在的秩序、体系或一套狡猾的准则，这实际上毫无意义。"②

教师正是在关系之中体会着教育职业的乐趣，也正是在关系之中成全彼此的生命存在。因此，教师必须关心品行，关心人类行为的复杂性，关心一种生活方式——善的绽放。他必须关心自己学生的未来以及这些学生的未来会是怎样的。③ 由此可见，师生关系在教育与人的发展中起着十分关键的作用。师生关系已成为师资培养工作中的最大缺陷之一。许多教师在走上工作岗位以后，往往过于重视知识、技能的传授，而忽视每位学生在情感、态度、动机、兴趣等内在方面的差异性，忽视每位学生成长的家庭环境及教养方式的差异性。然而，正是这些隐藏在知识、技能背后的看不见的部分，制约着教师工作的顺利开展。因此，我们十分有必要在职前培养中让师范生意识到

---

① [美]内尔·诺丁斯：《学会关心：教育的另一种模式》第2版，于天龙译，183页，北京，教育科学出版社，2011。

② [印度]克里希那穆提：《论关系》，李瑞芳译，4页，北京，中信出版社，2013。

③ [印度]克里希那穆提：《教育就是解放心灵》，张春城、唐超权译，140页，北京，九州出版社，2010。

师生关系的复杂性及其对教育教学的重要影响，要引导师范生反思自己的生活史，回溯哪些教师对自己的成长发展产生了深刻影响，然后返回到自身，正确对待并努力建设和谐的师生关系。本书通过几位受访对象对自己的师范教育经历的回溯，来看看他们对师生关系的体验及对其未来专业发展的影响。

(一)指点迷津

华老师是一位小学数学教师，早年在某中师学习。他回忆了他毕业前夕面临选择时的迷茫。他的一位老师梅老师帮他指点迷津，引领他走上了教师的道路。我们在人生的十字路口会面临诸多选择而无从决定。这时候，如果有一个人能够指点迷津，引领自己的生命成长，就如同生命的贵人，为我们指明了成长的方向。师范生作为准教师，也同样是学生，也有着成长的困惑和迷茫，自身的生活经验比较缺乏且不能自我梳理。教师作为“过来人”，并且和学生相处多年，对学生的性格、特点及优劣势比较了解，理应承担起指点迷津的职责。指点迷津的过程，是生命与生命之间的经验碰撞，是对彼此生命的丰富与成全。

(二)生活关怀

众所周知，在充满无条件关怀的环境中长大的人，较能够发挥道德关怀的力量，具有爱自己和爱别人的能力。爱自己的能力，即自我价值感。这个自我价值感随着人的成长而在关系中得到形塑，它会影响关爱别人的能力是否会长久而真诚、纯粹。让学生感受到关爱是很重要的，它关涉学生关爱自己的自我价值感，以及未来道德感是否足够成为道德实践的动力。学生如果有长期被温柔善待和被肯定、关怀、信任的经验，那么在遇到挫折、责难、失败、彷徨之时，心中会有一股温馨的暖流，相信自己也相信别人，在信任中继续学习、尝试冒险和挑战。教师需要积累自我价值感和内在关怀动力的实践经验。教师如果能够适时地回应学生，比以道德之名去教导学生更有效。因为这真实回应了师生双方的情感需求。教师愿意接纳并回应学生的情感需求，才会去开发满足学生需求的关怀课程。

20 世纪 90 年代以前，很多教师选择师范教育是出于家庭条件的考虑，因为师范教育有一定的补助，花费少，而且毕业后会有稳定的工作。受访对象中有几位教师就属于这种情况。家庭的贫苦使他们更加珍惜学习的机会，也获得了师范学校的关怀与经济补助，使他们更加感恩学校，感恩社会，为他们日后成为教师坚定了信念。

杨老师：当我决定放弃读书时，我给班主任写了一封信，告诉了他我的想法。我考虑去远方打工，边读书边自学。过了两天，我们学校的老师、我的班主任和校团委亲自去我家接我，说学校帮我解决一些生活费的问题。同学们又捐了一部分，最后我顺利毕业。在我毕业的时候，老师对我很好，很关注我的学习。这时候，我的梦想发生了一些偏移，我觉得应该要做一个对社会有用的人、一个回馈社会的人。我想成为一位老师，是偶然冒出来的梦想。刚好在我毕业那年，我参加了县教育局的考试，最后实现了教师梦。

杨老师出生在贵州的一个贫穷的家庭，通过自己的努力考取某电大药剂学专业，但他仍坚持自己的文学梦想，努力练笔写作。当时因为学费问题，他对家庭有着强烈的负罪感，便决定不再读书而去打工。学校在这个时候帮忙解决了他的学费问题，使他能够继续读下去。他心生感激，觉得应该感恩社会，回馈社会，于是选择成为一位教师。

海德格尔认为，关心是生命最真实的存在；我们每个人都有关心的需要，也希望自己有能力关心别人。诺丁斯认为，关心的最重要的意义在于它的关系性。身处师生关系之中，我们是否关心学生，我们的关心是否切合学生“明示的需要”而非我们“推断的需要”，我们的关心是否在学生那里得到了回应，这些是衡量关心型关系建立与否的关键。试想，如果师范生在师范教育中体验到学校或教师的真正关心，并能以感恩的心态对这种关心做出回应，那么他们在成为教师后就具有关心的品质，就能够与学生建立关心型的关系。具有关心品质的教师关注的是学生生命成长本身，而不是外显的知识或成绩，他们会珍惜和学生在一起共享的生命时光。

三、浓郁的师范文化

在师范教育方面，我们过分关注师范生的知识、技能等专业基础，认为这些是体现他们专业性的根本，有了这些就有了所谓“看家本领”。但是，岂不知，教育不同于工厂中产品的生产，只要工人具备了操作机器的基本技能，就能够流水作业，生产出标准的产品。教育面对的是各具特色的人，同样的知识、技能不一定适合每位学生，这就是因材施教的基本道理。知识、技能只是外显的，要内化为自己的，还需要兴趣、动机、情绪情感等内在因素的助力。只有内化的知识、能力才是个体真正的素质。① 因此，师范教育不仅让师范生学习必备的知识与技能，而且需要他们在整个校园中去感受师范院校所营造的文化氛围，感受榜样人物的力量，反刍难忘的生命经历，凭借这些去体会教师职业的价值，去升华自己从事教育事业的教师情感，去扩展一个"教师人"的诸多内涵。② 所以，师范教育伊始就应该营造一个浓郁的教育文化氛围，让师范生一进学校就沉浸其中，深受感染。这样一种情感氛围对师范生的影响是切身的，从而有助于他们具备从事教师工作的人文素养。然而，在师范大学的转型时期，我们学习美国，将师范大学综合化和师范学院附设于综合性大学，过分注重对准教师的知识、技能的培养，忽视教师素养的养成；师范院校开展的专业活动等也比较有限，使师范院校这种专门培养教师的教育机构缺乏"人情"与"温情"，从而使许多师范生走上工作岗位后纷纷不适应，甚至离开。美国每年的初任教师有一半多会离开教师岗位，这与职前教育的培养模式有关。

通过受访对象对他们师范教育的印象的回溯发现，20 世纪 90 年代之前的师范教育文化建设中有许多是值得现在的师范教育机构反思和借鉴的。因为那个时候的中师或师专比较重视师范生的综合素质培养，开展了一系列丰富多彩的文化活动。

陈老师：1991 年，我就读的那所师范学校是全国比较好的，它实行的是学生民主自治。那所学校的校长以前在部队，退休后回到县里当校长。他把部队的那套规则搬过来，在管理上对老师很严，但对学生很开放，建立了一套学生自主管理的模式。

我在师范学校的时候很想吹小号，但老师说我不适合。老师借给我一支长号。同学们都是早上练，我是早上练、晚上练，双休日一个半天都在练。后来我吹长号的水平远远超过他们。接着我学会了吹小号、低音号、萨克斯。毕业后，我在学校成立了一个 80 人的乐团。

---

① 朱小蔓：《关注心灵成长的教育——道德与情感教育的哲思》，431 页，北京，北京师范大学出版社，2012。

② 朱小蔓：《与世界著名教育学者对话》第 1 辑，53 页，北京，教育科学出版社，2014。

曹老师：除了师范学校的专业课以外，我还选修舞蹈、国画课。因为我喜爱主持与表演，曾参加上海某学院表演系的本科专业考试并通过考核，后因校规的限制未能实现表演梦想，但却为我成为小学教师奠定了良好的讲述、表演等基础。在师范学校，我和很多老师接触得比较深，包括对我有影响的古诗词老师。对于我后来从事的教师工作来说，我可以自己写剧本。有一位教儿童文学的老师，达到了专业的国家普通话水平，他辅导了我，包括讲绘本。

马老师：我在外语学校学了两年，但这所学校也不是培养中师的学校。从三年级开始，这所学校才开始培养外语人才。那时候特别缺外语师资，学校就从北京市招了18位来自各区县的学生。我们当时就是小班教学，我现在的教学延续了外语学校的教学方式。

华老师：我是1981年考进中师的，是“文化大革命”后师范院校招收的第一届初中毕业生，我发自内心地感到幸福。每天做完作业和练完规定的基本功之后，我们就自由自在地活动，读书、练琴、习武、打球，无一不可；演讲比赛、特长表演、班级球赛、学术沙龙，此起彼伏。我们的精神生活需要得到了充分的满足，我们享受到了素质教育理念的滋润。

黄老师：现在初中也都在开展社团活动，以前只在大学里开展。中学以前是没有社团的，所以现在社团活动很锻炼人。我加入了法律政治和演讲朗诵社团。我觉得社团需要成员自己组织人，并把全校范围的同龄人组织起来。

由上可见，师范教育的氛围及开展的丰富多彩的活动满足了那个时代的师范生的精神需求。正是在这种文化氛围的浸染中，每位师范生都获得了深刻的情感体验，激发了从教的热情和内在的职业动机。师范教育有没有唤起师范生对教师职业的一种深层认识？他们有没有一踏进师范学校，就感受到一种高尚感和神圣感？看到“学为人师，行为世范”时，他们有没有感到一种使命感？如果师范学校没有唤起师范生的这种情感体验，没有营造这样的氛围，相反，使他们感受到的是负面的情感体验，那么这样的师范教育无疑是失败的。相比知识、技能的学习，文化作为软实力更容易进入师范生的内心，从而发展他们的综合素质。反观我们目前某些师范院校开展的专业活动范围有限，不能让师范生切实了解教育实践，使他们远离教育现场，对教学专业活动缺少关心，也较少让他们参加教学专业活动。师范生所参加的活动主要限于教师基本功大赛，如三字(钢笔字、毛笔字、粉笔字)一话(普通话)，教学口语，实验演示，自制教具等，忽视了作为个体的师范生的生活经验，这样只是在培养技能、技巧熟练的教书匠。①

师范生在学习期的学习，应该基于师范生先前的生活体验及自我经验。师范生在童年生活期的受教育过程中，会有一种模糊的、直觉性的教育观念，这种模糊的、直觉性的教育观念会牵引着其思考或行动。即便没有受过专业的教育训练，他们也能够根据内心的直觉性的图景去实施教育行为。就教师未来的专业发展而言，师范教育要重视师范生的生活经历或生活体验，要对师范生个体的自我经验做出回应，或巩固，或强化。如果置之不理，把一套所谓“标准”或“规范”的课程塞给他们，缺乏有温度的、有情感人文关怀的生命体验，对于教师而言，何以“化人”？朱小蔓认为，师范教育要重视三种类型的学习：建构性学习、情境性学习和开放性学习。② 实际上，这是将学习的基本特质加以放大——建构性、情境性和开放性。学习应该就是在互动中建立有意义的联结，但是这种联结一定是基于个体的自我经验的，否则难以改造、内化为个体的知识，也难以为日后形成独享的专业结构奠定基础；学习应该是在具体情境、场景、文化中的自我经验“卷入”或“浸染”，以获得尽可能丰富的改造性体验，形成强烈的内在动机；学习应该是将自己的身体全部打开，不自我设限，整合、吸纳所有对自己有益的信息，以发现多种可能。

对于师范生而言，师范教育并非只是为取得学历资格。用学历标准来衡量教师是否合格的观点难以成立，至少是不全面的。学历只是为做教师奠定了知识基础，师范生不能希望自己在学校学到的全部知识足以为将来教中小学之用。师范生在学习期，要通过多种途径来学习、体验、认识教育的本质、目的、价值等根本问题，进而思考从事教师职业意味着什么，需要具备怎样的综合素质才能实现生命影响生命。围绕这些根本问题的思考，师范生要了解学生是如何学习的，需要开展怎样的课程，用怎样的教学方法、课堂管理技能等支持学生的学习与成长，基于此去丰富自己的专业知识和技能。

---

① 叶澜、白益民、王枬等：《教师角色与教师发展新探》，285页，北京，教育科学出版社，2001。

② 朱小蔓：《关注心灵成长的教育——道德与情感教育的哲思》，422页，北京，北京师范大学出版社，2012。

第三节　实习期的体验对教师专业发展的影响

如果说学习期主要考察师范生的理论知识学习对未来教师专业发展的影响的话，那么实习期主要考察师范生将所学的理论知识运用到教育实践中的体验以及这种体验对于专业发展的影响。

教育实习是师范学校专业教育的重要组成部分，既是一种教学实践的组织，又是理论学习的延伸。教育实习使师范生理论联系实际，培养他们具有从事教育教学工作的实际技能。有的国家将实习期称为见习期或新任教师研修期，作为教师工作的导入阶段。英、美等国家规定大学生取得教师资格证书之后，需要在学校实习1年，然后才能成为正式教师；德国规定需要1年半的实习；日本从1987年起规定教师研修期为1年，在1年内，新教师集中授课70天，其他时间在基层学校结合教学实践进行研修，研修重点是教师的品德修养和教学业务能力的提高。① 有的研究者认为，实习期的主要任务是培养未来教师应有的精神，理解教育对象及对其充满爱心，掌握实际而有效的教育技术，生成实际能力(观察、体验、交谈、模拟实习和反省等)。根据实习期的不同阶段，他们将实习期分为观摩教学、自我体验和上课实习三个阶段。雷文(Reven)、卡特赖特(Cartwright)等人根据调查研究，将实习期细分为六个阶段：预期期(浪漫幻想，能力估计过高)—预期幻灭期—重新界定期(对教师和教学产生新的解释)—转型期(落实新认识，转化为自己的内在专业结构)—专业投入期—预期更新期(如果以后我有了自己的班级，我将……)。②这几个阶段生动刻画了师范生在实习期的真实体验。

从国际师范教育的实践来看，人们对实习期的认识不尽相同，基本上有两种倾向：一种观点认为实习期主要是将师范生置于真实的教育教学情境中，让他们运用所学的教学知识和学科专业知识，发展教学能力，为正式进入职场做好准备。因此，实习期主要是模仿、学习别的教师，规范教学行为。另一种观点认为实习期不应该只是知识、能力的运用，更应该是师范生进入教

---

① 苏真：《比较师范教育》，351页，北京，北京师范大学出版社，1991。

② 叶澜、白益民、王枏等：《教师角色与教师发展新探》，287～288页，北京，教育科学出版社，2001。

学现场，真实体验教学实际，更新、生成、深化对教育教学的观念或认识，并基于此做出判断和选择的时期。因此，实习期不只是模仿、学习别的教师的教学行为，更是发现、发展、培养教师的个性。

基于对受访对象的生活史考察，本书认同后一种观点。特拉弗斯(Travers)认为，许多所谓以能力为基础的师范教育，都包含着对教师角色外部特征的模仿。其实，角色的外部特征无须学习，道理很简单，外部特征是受制于内在结构的，所以关键在于了解角色的内在结构。每个人的内在结构并不相同，我们不能否认，不是每个人都适合做教师，因为一些人的个性里可能不具备创造那种角色的材料。即便是适合做教师的人，也需要首先研究自己，从自己的秉性中发现适合的依据，从而从自我经验中创造出教师的角色。教师并非凭空就会的，没有自己已有的个性结构，没有自己受教育过程中丰富的教师形象，没有这些“建筑材料”，教师怎么能“自动生成”呢？对于一位师范生来说，即便是他基于各种动机进入师范院校，也并不意味着他日后能够成为一位合格的教师。如果他的内在结构具有不适合从事教师工作的“材料”，如不是与人为善而是充满敌意，那么不仅无益于教育，对他自己而言也是一种痛苦。从这个意义上来讲，师范教育期，特别是实习期，是师范生发现自己是否适合教师职业、是否能够成为一位有个性的优秀教师的重要时期。因为教师角色的最终塑造必须在真实的实践环境中进行，那种复杂性及情境性是难以模拟的。

一、向往与选择

教育实习对于师范生而言，往往是“震撼与感动”交织的充实体验。一方面，从学习期进入实习期后，师范生面临复杂多变的教育现场，感到教师工作与自己原先的期望或构想相去甚远，所以受“震撼”。“震撼”在于“距离”，理论与实践的距离，理想与现实的距离，简单与复杂的距离。意识到距离的存在，就意味着成长的可能。另一方面，一位有着一定学习经验和生活经历的准教师，在一段时间内与学生相处及共同成长，会很“感动”。“感动”在于生命相互影响的依赖感、信任感，而不是知识传授带给自己的成就感、优越感。因为“感动”，更加意识到了生命的真实需要，生成了某种向往，坚定了某种信念。很多师范生正是因为实习，增强了对教师职业的向往与选择，因为他们在一刹那间明确了生命的所需。日本静冈大学教育学部以毕业的教师为对象的研究表明，近20%的人认为决定从事教师职业的最大契机是教育实习的经验。小学、初中、高中教师中持此观点的比例比较高，这充分说明实习经验的重要性。①

曹老师：我选择做老师，是因为感动于孩子们对我的送别。我发现了我对孩子们的不舍，这种不舍让我感受到生命的需要，从而让我觉察到了一种意义感。所以，我毅然决定放弃做主持人，选择做老师。

李老师②：我的高中班主任认为我适合做老师，因为我字写得好，朗读好，性格好，做事细心认真，所以让我报考了师范院校。那时教师的地位有点尴尬，毕业分配时大家都争取离开教育行业，我自然也不例外。没想到，临近毕业的实习，居然让我对教师职业一见钟情。实习时，第一次以教师的身份站在教室里，面对一张张纯真的笑脸，注视着一双双清澈的眼睛，我莫名地兴奋，整个人清爽起来，有种轻飘飘的感觉，这种感觉永远留在了记忆中，每每回想，次次沉醉。在一起实习的同学中，唯有我马上找到了感觉。那些学生似乎也最喜欢我，对我最热情。我上完第一节课后，第二天就有五六个孩子来到我们师范学校，要见"小李老师"。这样，整整一周的实习，让我感觉很充实、很快乐。最终，一向不出众的我被选为代表(只有两个人)在系里进行毕业汇报。我马上找到了自信，积极准备。正式讲课那天，我沉醉在我的课堂里。

曹老师和李老师现在都是小学语文教师，从她们对实习的描述中可以看到她们都是因为实习而对教师职业生发出向往、喜爱之情，找到了生命的所需与所爱的。李老师认为自己是"撞"上了喜欢的职业，她使用"兴奋""清爽""轻飘飘""沉醉""自信"等词不厌其烦地描述了那种美好的感觉。只有全身沉浸在那些能够触动她、引起她注意、对她有意义的关系和环境中，她才能产生如此深刻的情感体验，让她喜欢上这份职业。

二、体验与反思

教育实习的目的是使师范生能够深刻了解教师职业的专业性质及其复

① [日]秋田喜代美、[日]佐藤学：《新时代的教师》，陈静静译，69页，北京，教育科学出版社，2013。

② 该部分节选自李老师的一篇文章，引用时有改动。

杂性，教师工作不是将现成的理论应用到学生身上，而是要根据现实中学生的生活、关注点、爱好、困惑等实际情况生成即兴的处理智慧，从而逐步把自己培养成洞悉教育现象、具备教育机智的专业工作者。虽然师范生的实习并不成熟，但它却是走进学校、成为教师的第一步。他们第一次进入“现场”，接触学生，看到学生炙热的目光，他们常常会自问自答：为了让学生快乐地学习，我要用怎样的教材，进行怎样的提问和给出怎样的提示呢？怎样才能将自己的学习和经验传递给学生呢？① 这些追问，使他们困顿着、思考着。只有身处具体的教育情境中，上述问题才能产生。问题的解决不是理论论证的过程，而是在教育现场与学生、与自己对话的过程中具体展开的。通过这些对话，通过这些问题的解答，师范生无意识地将自己原本分散的理论知识和生活经验汇聚起来，重新编码，形成“答案”。虽然这些“答案”并不完整，并不深刻，但是形成“答案”的过程——整合、编码、反思的过程，却是他们专业成长的基本模式。如果师范生能够在实习期不断操练、完善、巩固、强化这种模式，那么日后他们的专业发展将更为顺畅、有效。

华老师②：师范实习时，我在课堂上常常不会说话，一位同学教我当不知道说什么的时候，可以用“好”来连接，然后赶快接上想要说的话。师范毕业后的一次课上，两位学生因为统计我说“好”的次数发生争吵，一位画“正”字记了 38 个，另一位默数记了 41 个，这深深地触动了我。为了提高课堂教学质量，我联想到苏霍姆林斯基课课有录音资料，于是我自己录音，自己听自己的课，自己分析，自己请教别人。经过多次反刍、复盘，我提高了驾驭课堂的能力，也积累了不少教学经验，形成了教育研究的习惯。几年来，我自认为有价值的教学录音剪辑已灌满了整整 12 盘磁带。这种反思行为对于我日后整体把握教学大有益处。

黄老师：我们当时需要在班主任和教学工作上同时实习，实习一个月。我们是三人一组，我是组长，一开始是一位男同学先上课，我做班主任，另一个人没事，三个人轮流做班主任。就这样，他做班主任期间，我们协助；我做班

① [日]秋田喜代美、[日]佐藤学：《新时代的教师》，陈静静译，68 页，北京，教育科学出版社，2013。

② 该部分参考、引用了华老师随笔集中的部分内容。

主任期间，他们协助。

我们对学生很好，学生的年龄和我们比较接近，我们会关注到每位学生。我们都家访过他们，了解了他们的家庭情况，和他们都成了朋友。做班主任期间，我们必须开班会，组织活动。和他们原来的班级管理相比，我们来了之后，班里就热闹多了，他们的生活丰富多了。我做班主任的理念是希望把班级当作家来创建，所以整个班级的氛围比较温馨，班集体的凝聚力比较强。我也比较重视班级的文艺工作，这对学生的精神引领作用更大。

杨老师：我参加县教育局的考试前到我老家的学校实习过。我实习了一个星期，附近的乡亲和学生都非常尊重我，主要是因为我讲课的方式。虽然我很年轻，但是我和学生相处的融洽度与之前的老师完全不同。那时候我就有一种意识——要与学生交心。我进入这所学校后，感觉自己已经融入教师的角色。我和学生谈我的成长历程：只要用心去学，用心去做一件事情，我们将会让别人刮目相看，要相信自己。有些学生的成绩不好，我告诉他们要尊重自己，不放弃自己。这样就会给成绩不好的学生带来一些安慰和自信。

由上可见，华老师因为自己实习上课时的表达不流畅，加上刚做教师时学生统计他说“好”的次数，使他开始反思、改善自己的课堂表达；黄老师反思了自己实习时对待学生的态度和对班级的自主管理，这些也是她日后成为初中班主任后采用的实际做法；杨老师虽然没有接受过正规的师范教育，但他在教师招考前到老家的学校实习过，他认为自己是懂学生的，这使他从教后能够完整地体会教师的角色。

相比其他国家，我国师范教育的实习时间比较短，师范生也只是在短短的1个月内对教师职业形成自己的认识，尚未达到反思专业性的程度。经过实习期后，师范生会对教师的专业素质等有所认识，其有关教育教学的观念会有所更新。因为面对学生、课堂等的不适应会引发自身对专业知识、能力等的反思，但这种反思是比较浅层的，只能称为反思意识，还并未纳入自身专业发展的整体反思。师范生的反思还只是面对现场的一种触动或尝试，还有待职场的磨练。当然，这种反思可能也与师范教育的实习时间短、设计不够严谨等现实问题相关。

许多研究表明，应充实教育实习的内容，通过观察、体验和试教等多种途径展开，对形式化的现象引以为戒；应加强教育实习指导人员的专业发展，合作教师和指导教师对师范生的反思意识和个性发展的形成十分重要；教育实习最好分散安排在整个职前培养期，有助于教育理论与实践相结合，用具体的经验丰富理论性的教育学，为师范生的个性发展奠定基础。教学实习对教师个性的培养具有重要价值，如果师范生只是一味地模仿合作教师、服从指导教师而不做自我反思，可能会使实习中的自我经验失去价值。要想使实习获得成功，适当的指导是绝对需要的，而这种指导必须由一个角色训练者提供，他对师范生在扮演特定角色时可能遇到的困难特别敏感。一般的任课教师起不到角色训练者的作用，因为角色训练者需要具备帮助人们扮演特定角色的专门经验，只有课堂教学经验是远远不够的，还需要有与角色训练相关的人文科学和自然科学方面的经验，需要明确任务是什么，以及这种任务所要求的具体知识和技能是什么。教学实习，只能是培养师范生形成有效的课堂教学风格的第一步，这个培养过程应该是伴随教师终身的。①

第四节　培养人文情感，培养理想教师

由上述优秀教师对师范教育的生活史回溯来看，师范教育在教师专业发展过程中起着承前启后的作用。在师范教育期，无论在学习期还是在实习期，师范生了解到他们需要养成的个性品质，是他们日后养成这种个性品质的前提。如果师范生没有获得一个成功的教师形象或教学角色，他们怎么可能成为合格的教师？由此可见，师范教育不应过分强调知识技能层面，这些都有待教师在职场中不断反思与磨练，关键在于形成师范精神——一种从事教师职业的内在动机系统或"情感—人文"素养。伴随师范教育的转型发展，师范教育在强调学术性的同时，缺少了对传统师范精神中的人文价值追求与完整人格关怀。正如朱小蔓所说，知识与价值在师范者身上产生了分裂，而原本它们应该是一种整合性的素质结构。师范生对知识的学习促使他们在职业过程中以简约化、有序化、逻辑化的方式寻求最大的教育效益。然而，教师面对的对象并不是均等的、同一规格的问题，而是有着自我意识、情感、理智，有着不同身份特点和需求的不同个体。如果仅仅用一体化、格式化、标准化的方法对待具有不同发展性向和需求各异的所有学生，那么学生获得充分自由的发展就是空话。而且，在教育过程中，教师和学生的关系不能仅仅归结

① 瞿葆奎：《教育学文集·教师》，240页，北京，人民教育出版社，1991。

为主体和客体的关系，他们更是人与人复杂的关系。在教育中，这种多元、复杂、微妙的关系，不能仅用知识和能力以及简约、有序、逻辑化、科学化的方法完全应对，必须使其更符合人性、情感、道德和审美，以情感交流、道德熏染、态度改造、审美渗透，启迪和引领教育活动。

近些年来，从世界各国对教师形象的塑造及国际师范教育改革的实践来看，强调精神及人文取向的改革正在复兴。例如，新加坡新一轮的教师教育课程改革注重师范生培养的“精神”转向。日本在2005年10月通过的《创造新的义务教育》中，提出理想的教师形象包括三个方面：一是对教师工作的深切热忱，即对教师工作具有使命感和自豪感、对学生充满爱与责任感。对于教师来说，为适应快速变化的社会、学生和学校，保持持续学习的上进心也是非常重要的。二是作为教育专家的扎实能力。这种能力包括对学生的理解能力和指导能力、对班集体的指导能力、班级管理能力、学习指导能力、教学能力、教材解释能力等。三是综合的人际关系。“教师是学生人格形成的关键人物，必须具备丰富的人性和社会性，具备常识、修养、礼仪等基本的人际关系能力以及交流能力等特质。而且，重要的是教师要与其他教师、职员、营养师等全体教职员工通力合作。”①如此看来，日本非常重视教师的专业发展，虽然未提到教师专业发展的概念，但这三个方面是其核心。而且这三个方面凸显的不是知识技能层面的教师能力，而是以“情感—人文”素养为核心的教师能力，如热忱、责任、自豪、理解、人格、合作等。2000年，美国医学教育评鉴委员会进行了医学专业精神课程的改革，或称为人文医学实践，明确规定如下：住院见习医生必须表现出献身于专业责任、遵守伦理原则、敏于服务多元型的患者群。他们应该做到尊重人、同情人和自身完整；随时回应病人和社会的需求，先满足他们的需要，然后才是自己；对患者、社会和专业负责；追求卓越，致力于持续性专业发展；就提供或不提供临床护理、病人资料保密、病人知情同意和商务活动等，都严格遵照道德伦理原则；体谅病人的文化、年龄、性别和残疾等，体贴病人并及时回应其需求。医科专业精神取决于一位医生内在的素质——尊重、同情、自身完整、体贴和超越一己私利等，全都不是技术问题。这些内在的素质，其安身立命之处，就是

① ［日］秋田喜代美、［日］佐藤学：《新时代的教师》，陈静静译，2～3页，北京，教育科学出版社，2013。

基于自己生活的内在景观——如果他们知道如何达到那个境界。① 这对于完善师范教育的培养目标有着很大的启发。

从国内来看，朱小蔓早在1994年就明确提出"创建情感师范教育"，强调应该将"情感—人格"作为重要的教师专业发展结构。朱永新在《新教育之梦》中提出了优秀教师的八条标准：胸怀理想，充满激情和诗意；自信、自强，不服输、挑战自我；善于合作，具有人格魅力；充满信心，受学生尊重；追求卓越，富有创新精神；勤于学习，不断充实自我；关注人类命运，具有社会责任感；坚韧、刚强，不向挫折低头。综观这八条，没有一条涉及教师的专业知识和专业技能，更多的是在人文取向上强调教师情感的重要性，如自信、自强、责任感、理想、激情、追求卓越……这一方面说明了教师职业中情感的重要性，另一方面也是对当今社会强调知识、技能取向的教师专业化的抗衡。

因此，在师范教育的培养模式上，知识、技能等都是外在于教师个体的东西，是材料，是工具，是可以量化的"知道"，必须通过情感让这些东西进入教师的认知本体，渗透到他的生活与行为中，才能成为素养。教师素养要有指向的对象、终极的关怀，即学生。基于此，我们至少应该重视以下两个方面。

一是在"入口"上关注生源的"情感—人文"素养。虽然受现实诸多因素的影响，师范教育的生源在智力、分数等方面落后于综合性大学的学生，但是这并不妨碍他们日后成为优秀的教师，他们的基本知识结构已经形成，关键在于师范生的生源选择应基于怎样的判断？在以往的师范生培养中，我们注重从初中起点开始选拔生源，其中一个考虑就是保护、培育和发展他们积极的情感素养，在生活经验中发展他们成为优秀教师的内在条件。分数虽然是重要的指标，但是仅能在一定程度上表明考生的知识水平。由于教师职业具有特殊性，还必须有与这种职业特殊性相适应的若干额外的质量标准，主要包括师范生是否具有热爱教师工作的职业倾向性，是否具有从事教师职业的基本素质，如口头与书面表达能力、群体适应的灵活性与组织能力、情绪的稳定性及个体仪表等。我们过去主要解决师范生的招生数量问题，对于师范生的质量标准缺乏研究，应在职业倾向、知识广度、表达能力及艺体特长等方面加以测试，把好入口关，选择真正适合从事教师职业的师范生。

---

① ［美］帕克·帕尔默：《教学勇气——漫步教师心灵》，吴国珍等译，184页，上海，华东师范大学出版社，2014。

二是在“过程”中基于师范生的个体经验培养具有个性化的教师。教师培养虽有共性的地方，但关键在于梳理师范生童年生活期的那些深刻的生活体验及基本能力，考虑如何使其一以贯之延续下去，形成个性特征。因为，我们不可否认，生活的艺术就是“成为”的艺术。学会成为一位教师，是那种“成为”的艺术中的一个特殊部分。师范生从准备成为教师的一开始就应该理解：未来教师的一个中心任务，就是要为自己塑造能在课堂教学中获得成功的个性品质。师范生在进行这方面的努力时，应该得到从事师范教育的教师的帮助，这些教师将起到榜样的作用，但这只能是帮助他们创造这种新的角色，创造角色的中心任务最终还是要由师范生自己来承担。①

① 瞿葆奎：《教育学文集·教师》，241页，北京，人民教育出版社，1991。

第四章 职业生活期：升华教育爱

教师，作为一种职业，经历了从兼职到专职，到变成一个行业，逐渐形成它的职业化特征，并且作为一个专业来追求、建设的过程。[①] 任何一位教师都处于不断发展和完善的过程之中，教师的专业发展贯穿教师的整个生命历程。早期的生活体验及师范教育的职前培养，只是为我们“成为”一位教师奠定了坚实的基础。真正“成为”一位教师，最根本的还是在于职场的锤炼。教师正是历经一定的发展阶段，不断“过关斩将”，逐渐积累、内化、沉淀、生成其专业发展结构，提升自己的专业水平的。与一般教师不同，优秀教师在职场中的专业发展有其特别之处。本章正是基于优秀教师职业生活史的回溯，从纵向的专业发展阶段和横向的专业发展结构两个方面，考察优秀教师专业发展的独到之处，以及情感在其中发挥的基础性、支持性作用。

第一节　教师职业生涯[②]的一般发展阶段

从教师职业生涯发展理论来看，国内外的研究大致可以分为四种：一是按照年龄或教龄划分的教师职业生涯周期论；二是按照专业成熟划分的教师职业生涯阶段论；三是按照社会系统论划分的教师职业生涯循环论；四是自我更新的实现

---

① 朱小蔓：《关注心灵成长的教育——道德与情感教育的哲思》，472页，北京，北京师范大学出版社，2012。

② 教师职业生涯主要是指教师进入职场后的专业发展阶段，并非“职前、入职、在职、离职”整个职业生涯，特此说明。

论。这些不同类型的发展理论，经历了从一维、线性、静态到多维、循环、动态的发展过程，从强调外在环境影响到关注自我反思、自我实现、自我更新等个体能动性的发挥。无论哪种发展理论，都试图在说明教师职业生涯要经历“适应—胜任—成熟—更新”这样的发展阶段，只不过是各有侧重。

一、适应阶段

每位师范生从师范学校毕业，从学生成为教师，从学习者成为教育者，从理论的学习到实践的初涉，从关注自身的发展到关注学生的发展，这一系列的转变必然使新教师有个适应的过程。适应与否、适应阶段的长与短，取决于诸多因素，最为关键的还是新教师个体的能动性及内在的素质。优秀教师需要1年左右，一般教师需要3年左右或更长的时间。

对于这一阶段的特点，许多发展理论都做了阐释，其主要特点可以概括为“骤变与适应”“冲击与碰撞”。所谓“骤变与适应”，主要是因为环境转换而带来的角色转变，“成为”教师在刹那间变为现实，虽然为之做了多年的“学生或学徒”，但当真正面对课堂、与学生相遇的时候，还是感觉底气不足，觉得自己没有准备好，需要适应。所谓“冲击与碰撞”，主要是因为在“现场”中，原先“虚拟”的美好憧憬与想象遭遇“现实”的“真实”，从整体上颇感“震撼”。例如，入职前教师与学生关系的美好憧憬和教职意向会在教育现场受到严峻考验。对于新教师而言，面对这些境况既是危机也是转机，全看个体的主观能动性。

在适应阶段，教师关注的主要是生存问题，即如何适应学校环境，让自己生存下来。作为刚刚进入职场的新人，教师要在职场中探索成人生活的各种可能性，建构自己的生活结构，以成人的心态建构自己的经验。就专业发展而言，这一阶段主要集中在专业态度和动机方面的发展，尚难以过多顾及专业知识与能力。有关调查表明，新教师面对的比较棘手的问题往往集中在课堂纪律、激发学生动机、处理个别差异、评价学生作业、与家长的关系。①而这些恰恰说明了这一阶段是教师专业发展的关键阶段，他们需要正确的引导，否则会走许多弯路。在教育信念方面，许多教师在职前建构起的美好的理论假设，在现实中遭遇到了挫折，使他们被迫因遭遇困难而做出让步、妥协。在教学观方面，教师认为教学只是一种知识传递过程，这一阶段的知识、能

---

① 叶澜、白益民、王枬等：《教师角色与教师发展新探》，292页，北京，教育科学出版社，2001。

力都是围绕着如何更好地传递知识建构的。因为刚接触教育教学实际，教师难以将职前的经验与现实的教学实际联系起来，难以反思理论、实践及其关系，克服教学实践的不适应。因此，教师与学生的日常交流、老教师的建议、适当的入职培训等，对于适应阶段的教师尽快摆脱危机具有重要作用。

新教师进入学校后，迫切或急切地等待着获得认同，这是一种对归属感的深深渴求，是人类的一种基本需要。学校的温暖、教育氛围能否被新教师感受到？学校能否为他们提供必要的支持？还是让他们在其中自我发展？教师需要珍视这种生活体验，从而具有一种敏感性，能够在面对学生的时候，为他们营造一种快乐的氛围，让他们能够归属于这个群体。在适应阶段，教师情感呈现出矛盾对立的特点，既有进入职场的喜悦感，终于可以面对活泼的学生和真实的现场，又有担忧自己能否适应的危机感；既有新教师面对学生特有的亲切感，又有面对复杂问题的无措感；既有想尽快适应环境、进入状态的归属感和摆脱危机的安全感，又有专业储备不足的焦虑感和所学难以所用的无助感，以及职场工作的忙碌感和重复劳作的消耗感，甚至有人把这种不安和焦虑扩展为自己“入错了行”。总之，适应阶段的教师迫切需要引导和建议，建立安全感和胜任感，形成专业发展的良好动机，为未来的专业发展奠定基础。

二、胜任阶段

度过了艰难的适应阶段，他们需要反思：我为什么要做教师？我怎样才能做好教师？如果说适应阶段的磨合已经使教师对“我为什么要做教师”有了自己的认识，那么在适应阶段之后，他们开始思考“我怎样才能做好教师”，进入专业的发展阶段。我怎样才能做好教师？毫无疑问，一种答案是提高教学质量，从适应阶段的维持班级秩序到胜任阶段的关心教学、更好地胜任教学，为教育实践殚精竭虑，尝试形成自己的教育实践智慧。此外，教师开始分担一些学校事务，这些都是在不同方面支持学生。有的研究认为，教师在胜任阶段以自我认知为主轴，探索自己的教学特色，支持学生的学习和成长，这是成为专家的重要阶段。① 对于一般教师而言，胜任阶段需要4～5年，优秀教师所需的时间可能会短一些，关键是教师能否在这一阶段建立起对教育

① [日]秋田喜代美、[日]佐藤学：《新时代的教师》，陈静静译，73页，北京，教育科学出版社，2013。

教学的胜任感，这需要一定时间的积累。

在胜任阶段，教师已不再关注自己的生存问题，也不再怀疑自己是否“入错了行”，而是潜心教学，把时间和精力集中到对教学的关注上。如何提高教学质量或者如何提高学生的成绩，成为这一阶段的主要关注点。因此，很多教师潜心研究自己的教学，开发、设计自己的课堂，钻研学科的专业知识，发展自己的教学技能，乐于参与各种专业发展活动，提升自己的教学能力。在这一阶段，我们看到的优秀教师的形象不是适应阶段的彷徨、焦虑，而是一种积极、主动、不断探索、充满活力的学习者的形象。当然，这种学习者的形象是基于问题的解决，受制于其他外在评价的影响。在这一阶段，教师的专业态度较为积极、稳定。专业学科知识和一般教学法知识成为发展重点，大学期间学到的专业学科知识与教材蕴含的知识不存在对应关系，需要教师个人经验的涉入以内化。教师专业发展的意识还比较脆弱，是因为经过适应阶段之后，教师对自己的职业有了全面的认识，他们会为教师的地位不高而感到失望，会为长期、平淡、重复的教学而心生厌倦，会为职业发展阶梯的漫长、艰辛而失去信心，会为自己的想法、观念得不到认同且难以落实而失去进取心，进而敷衍塞责，维持教学而不再探寻。

在胜任阶段，教师因为关注教学使自己的教学能力得到提升，获得一定的胜任感、确定感和从容感。所谓胜任感，即教师能够很好地胜任教学，不仅关注课堂的管理，而且关注课堂教学质量的提升。所谓确定感，即教师经过与学生互动的适应阶段的考验，能够在较大的社会情境中确认自己工作的意义，会直面自己为什么要成为教师这一自我认知的问题。这一问题会贯穿整个职业生涯，对于教师的成长起到重要作用，影响他们日后职业生活的轨迹。所谓从容感，即教师经过了适应阶段的经验积累，能够从容面对教育教学中的某些问题，即使紧张不安也可以胜任。但是，胜任阶段也并不轻松，虽然没有适应阶段的危机感，但也会伴随很多的不确定性，伴随很多的紧张和不安。教师正是在一次次解决这些问题的过程中，历经情感的波荡起伏，逐渐走向成熟阶段。

三、成熟阶段

经过适应阶段和胜任阶段之后，教师的专业发展逐渐趋于成熟。所谓成熟，也只是相对于适应阶段和胜任阶段而言的，没有绝对的标准。但是，仅就教师个体的发展而言，教师此时已不再依赖于外界的评价，而是从自身成长的内在需求出发，去反思自己的教育教学实践，提升自己的教育教学能力，目的是让学生得到更好的发展。因此，这一阶段的关注点不在教学而在学生，或者说关注教学的目的或动机是为了学生的发展。围绕学生的发展，教师已经形成了个体的教育哲学观，对教育本质、教育目的和教育价值等教育的根本问题有了自己的见解和看法。经过多年的经验积累和反思实践，教师已逐渐形成了个体的实践知识，能够基于自我经验去整合、拓展学科专业知识。基于个体的教育哲学观和实践知识，教师的能力得到了极大提升，能够从容面对并解决教育教学中的复杂问题。此时，历经磨练，教师的“情感—人格”得以形成，能够更好地支持教师的专业发展。从这种意义上说，教师“成熟”了。

然而，成熟阶段的教师并不意味着可以“高枕无忧”。他们的生命大多处于中年期，面临着中年期的危机：在校内，他们走向管理岗位，被行政事务缠身，使自己作为教师在教学中培养起来的自我认同变得模糊。① 这可能会导致他们自我培养与发展的中断，无法担负起对其他教师的培养职责。要应对这个危机，教师就要在心中建立自我认知，在追求专业性的同时，以教师的身份生活，这也是人生的一种形式。同时，更多的两难困境会给他们带来沉重的精神负担，如升学与考试的矛盾、对每位学生关注与完成固定课程的矛盾、希望花心思准备课与因事务繁多准备时间不充分的矛盾、专业需要提升与因工作异常繁忙使专业提升的机会得不到保障的矛盾等。在校外，身处中年的教师，特别是女教师要面对生产、育儿、赡养父母等问题，负担比较重，难以平衡。

就这一阶段教师的情感而言，教师因为自己的教育教学走向成熟，能有效应对教育教学中的复杂问题，能深入理解教师职业的特点，能融洽地与学生相处，能妥善平衡、处理教育教学中的各种关系，因此能够体验到教育教学的成就感、幸福感、意义感、价值感及存在感等。同时，因为中年期的危机及教师工作的无边界性等特点，他们不可避免地会体验到职业的倦怠感、烦乱感、压力感和消耗感等负面情感。但是，也正是这些负面情感带来了积极的正面价值，使教师已有的正面情感得到巩固和强化。因此，教师的情感能力，无论对教师的专业发展还是对教师个体的生命存在，都具有十分重要的意义。

---

① ［日］秋田喜代美、［日］佐藤学：《新时代的教师》，陈静静译，80 页，北京，教育科学出版社，2013。

四、更新阶段

如上所述，教师发展无止境，正所谓“生有涯而学无涯”，成熟阶段并不是真正的“成熟”，还有待不断地自我实现、自我更新。教师需要勇于面对自己的过往，以专业发展为指向，对遇到的问题予以全面、整体的反思。这种反思指向教师的专业发展，是内在取向的，是内部专业结构的成长和改进，而不是外在的阶梯指向，将工作看作职业阶梯的攀升，通过一系列等级机制获得发展和职业升迁。

教师个体生活史的反思与回溯，是促进教师自我更新的一条有效路径。因此，生活史的方法将教师专业发展视为一个持续的过程，而不仅仅是成为教师之后的职业生涯。它将教师专业发展纳入“童年生活期—师范教育期—职业生活期”这一完整的发展过程中，在“过去—现在—未来”的时间之流中整体考察教师专业发展的连贯性，使分散、游离的发展要素基于自我经验得以重新统整，找到教师个体的发展风格和个性特色，并持续不断地提供动力支持。“回溯过往—反思实践—建立联结—统整发展”这一发生链条使自我更新成为可能。本书也正是基于这样的研究假设，考察优秀教师的专业发展过程，从中发现教师专业发展获得持续更新的可能。

由上可见，本书基于已有的发展阶段理论，大致总结出一般教师职业生涯发展的四个阶段，并对其基本特征及情感基础做了简单阐述。本书企图说明，每位教师大致都要经过这样的发展阶段，但是由于每位教师个体的自我成长经历不同，这样的发展阶段也不一定能够适合每个个体。已有框架的最大缺陷在于对“阶段”的理解只不过是一种概念框架，远离教师个体的真实情况，只能作为参考。这启示我们对教师的研究要立足于教师个体自身的成长实际，而不是外求其他。正是基于这样的判断，本书对优秀教师的职业生活史的考察，都是基于他们个体的成长经历，他们的发展阶段由他们自己“命名”。正是这种“自我命名”，才使教师个体专业发展的反思、更新成为可能。

第二节　优秀教师专业发展阶段的自我命名

一般教师的专业发展都会历经“适应—胜任—成熟—更新”的发展阶段。对于优秀教师而言，这样的发展阶段是否适用？他们在职业生活期的专业发展经历了怎样的过程？受到哪些因素的影响？对自己的教师角色如何定位？

情感在其中起到怎样的作用？本书通过对他们职业生活史的回溯来回答这些问题，也为讨论优秀教师的专业发展结构奠定基础。

一、优秀教师专业成长的轨迹

本书对优秀教师的职业生活史做了回溯，发现了一些特点，这些特点或多或少地和教师个体的专业发展相关。

首先，这些优秀教师入职的时间是20世纪70年代到21世纪初，基本上都是在20岁左右成为教师，他们有漫长的教龄，最短的是10年，最长的是37年。在他们的教学生涯中，截至目前，有的教师根本就没有离开过他们一开始进去的学校。例如，马老师一直在她所在的小学教英语；黄老师一直在她所在的初中教思想政治；杨老师一直在乡村小学教全科；曹老师一直在她所在的小学教语文。

其次，有的教师一直在教自己的学科，中间没有换过，如马老师、黄老师、杨老师、曹老师。有的教师从其他学科过渡到了现在的学科。例如，华老师一开始教体育，后来教数学；陈老师一开始教语文、数学，后来过渡到科学；魏老师教了3年思想政治，后来一直教历史。

再次，大部分教师的专业成长都经历了学校的调整。例如，华老师从乡村学校到了县城学校，后来到了北京；李老师从淄博的学校到了潍坊的学校；陈老师从温州的乡村学校到了市里的学校，在市里又调整过；魏老师从乡村的初中到了县里的初中、高中，后来又调到了北京。每一次的学校调整，对于他们而言都是专业发展的一次跃迁。以华老师为例，他在乡村学校待了11年之久，这段时间是他专业成长的积淀期，他慢慢在小学数学领域崭露头角，因此被调到了县城学校做副校长。在这段时间，他完成了自身专业发展的关键期，评上了中高职称和特级教师。之后，他作为特殊人才被调到了北京某小学，开始了他专业发展的再一次更新。

最后，从各位优秀教师对自身专业发展阶段的描述中可以看出，他们的自我认识并不与已有的发展阶段理论相符或匹配，而是表现出了鲜明的个性特色。这种自我命名的专业发展阶段，显示出了强烈的自我经验特点，是他们基于自己过往的生活经历和生命经验对自我发展做出的梳理与反思。这种自我命名也为他们日后专业发展的更新奠定了基础，他们无须“向外求”，只须依此来完成。根据优秀教师专业发展阶段的自我命名情况，如表4-1所示，本书从关注学科、学生的视角来分析他们的专业发展阶段。

表 4-1　优秀教师专业发展阶段的自我命名情况

教师	入职时间	学科	发展阶段			
马老师	1974 年	小学英语	努力胜任期（1974—1992 年）	飞跃期（1992—2000 年）	观念形成期（2000—2009 年）	退休返聘期（2009—2011 年）
华老师	1984 年	小学数学	沉淀期（1984—1995 年）	发展期（1995—2001 年）	更新期（2002 年至今）	
黄老师	1988 年	初中思想政治	生命教育的无意识期（1988—1991 年）（团干部）	生命教育的无意识期（1991—2002 年）（班主任）	生命教育的有意识期（2003—2013 年）	
李老师	1990 年	小学语文	职业教育期（1990—2001 年）	小学教育的探索期（2001—2009 年）	小学教育的成熟期（2009 年至今）	
陈老师	1994 年	小学科学	沉淀与酝酿期（1994—2003 年）	关注教学期（2003—2007 年）	突围与扩充期（2008 年至今）	
魏老师	1990 年	高中历史	“拧巴期”（1990—1993 年）	“拧巴期”（1993—2008 年）	“自由期”（2008 年至今）	
杨老师	2000 年	小学全科	适应与维持期（2000—2004 年）	消极低迷期（2004—2008 年）	积极建构期（2008 年至今）	
曹老师	2005 年	小学语文	关注教学期（2005—2010 年）	关注学生与家长期（2011 年至今）		

(一)从关注学科教学到关注学生成长

综观这些优秀教师的专业发展，有一部分教师一开始是关注学科，后来才慢慢关注学生。他们认为，成为一位好教师，首先意味着教学过硬，能够提高教学质量，所以他们首先关注的是自己所教学科的发展。学科内蕴含着这一学科领域内丰富的联系，有着特定的研究问题及知识指向。教师关注学科内知识的联结，通过学科发现、提炼、挖掘丰富的人类经验和智慧，将这些经验和智慧传递给学生，对于文化的传承、人类的进步意义重大。同时，教师丰富与发展自己关于本学科的知识，也是成为专业者的重要知识基础。但是，教师关注学科的最终指向应该是学生的成长，没有这个根本目标的牵引，学科的发展与成长也是有限的。

很多名师都是通过自己所教的学科成为名师的，公开课是通往名师的重要途径。对于公开课，很多教师有自己的看法。例如，魏老师说："我对公开课一般不说坏话，虽然它有很大问题，但它至少能迫使一个人在上公开课之前，一两天吃不好、睡不好，那其实就是你成长过程中可能破茧而出的一个阶段。如果你没有这样一个吃不好、睡不好的经历，你的成长可能会更缓慢。"他认为公开课是专业成长的一种重要手段，上公开课的过程意味着教师发展对所教学科的专业熟悉程度。华老师对公开课的看法比较公允，他认为："这取决于对一节课的加工程度，何为加工？如果我们没有迷茫过，没有思索过，没有比较过，没有质疑过，没有寂寞过，没有憔悴过，没有向往过，没有激动过，那么就别说加工过，因为那只是在重复。"他认为，真正的加工意味着创造。他指出了人们对待公开课的不同态度："有的可能是加官晋爵的筹码，有的可能是'评职评特'的金砖，有的可能是一种圆满的抵达，有的可能是一次崭新的出发。而有的教师因为一节课的成功，而荒废了精彩的人生。"如果剥离公开课的外在的功利评价，公开课作为一种手段，对于教师的学科专业成长有一定的示范、引导价值。从本书的受访对象来看，几乎每位教师都有上公开课的经历，他们自己也不否认公开课对于专业成长的重要意义。

从马老师的发展阶段来看，她经历了"努力胜任—飞跃—观念形成—退休返聘"的发展过程。作为小学英语教师，她是最早的一批，经历了小学英语的变迁起伏。20 世纪 70 年代，以学生为主体的观念尚未建立，他们更多的是关注知识和学科本身。马老师刚入职时，面对学生的不学习十分委屈，课堂没人帮忙组织，一切都靠自己摸索。马老师正是在不断的摸索中前进，获得一点点进步，从而成为学校英语组的组长的。后来，经过自己的不断学习和外出培训，她积累学科经验和方法，形成自己的教学理念，关注学生的成长与进步，并在自己的教学中使用成长档案袋，采取过程评价的方式，提高学生学习英语的兴趣。马老师 37 年长期扎根一线教学，成为名副其实的特级教师，退休后还返聘带徒弟，发挥余热。

从华老师的发展阶段来看，他 18 岁成为乡村教师，一开始根本就不懂什么所谓教育理想，只是骨子里有种很原始却坚定的信念，那就是当一位好老师。一开始他教体育课，认为服从是“天职”，所以对学生“说一不二”，老师就是老师，学生就是学生。后来他教数学，在做了两三年后，发现自己的语言表达、课堂技能、教学设计等还不理想，他就不断地听自己的课、反思自己的课堂，买各种参考书籍，提高自己的教学设计。在乡村学校一待就是 11 年 3 个月，他自己认为这段时间是沉淀期，奠定了他日后专业发展的重要基础。华老师调到县城之后，他的专业发展呈现“井喷”状态。公开课让他成名，他随之形成了自己的教学理念——人文化的数学课堂，开始关注学生，敬畏童心。到了北京之后，华老师更加注重对自己教育教学观念的反思、更新，追求滋润生命的课堂、“化错数学”的利用、以爱育爱的育人模式。

从陈老师的发展阶段来看，刚入职时，他在一所乡村学校待了 10 年，初期没有明确的目标，兼语文教师、班主任、数学教师和自然教师。但是他发现这样的话，自己做不精致，什么都做不好，所以后来就放弃了教语文和数学，改去教自然，因为这是他最喜欢的。他复制了师范学校三位教师的教学风格和模式，轰轰烈烈地开展科学考察活动，慢慢地积累了很多经验。这 10 年是他的科学教育的沉淀与酝酿期。2003 年，他参加了全国性的教研活动，然后一发不可收，从一位普通的科学教师成为特级教师，被调到市里的一所学校。这时候他突然发现教学不能丢，就回到了教学，之后又发现教学与科技的结合是很密切的，随后提出了“家庭实验室”的概念，后来又成立了“少年科学院”、设立了“少年诺贝尔奖”，鼓励学生参与家庭实验室项目的研究。2008 年，他发现自己在学校已经走到事业的极限，学校的发展空间已经不大，现有的研究成果在一所小学的范围内是做不强、做不大的，必须要突破学校。这时候他注册成立了两个公益组织，把触角伸到乡村学校，去做这些公益的慈善项目，让更多的人受益。

从魏老师的发展阶段来看，他一开始教初中思想政治，完全按照应试教育的模式来操作，考试、考试、再考试，成果斐然。不久，魏老师便厌倦了这样的生活，主动要求调到完全高中，开始教历史。他一开始教初中历史，由于没有升学压力，课堂完全由其主宰，学生想听什么他就讲什么。后来他又被学校安排教高三文科补习班，从此将旺盛的精力投入应试工作，长期担任高三毕业班的教学工作并担任年级主任，认为自己“拧巴”地存在了 18 年，基本上是戴着镣铐跳舞。在理科班学生学历史的时候，他就放得开一点，文科班学生学历史的时候就往回收一点，以考试方向为教育点；在非毕业班，他放得开一点，在毕业班就收得紧一点。2008 年到北京某学校后，正赶上学校改革时期，他就不教高三历史了，主要教理科班历史，所以就没有原来的那种分裂感，可以按照他认为的比较好的方式尝试和学生沟通、分享、交流，进入了“自由期”。

从曹老师的发展阶段来看，她师范毕业后通过新教师考试，以第一名的成绩分到了市区的学校，校长和其他领导对她的期望很大，她自己也比较心高气傲。所以入职伊始，她就抓教学成绩，那时候班上的考试成绩都是很优秀的，但家长总是会投诉她，他们觉得小学教师不懂得爱孩子就不是一位好教师。结婚生子后，初为人母，她懂得了母爱的关怀，懂得关心孩子，开始推广阅读，工作做得有点起色。2011 年，她生了一场大病，这是她人生的转折点。她认为家长会过来看看，学校会过来慰问，然而谁都没有来。相反，全班家长都到学校要求换老师，不是因为她教得不好，是因为她身体不好。后来她回到自己的岗位上，重新进行了思考。到底要怎样做教师？怎样去教学生？她认为需要处理好两个方面的关系：一个是与学生的关系，另一个是与家长的关系。后来，她认识到以前没有关注与家长的交流，只关注教学了。她认为，学校和家庭合作才能教育好一个孩子，不是只靠教师在知识和技能上引领。

通过对上述几位优秀教师发展阶段的分析可以看出，他们最初关注学科教学和学科知识的积累，注重教学成绩的提高，有的甚至因为忽略学生而遭到家长的投诉。但是，他们对学科教学的关注并没有背离学生成长的根本目的，而是通过自己的反思、实践，将两者较好地融为一体，通过不同发展阶段的积累、沉淀，形成独特的自我经验。

(二)从关注学生成长到关注学科教学

与上述五位教师的专业发展阶段不同，下面三位教师一开始就关注学生成长，后来才关注学科教学。

从李老师的发展阶段来看，她师专毕业后被安排到职业学校教语文。相对于普通高中而言，职业学校没有升学的压力，李老师进入职业学校后首先关注的是学生。职业学校的学生大都学习成绩不太好，相比普通学校的学生，他们就是“后进生”，不想学。因此，李老师为解决他们的诸多问题，投入了大量的爱心。职业教育的11年工作经历对李老师而言是一笔宝贵的财富，促使她反思教育应该怎样做才不会让学生如此厌恶学习、反感学校。另外，她认为，教给学生多少知识并不重要，给予他们真诚的爱很关键，他们缺的就是关注与爱。即便是学习不好的孩子，也有一颗善良的心，教师只要给予足够的尊重与关爱，他们也能得到成长。因此，在她进入小学以后，李老师就有一种意识，要善待、关注自己的学生，保证他们长大后不会像职业学校的学生那样。2001—2009年，李老师在淄博的一所民办小学待了8年。之所以选择去小学，据她所说，她是被当时董事长的教育观念折服。董事长认为，从事教育工作无须看董事长的脸，也不需要看校长、教研组组长的脸，只需要看家长和学生的脸。所以，她在那里把自己定位为一个服务者，去帮助学生，考虑家长的需求。在这一时期，她的教学观念也随之发生了变化，她拜小学语文界的名师为师，主动发展自己的教学能力，目的是更好地为学生和家长服务。2009年，她因信奉“幸福教育”的理念，从淄博转到潍坊的一所小学，开始了她真正学术思想的尝试，学着去研究，学着去反思，逐渐形成了她的“统合教学模式”，也因“创建一间幸福教室”而备受关注。

从黄老师的发展阶段来看，她将生命教育作为自己专业发展的主线。她刚毕业进入初中教思想政治，并兼做团干部，能够跟学生“打成一片”，关注学生成长的各种问题。她连续担任了三届班主任。后来，她被推荐到行政管理层并分管校区，仍没有放弃专业教学。直至2011年，学生在家自杀的事件引起了她对生命教育的反思，并开始有意识地通过开发绘本课程、家校课堂、手机报等途径实施生命教育，关注学生的生命成长。

从杨老师的发展阶段来看，他并未接受过师范教育的职前培养，电大毕业后通过教师招考进入教师行业。2000年参加工作以后，他有4年多的时间从事教育教学工作。因为家庭贫困，他在教书的同时，也做过一些改变家庭经济状况的事情。2004—2008年，因为经济压力和感情危机等因素，杨老师对教学丧失了兴趣，感觉自己在应付课堂，对此他感到很痛苦。2008年，他三哥的意外去世对他的打击很大，内疚感、痛苦感把他推到了思考人生的最前沿。他进行了深度的思考，觉得应对社会有所回报，以表达他的感恩之心。他在2010年确定关注留守儿童，在教学生的过程中，鼓励学生用日记记录他们的日常生活，还原真实的留守儿童的日常生活。经过1年多的准备，他收集了26篇留守儿童日记，千辛万苦找到出版社出版，在社会上引起了强烈反响。他将自己定位为“现场救助者”，以区别于媒体的“旁观者”角色和专家的“议论者”角色。他认为，留守儿童的真正问题在于亲情缺失、成长见证缺失以及生活和学习主旋律缺失。为此，我们需要给予他们心灵的陪伴与回应，见证他们的成长，丰富校内外活动，让他们产生期待与快乐。

教育，原本意味着“生命体照料”。佐滕学认为，“education”(教育)包含“edu-cation”和“edu-care”两种功能，近代社会仅把“edu-cation”的功能抽象出来加以制度化，形成学校教育，却把“edu-care”的功能封闭在家庭密室的私人性的亲子关系中。应该恢复这一功能，使学校教育在公共领域获得新生。① 他进而指出，作为“edu-care”的教育概念，隐含着更新教育面貌和教育关系的可能性，即教育是为儿童而操心的活动，为自身而操心的活动，为不熟悉的人而操心的活动，为这个社会的学术、文化、艺术、伦理而操心的活动，为地球的未来而操心的活动。儿童也是这样，处于操心之中，履行着操心的活动。因此，教育首先是生命彼此相互操心，进而相互成全的活动。这与诺丁斯所强调的“关心”，具有相同的意义。“关心”就其本意来说，就是操心生命体的生存和成长。“edu-care”就是以儿童与成人的交互作用关系为前提，本质上意味着应答性的活动，是对对象的脆弱、悲伤、呼叫和烦恼的应答的行为，是存在于与对象的关系之中和为了对象而操心的行为。在这种意义上，上述三位教师对学生成长的关注就是为学生的生存和成长而操心，符合教育的本意。教师因为操心学生的成长，所以会提升自己的教育教学能力，让学生受到积极的影响，得到更好的成长。

二、优秀教师专业成长的影响因素

每位教师之所以会形成具有自我特色的专业发展阶段，是因为在不同的

---

① ［日］佐藤学：《学习的快乐——走向对话》，钟启泉译，191页，北京，教育科学出版社，2004。

阶段受到相关因素的影响，众多相关因素聚合在一起，便塑造成了教师自身独特的发展阶段。梳理、认识这些影响因素，不仅有助于教师个体专业发展的自我更新与自我实现，而且有助于教师教育的有效开展。通过分析优秀教师的职业生活史可以发现，外在因素和内在因素共同作用于教师个体，对教师的专业发展产生影响。其中，外在因素主要是关键人物和关键事件的影响，内在因素主要是教师个体的能动性影响。

(一)关键人物和关键事件

每位教师都是在一定的社会环境和学校环境中“成为”教师的，每位教师在专业成长的道路上总会受到关键人物和关键事件的影响。优秀教师之所以“优秀”，就在于他们能够基于自我经验充分转化、整合关键人物和关键事件的影响，使其成为专业成长的发展动力。关键人物和关键事件在教师专业成长的特定阶段发挥了关键性的作用，成为教师专业成长的“拐点”。本书梳理了优秀教师在特定发展阶段的关键人物和关键事件(用黑体字进行标识)，如表 4-2 所示。本书以马老师、李老师、华老师、曹老师为例，简要分析关键人物和关键事件在他们专业发展的特定阶段的影响。

马老师自从教以来一直在一所学校，待了近 40 年。她认为在自己的从教生涯中遇见一个好领导是一件很幸运的事情。她回忆道：“领导对英语教学十分重视，也鼓励教师相信‘我能行’。比如，保证英语教学的课时，其他学校是 2 课时，我们一直坚持 3 课时。在 20 世纪 70—80 年代英语被看作副科，领导坚持将英语视为主科，在这方面给了我一些支持和帮助。”正是因为学校领导对英语学科的重视，马老师获得了专业发展的自信。学校给予她很多的机会，促使她在专业发展上一步步趋于成熟。比如，她在 2000 年参加了国家的“园丁工程”，需要进行 3 个月的脱产学习。这次培训使马老师的专业发展趋于成熟，她自己也坦言“思想确实实现了飞跃”。

李老师在职业学校的 11 年，对于她日后形成正确的学生观起了重要的作用，使她能够正确看待学生的成长与发展。进入小学的那 8 年，是她的专业逐渐成熟的时期。2002 年，她“磨”到了她的师傅。因为她的师傅年岁已大且不在一个地区，难以指导她，但李老师的执着和一心为学生的出发点终于获得了师傅的认可。“师傅”这样一个关键人物，使她的专业发展真正成熟起来。在潍坊的这些年，她因为信服校长的幸福教育理念，争取各种条件和改革空间，创造性地开创了她理想中的幸福教室，使她的个人教育哲学观真正建立

表 4-2 优秀教师在特定发展阶段中的关键人物和关键事件

<table>
<tr><th>教师</th><th>入职时间</th><th>学科</th><th colspan="12">特定发展阶段中的关键人物和关键事件</th></tr>
<tr><td>马老师</td><td>1974 年</td><td>小学英语</td><td colspan="3">努力胜任期
（1974—1992 年）
领导重视</td><td colspan="3">飞跃期
（1992—2000 年）</td><td colspan="3">观念形成期
（2000—2009 年）
参加国家培训</td><td colspan="3">退休返聘期
（2009—2011 年）</td></tr>
<tr><td>华老师</td><td>1984 年</td><td>小学数学</td><td colspan="4">沉淀期
（1984—1995 年）
公开课，教研员指导</td><td colspan="4">发展期
（1995—2001 年）</td><td colspan="4">更新期
（2002 年至今）
校长的影响</td></tr>
<tr><td>黄老师</td><td>1988 年</td><td>初中
思想政治</td><td colspan="4">生命教育的无意识期
（1988—1991 年）
（团干部）</td><td colspan="4">生命教育的无意识期
（1991—2002 年）
（班主任）</td><td colspan="4">生命教育的有意识期
（2003—2013 年）
学生在家自杀事件</td></tr>
<tr><td>李老师</td><td>1990 年</td><td>小学语文</td><td colspan="4">职业教育期
（1990—2001 年）
职教学生的触动</td><td colspan="4">小学教育的探索期
（2001—2009 年）
磨来的师傅</td><td colspan="4">小学教育的成熟期
（2009 年至今）
校长的幸福教育理念</td></tr>
<tr><td>陈老师</td><td>1994 年</td><td>小学科学</td><td colspan="4">沉淀与酝酿期
（1994—2003 年）
公开课</td><td colspan="4">关注教学期
（2003—2007 年）
英国考察学习</td><td colspan="4">突围与扩充期
（2008 年至今）
公益培训</td></tr>
<tr><td>魏老师</td><td>1990 年</td><td>高中历史</td><td colspan="4">“拧巴期”
（1990—1993 年）</td><td colspan="4">“拧巴期”
（1993—2008 年）
公开课</td><td colspan="4">“自由期”
（2008 年至今）
学校改革及校长理念</td></tr>
<tr><td>杨老师</td><td>2000 年</td><td>小学全科</td><td colspan="4">适应与维持期
（2000—2004 年）</td><td colspan="4">消极低迷期
（2004—2008 年）</td><td colspan="4">积极建构期(2008 年至今)
留守儿童事件</td></tr>
<tr><td>曹老师</td><td>2005 年</td><td>小学语文</td><td colspan="6">关注教学期(2005—2010 年)
家长的投诉</td><td colspan="6">关注学生与家长期(2011 年至今)
身体抱恙；校长及吟诵教师等关键人物的影响</td></tr>
</table>

起来。她的师傅于老师这样评价她的教育实践："她实践的是幸福教育的理念，在她的教育里，我体会到了'巴学园'的感觉，把先进的教育理念转化为教育行为是最可贵的，身体力行去探索最值得称道，这需要时间、精力、体能和智慧。一位优秀教师的价值不是在一节公开课上，不是在一篇获奖的论文里，而是在教师的工作里，在她的班级里，一句话，是体现在他的学生身上的。"

华老师认为，在他的专业成长道路上，他获得了太多人的帮助和支持，一直以感恩的心态从事教育教学。他的师傅陈老师成年累月潜心于小学数学教育的王国，如痴如醉，迷恋自己的事业，总是把别人花在"砌长城、摆龙门阵"上的时间用来进行教研、科研，这样的人生理念深深影响了他。华老师认为，没有陈老师就没有他的今天。1995 年，华老师参加中青年教师优秀课评比活动，以一堂公开课获得成功。他认为，公开课成功的背后要感谢另一位师傅张老师的付出。两人一个在县城、一个在农村，相距 100 多千米，师傅为了指导他，先是电话帮他推敲教案，又在百忙中抽出一天时间让他到学校试讲，使他懂得了每个教学环节的安排都应有清晰的目的。2002 年到北京后，华老师进入事业的更新阶段，这时候李校长对他产生了很深的影响。李校长有亲和力，对教育非常执着，每学期听课 100 节以上，与教师进行深入交流，注重生命价值和职业价值的内在统一，这些都深深影响着华老师，使他重新反思教育教学。

曹老师认为，在她短短的十余年的教学生涯中，学校给予她许多帮助与支持。她认为："学校还是很愿意培养我的，给了我很多的机会和平台，让我现在走得比较远一点，所以我一直怀着感恩的心。既然学校如此器重我，我没有理由不做好这件事情，不然我觉得太辜负他们了，所以花了很多的时间和精力。"此外，2011 年的那场病使她重新思考自己应如何教学、如何做一位好老师。她注重与学生、家长的沟通。她反思道："第一，我带了三届学生，每次都要求自己班上的学生考全年级第一，那时候把分数和成绩看得很重。衡量学生的标准，包括班级常规的纪律，是非常苛刻的。回头想想，学生是因为对我的敬畏才会做得那么好。我们班那时候的考试成绩是非常好的，但是学生不会从心里去爱我。后来这件事情触发到我，我意识到我要自我成长，才能给学生更多的东西。所以，我需要学到更多的东西。第二，要让家长明白教师到底要怎样做好孩子的教育，要学会沟通。我以前不会与家长沟通。这是我以前做教师较为失败的原因之一。第三，我觉得最大的改变是我对学生的理解。以前，我对学生不太包容。后来因为自己的儿子慢慢长大，孩子从学校回来后跟我讲他和老师的事情，我就会马上反思自己有没有这样对我们班的学生。他就像一面镜子一样在提醒着我。”另外，曹老师在2012年开始做吟诵课，因受到徐老师的影响和师傅祝老师的支持，已使现在的吟诵课成为学校的特色课程。她注重打造自己的“完美教室”，并与西部地区的班级结对，共同促进学生的理解与成长。因受到公益领域裘老师的影响，她能够跨越学校，立足学生的成长，整合一切有利因素。

上述几位优秀教师的成长案例让我们看到，关键人物和关键事件在每位教师成长背后所发挥的重要作用。如果没有这些鲜活的生命因素，优秀教师也不可能成长为今天丰富、饱满的教育者。对于教师而言，正是这些关键人物和关键事件使他们的自我经验不断扩展、深化、整合，从而在知识、观念、行为等方面得以更新，做出符合教师职业形象的内心选择，形成自己独特的专业结构。所以，关键人物和关键事件的作用并不取决于其本身，而在于其所引发的自我澄清、个人思维清晰化的过程，也就是包括教师个人教育观念在内的教师专业结构的解构与重构。①

(二)教师个体的能动性

关键人物和关键事件最终还是要通过个体的内化、转化、整合等，才能沉淀为个体的内在素质。因此，教师个体的能动性十分重要。教师职业生涯发展理论中有一种类型关注教师个体的能动性，认为教师发展是由自身改善的需求所引导或驱使的；职业生涯的发展水平是由个人性格、学校背景、支持体系和充分的准备决定的；个人的学习能力、学术工作和成长动力影响其教学的水平。虽然环境是成长或退缩的强有力的影响因素，但教师的反思在其中起着重要作用。斯蒂菲(Steff)结合梅齐罗(Mezirow)的转化学习理论，认为教师通过批判反思实践、重新定义假设和信念、强化自我价值，就会促进职业生涯的正向发展。② 可见，教师个体的学习、反思、实践等都是能动性的重要体现，正是这些因素推动着教师的专业发展。正如李老师所言：“一个人的成长，是自己的事，愿不愿意优秀，完全取决于自己。”

---

① 叶澜、白益民、王枬等：《教师角色与教师发展新探》，313页，北京，教育科学出版社，2001。

② 朱旭东：《教师专业发展理论研究》，287页，北京，北京师范大学出版社，2011。

马老师生于1954年，1974年从教。那时候教育教学资源还比较匮乏，马老师和学校的年轻英语教师为了提高自己的英语水平，琢磨出了自学提高的方法，他们用录音机把电台里面播放的英语节目录下来，然后反复去听磁带，跟着去学、去做笔记。马老师说："那时候没有人要求你去做什么，但就觉得我们必须靠这些资源提高英语水平，再教给孩子们。"她认为，认真努力很重要，"如果你要做一位好老师，你会努力去做的，你没有这些条件也都会努力，没有条件也要创造条件"。她们那个年代的人很能吃苦，当然也有很多人是负面的，但更多的是积极向上的。正是教师的这种积极向上的正能量影响着学生。

李老师认为，教师个体的能动性体现在教师劳动的创造性上。教师不是在重复工作，而是在化育心灵。所以，李老师一直在"变"，追求她理想中的幸福教室。变的过程会触及很多人的利益，尤其是中层领导的利益。他们会按照现有的管理模式去检查、督导，要求教师按照习惯去做。李老师认为，如果自己不去争取，那么注定实现不了自己的理想。所以她就一点点去争取，认为需要"得寸进尺"，这样会离理想越来越近。

华老师认为，学习、阅读是促进个体成长的最好方式。他回忆在农村教学的时候，买书很不方便，他就邮购，买回来后大家共享。刚工作的时候，他读的较多的是教材教法方面的书，虽然在师范学了，但是工作的时候再读就能读进去了，感觉到有滋有味了。他认为首先应该读这样的书；其次读自学考试的书，因为他是自学考到专科、本科的；最后读教育理论的书，如陶行知的书、叶圣陶的传记等。后来他读社会科学类的书比较多。他认为，阅读的厚度决定教师的底气。虽然是一位数学教师，他却对人文与哲学经典爱不释手。读书造就他爱思考的习惯，使他不专注于结果的成功与失败，却常常对"意料之外"心生欢喜，研究、琢磨，废寝忘食，直至豁然开朗。读书给了他敏感的心、哲思的情，通过读书，他学来了技巧、观点、思想、习惯等。因此，他认为阅读成就了今天的他。

黄老师一直是生命教育的倡导者，她之所以如此坚定地开展生命教育，主要是2011年学生在家自杀的事件，引起了她对生命的深深反思。从那之后，她开始重新思考人为什么活着，或者说我们的教育到底为了什么。黄老师前面的成长一直是顺风顺水的，经过这个事件之后，她有了比较多的反思，开始大力倡导生命教育。

曹老师认为，公益让她实现了人生的自我价值，让她的学生获得了较好的成长。2012年，曹老师的学生和宁夏的学生进行了结对。曹老师通过他们这边爱的联谊使那边的学生得到关怀，同时也开展了一系列的活动，甚至发动了整个班级为那边山区的学校建了图书馆。在这个活动中，她和学生还到无锡参加“为爱行动”的募捐。她到贵州山区与那边的教师和学生接触，突然发现学生的眼睛闪烁着求知的光芒。她从学生的眼神中和积极上进的教师身上，看到了她作为教师的意义。为了完善自己，让自己成为一位好老师，她下定决心拼命地努力，这就是她对教育那么有激情和热情的原因。

虽然环境等诸多外在因素为每个人的成长提供了机遇和可能，但是只有通过个体的能动性才能将其转化为现实。每个人的成长都是“成为”自己的过程，生活的意义就在于此，它不在生命之外，只在生命本身。上述优秀教师的成长案例很好地说明了这一点。“成为”自己，才能成为有个性的教师，才能使生命经验得以扩展，使生命影响生命。

第三节　优秀教师的专业发展结构

20世纪80年代以来，伴随教师专业化思潮的兴起，教师素质结构的研究再次进入学者们的视野。他们所用的概念并不一致，如专业素质、专业素养、专业结构等。与以往侧重教师专业特质、教师素质的研究不同①，专业发展理论更侧重于从教师作为一名专业人员的角度考察其专业发展结构。

一、教师专业发展结构的“认定”

基于学者们已有的研究和探讨，无论专业素质还是专业结构，均指向教师的内在素质。教师的内在素质通常是由身体、知识、能力、品格和观念五个方面构成的②，它们是主体在应答环境的过程中不断形成和发展的，是主体与时俱进、动态生成的自我再生、自我更新和自我完善。从这个意义上来

---

① 之前的研究，一方面是从一般性的、专业的角度展开的，考察专业人员群体所应具有的特质；另一方面是从教师的素质要求或优秀教师所具备的素质的角度展开的。参见叶澜、白益民、王枬等：《教师角色与教师发展新探》，229页，北京，教育科学出版社，2001。

② 朱小蔓：《关注心灵成长的教育——道德与情感教育的哲思》，398页，北京，北京师范大学出版社，2012。

讲，教师专业发展的内涵与教师的素质概念是一致的。教师素质的形成正是基于教师个人的生活史，特别是自己独有的学习经历和生活体验等。已有的对教师素质结构的研究基本上都是在强调知识、能力、观念等要素，较少强调或忽略了教师“情感—人格”方面的素质。殊不知缺少“情感—人格”维度，其他的要素难以有效发挥作用，这样的教师专业发展既无益于教师个体，也无益于学生成长。因此，“认定”教师专业发展结构需要考虑以下几个方面。

第一，基于自我经验的模式。我们每个人都是在“过去—现在—未来”的时间之流中成长和发展的，过去的种种经历塑造了现在的我们。我们是各种条件的产物，这些条件包括社会的、环境的、气候的、政治的和经济的，它们构成了我们每个人的背景。理解了这个背景，我们会更好地理解我们自己。① 每个人正是依据这种独特性，不断积累和生成着自我经验并进而成为独特的自己。尽管我们是个体的、具体的有机体，但自我也是在与其他身体、物体、自我、境况、观念的相遇中和我们先前的自我反思中建构起来的。② 对于教师而言，我们正是在“成为”的过程中不断积累、沉淀，形成自己的素质结构。了解自己，意味着需要回溯、梳理、理解自我的经验。因此，本书回溯优秀教师的生活史，其实也是对他们自我经验模式的回溯。

第二，基于关系性的认识。在儒家看来，人是意义的本原，人通过反省自己的在世经历确定生活意义。在儒家设想的宇宙中，人与宇宙之间不存在整体与部分的划分，人只要专注于体验当下存在的意义与价值便可以进入“天人合一”的境界，这与西方的存在主义传统有些相似。③ 加拿大教育学者许美德认为，儒家思想首先是“关系性”的，理解一个人的生活经历，确实要去研究这个人的各项关系；其次是“（内外）一致性”的，要想体会一个人在各个阶段的人生意义，就必须能够走进他的内心世界。④ 人是关系性的存在，关系是人存在的本体性基础。诺丁斯认为，将关系作为本体性的基础意味着我们

---

① ［印度］克里希那穆提：《论关系》，李瑞芳译，36页，北京，中信出版社，2013。

② ［美］内尔·诺丁斯：《幸福与教育》，龙宝新译，153页，北京，教育科学出版社，2009。

③ 转引自［加拿大］许美德：《思想肖像：中国知名教育家的故事》，周勇等译，16页，北京，教育科学出版社，2008。

④ ［加拿大］许美德：《思想肖像：中国知名教育家的故事》，周勇等译，17页，北京，教育科学出版社，2008。

意识到人类存在的基本事实是人类的相遇以及随之而来的情感回应。① 教育关系就是教师与学生的相遇及随之而来的情感回应。教师也正是在相遇及回应的过程中不断生成自己的素质结构。狄尔泰认为，教育关系以接触为前提，是家庭关系的提升，是建立在基本的、本能的、充满爱的、责任的属性上。正是这样的属性，使师徒和师生就像是共舞的舞伴。

第三，基于整全生命的考虑。生命本是一个相互联系的整体，只是我们为认识方便，将其分割成不同的部分。人的生命是身、心、灵相互联结、依存并相互转化的统一体，它自身是一个内部不断循环的小宇宙。同时，人的整个生命体又与外部世界、他人发生联结，在种种或远或近的关系(时空)中获得属于自己生命的独特感觉与经验。无论哪一个方面都意味着：人在关系中才可能维持生命作为一个完整体顺畅地“运转”、协调地发展。所以，笼统、一般地谈生命还不够，须涉及生命的内外部关系，涉及作为主体的人对生命内外部关系的意识，包括觉知、感受、体验、反思等不同表现。在今天这个科学技术日益强大并被越来越多地运用到教育的时代，教师很容易过于“技术化”地或割裂地看待自己的知识、能力和专业素养。苏霍姆林斯基重视教师和学生之间的情感联系，重视教师的个性和情感，主张教师通过心灵来影响学生，这种人文关怀和人道主义的立场对于当今教育具有强烈的警醒作用。② 教育，本应为着生命的成全而非其他。

二、教师专业发展结构的分析

基于学者们对教师素质结构的已有研究，结合上述考虑，本书考察了优秀教师的职业生活史，认为教师专业发展结构应该包括知识、观念、能力和“情感—人格”四个部分。知识、观念、能力和“情感—人格”都是基于教师的自我经验而整合为教师的内在素质，其中“情感—人格”起着最为基础的作用。

(一)知识及教师的个人实践知识

知识是人类认识的成果或结晶，知识本身是有结构的。德国教育家曾提

① [美]内尔·诺丁斯：《关心：伦理和道德教育的女性路径》第2版，武云斐译，3页，北京，北京大学出版社，2014。

② 2015年，联合国教科文组织发布的《反思教育：向“全球共同利益”的理念转变》也鲜明地提出教育要以人文主义为基础，尊重生命的尊严。

出了进化的知识理论，认为知识结构像进化一样在进步，现在人们拥有的知识比过去人们拥有的要宽广而深入。从18世纪开始确立的现代知识观，将知识的客观性、普遍性和中立性视为知识的基本属性。20世纪80年代以来，伴随知识经济的发展，人们的知识观开始发生变化，从过去关注知识的客观性、普遍性和中立性，转变为关注知识的文化性、境遇性和价值性。我们认为，知识作为人的内在素质的重要组成部分，是一种行动的工具，具有实践性和能动性。① 教师应具有何种知识？一般而言，教师的知识结构应包括通识知识、专门学科知识和教育专业知识。很多学者做了诸多研究，从舒尔曼(Shulman)的"七结构论"，到考尔德黑德(Calderhead)的"六结构论"，再到辛涛等人的"四结构论"，不论怎样的知识结构分类，都旨在强调教师个体的理论性知识和实践性知识对于教师专业发展的重要性。

国际上曾将教师专业发展的取向分为三类：理智取向、反思取向和生态取向。20世纪60年代，教师专业发展主要强调理智取向，其背后是知识论的培养范式，强调知识基础对于教育教学的重要性，主张教师通过系统掌握、学习这些知识基础提高专业性，成为专业人士，获得社会认可和一定的社会地位。理智取向的研究者特别强调学科知识和教育知识的重要性。对于学科知识，每个学科的核心都有一个格式塔、一个内在的逻辑、一个与伟大事物相联系的特有模式。了解了这一点，我们就抓住了学科的关键。所有学科都是从"一粒沙"去观察它们自己的世界。② 所以，关键在于掌握学科的内在逻辑，唤起学生对这个学科的兴趣。教育知识能够将学科知识和学生的实际联系起来，让学生更有兴趣、更有效地将学科知识内化为自己的知识。

一位教师通晓学科知识和教育知识并非必然地会成为该学科的优秀教师。对于教师来说，更重要的是获得丰富的个人实践知识。波兰尼(Polanyi)"居留"(dwells in)的概念与个人实践知识相似，因为我们生活在知识之中，知识也生活在我们之中。当学习的东西、思想或技能，在个人化实践知识中有"居留"的状态时，我们可以说"思想进入我们之中"，变成了我们的一部分，并且本质上不再是思想，而是我们实践中的思想。正像糖使茶变甜，糖却消融在茶中一样，一个新的思想改变了个人的实践知识，它却从我们的视野中消失

---

① 石中英：《知识转型与教育改革》，14～16页，北京，教育科学出版社，2001。

② [美]帕克·帕尔默：《教学勇气——漫步教师心灵》，吴国珍等译，116页，上海，华东师范大学出版社，2014。

了，我们再也无法从记忆中捕捉到它。① 优秀教师一定有关于自我的知识，这些在生活经历中建构起来的自我认识成为独特的认识学生、学科的知识。陈向明系统梳理了个人实践知识，认为它是一种服务于实践的理论、一种行动的理论、一种具有个人专享性的理论，包括教育信念、有关自我的知识、人际知识、情境知识、策略性知识、批判反思知识。这种知识是不确定的、不完全的，具有实践性、行动性、情境性、个体性和开放性等特征。② 佐藤学认为，构成这些教师的专业领域的知识具有情境依存性、经验性、熟虑性、综合性的性质③，这些知识是教师用自己的生命与学生相处时积淀起来的，是生命情感的结晶。

教师的个人实践知识唯有依靠生活经历，在职场中积累和磨砺，不同于普遍化知识对准确性的追求。它是在复杂性、多变性的实践情境中，通过个体情感的积极体验，通过个体的主动反思、不断试验，通过个体不断与他人的自由交往、相互交流，重组、更新、建构起新的自我经验。从某种意义上来讲，教师的个人实践知识就是教师个体不断增长的自我经验，这种自我经验源自生命成长的需要，又回归生命自身，促进生命成长。因此，从本体论的意义上来讲，教师的个人实践知识接近于儒家对知识的认识。儒家的知识起源于零乱、具体的生活经验，是经验知识的累积；此外，儒家知识还包括一种能力——个体将这些具体知识与自己的经验紧密结合起来的能力。我国的传统文化一直强调知识的构成是一个经验汲取或经验与既有知识之间交互作用的过程。与此同时，人的成长被视为自我与宇宙、社会、世界达成和谐的中介。郝大维和安乐哲等人认为与儒家求知方式最为接近的思想方式是实用主义与存在主义。我国的思想中一直没有将社会、政治与宇宙论等知识领域区分开来，儒家思考人类在社会或宇宙中的位置时总是指向日常生活领域，并将日常生活知识与更重大的文化问题有机融合在一起。④ 与之相联系，儒家从未对事实与价值进行区分。这种将主体与客体融为一体的学习方式，注

① [加拿大]F. 迈克尔·康纳利、D. 琼·克兰迪宁：《教师成为课程研究者——经验叙事》第2版，刘良华等译，94页，杭州，浙江教育出版社，2004。

② 陈向明：《实践性知识：教师专业发展的知识基础》，载《北京大学教育评论》，2003(1)。

③ [日]佐藤学：《课程与教师》，钟启泉译，271页，北京，教育科学出版社，2003。

④ [加拿大]许美德：《思想肖像：中国知名教育家的故事》，周勇等译，15页，北京，教育科学出版社，2008。

重考虑事物的背景与关系，坚信经验是知识的基础。知识正确与否、有效与否，最终都要靠行动来检验，而不是靠逻辑思考与批评。① 这与教师的个人实践知识的诸多特征十分接近。

教师的个人实践知识充分体现了知识的实践性、能动性，具有情境—情感的品质。个人实践知识因其个体性、实践性，使教师对其有着天然的切身感、亲近感，不像对理论知识的距离感、疏离感；它不仅是运用着的有效知识，在运用中对该知识的价值予以确认，是效果的确证，而且是情感和态度上的确信，获得自己与该知识的价值相联系的感受——自身的生活变得有趣，自身的价值得到确认，自尊心得到维护和提升②；它出自个人经验，与生命相联结，能够让个体的生命获得一种安全感、踏实感、完整感，使知识与学习者不是分离的，它是个体生命的自我建构与成长。因此，理解教师的个人实践知识，实质上是在理解教师的专业成长与生命成长。

案例 4-1 华老师人文化的"化错数学"

华老师是一位小学数学教师。他提出他的个人实践知识——"化错数学"，与他对数学独有的痴迷及背后的反思实践有很大关系。他自己这样解释道：我觉得在学校里我就是一个数学的符号，用数学修身也用数学树人，还用数学安身立命，所以我要表达的就是数学，也是我对自己的判断。我执教小学数学近 30 年，很多小学教材用了一遍又一遍，每次备课时，我依然会问"为什么要这么教""真应该这么教吗""还有没有更好的教法"。备完课后，我总会有与学生分享一份特别神秘的礼物的冲动。我保持着对课堂的好奇，只要一踏进课堂，就"没办法抵抗"课堂的魅力。我一直认为，学生有无限的可能性，课堂有无穷的魅力，是个谜，我总是饶有兴趣，使出浑身解数来解谜。

在信息时代的背景下，教师要从知识的传递者转化为知识的促进者、创造者，帮助学生理解知识，激发他们求知的欲望和内动力，在教学设计、教

① ［加拿大］许美德：《思想肖像：中国知名教育家的故事》，周勇等译，12 页，北京，教育科学出版社，2008。

② 朱小蔓：《关注心灵成长的教育——道德与情感教育的哲思》，464 页，北京，北京师范大学出版社，2012。

学实施和教学评价上注重情感的维度，让学生进行“热认知”①，转识成智，帮助学生解决使他们困惑的问题。教师应当成为成长的见证者、现场的救助者、实践的反思者等，这些新时代的角色转换体现了教师的专业性。

案例 4-2　曹老师的“吟诵课堂”

曹老师是一位小学语文教师。5年的师范教育使她打下了文学(含儿童文学)、现代汉语言文化、教育学、心理学、艺术表演、小学教材教法的根基；工作以后，她自学国学、历史学、古代诗词创作、儿童中医药学、古琴弹奏、吟诵等相关知识，目的只有一个——满足学生求知的需要。个人需要的满足，取决于和他直接或间接交往的一切人的需要的满足。优秀教师对知识的需要，反映了他们满足学生求知的需要。②

曹老师的个人实践知识的逐渐生成源于她对小学语文教学的反思。她认为，第一个问题是课堂内和课堂外“两张皮”的问题。语文课就是语文课，课外阅读就是课外阅读，是完全分开的，现在最重要的是解决将课内和课外的阅读有机融合的问题。第二个问题是诗词教学的局限性。现有的记诵式、层层剖析式的学习只能让学生生厌，难以发挥诗词的品格养成的功能。

基于此，曹老师展开了她的个人实践知识的学习。首先，曹老师在2005年接触到绘本并开始研究将绘本教学引入课堂。她认为绘本给予学生很大的想象空间，绘本中蕴含着很多深刻的道理，学生也会有自己的理解。

其次，曹老师有感于课堂中学生学习古诗词时的痛苦状态。她在2012年开始自主学习吟诵，并向徐老师学习了一个暑假，后来逐渐在自己的班级摸索实践。之所以这样做，是因为她看到了学生吟诵时的那种“打开”的状态，可以让他们那么爱诗词，可以打开他们的心门。她将吟诵视为教育教学的一个载体、一种途径以及学生自我成长和发展的一条路径。从“读”到“诵”，到“吟”，再到“演”，曹老师就像导演一样，自己摸索着、学习着，也收获着。在潜移默化的吟诵学习中，学生的专注力、记忆力和理解力得到了提升，为以后的学习打下了一定的基础。在这个过程中，吟诵给了学生一个舞台，更

① 现代认知科学认为，“知”是渗透情感的“热认知”，如故事、电影等承载的叙事模式，区别于冰冷的逻辑认知。

② 瞿葆奎：《教育学文集·教师》，109页，北京，人民教育出版社，1991。

重要的是树立了他们的自信心。曹老师也在不遗余力地研究、推广吟诵教学，她组建了教师吟诵群，组织了许多爱好者，共同探讨古诗词的教学。

曹老师认为，在师范教育小学专业中学到的教育类知识，没有明确的指向性，没有专业性的东西。这么多年来她的个人实践知识的形成，主要是靠自己学科的积累、经验的积累。然后她才有明确的方向，形成了自己的教学体系。

一年级的时候，我是在读、写、绘这三个层面上指导学生。对于最重要的一年级，我让学生读大量的绘本。一般来说，我至少一周让学生读三个绘本，周六日可以来一个自己的读写绘专刊。二年级的时候，我会有意识地在这个基础上进行创作。到了三年级，我们已经加入了习作课，因为有之前学生语言的训练和培养。三年级的时候，我们班的学生基本上能很容易地写一篇文章，这时候我会更侧重学生对生活形态的展现。四年级的时候，我就组织拓展性的阅读。五、六年级涉及的文体各方面的类型会更加多样。在阅读这方面，我在低年级到六年级的整个课程安排上，先从经典阅读晨诵开始，二年级吟诵，三年级加入《声律启蒙》，四年级开始教《诗经》，五年级开始读《论语》，六年级读《大学》《中庸》。这只是整本书的阅读，在整个过程中，我还会贯穿一条线：主题性的阅读。整个发展过程结合、融入了三个方面：一是语言的发展；二是阅读的积累；三是学生在整个发展过程中受到德育、人生价值观等各方面的洗礼。

曹老师的个人实践知识的形成过程让我们看到，人类的大脑在面对孤立的、支离破碎的资料信息时并不能充分发挥功能，它善于处理有意义地连接在一起的信息形式，正如一个信息的共同体一样。① 曹老师在反思、实践中逐渐形成了各方面知识的联结，这些知识的联结是为了让学生更有兴趣、更有效地学习。此外，曹老师之所以在短短的十余年教学生涯中就能形成如此的认识，与她对教育教学的热爱分不开。上述这些知识都要求长时间集中精力学习，仅依靠外部动力，不足以使个体深入学习一门学科的知识并真正吸收。除非他们爱上了某门学科，努力试图把一门学科的知识变成自己的东西，否则就不能奢谈什么真正的学习。“知识的获得如果不是内部动力的结果，这

---

① ［美］帕克·帕尔默：《教学勇气——漫步教师心灵》，吴国珍等译，121页，上海，华东师范大学出版社，2014。

样的知识便是相当脆弱的，它们需要靠奖励和惩罚这样的外部能量输入来维持。由于没有来自内部的激励促使其成长，它们就会趋于停滞。”①

案例 4-3　李老师的“统合教学模式”

李老师是一位有着特殊经历的小学语文教师。她最初在职业学校有长达11 年的教学经历，后来进入一所小学教了 8 年，再后来因为信服幸福教育的理念而进入另一所小学实践她的“幸福教室”的理想。在长时间的教育教学实践中，她一直在反思：教学何以高效？这种高效不是只追求成绩分数，而是唤起学生自主学习的内在动力，让学生爱上学习。因此，她十分重视“起步课程”，目的是让学生在开始学习时就领略到美好，形成学习的内在强大动力。她的反思如下。

这首诗如诗如画，多么有韵律感，学生怎么才能喜欢？所以这是教师的基本素养。有的时候教师是先天具备这方面素养，但是后天也必须要塑造。我知道朗读对于一位语文教师来说太重要了，我肯定要反复练、反复读；我又知道如果学生特别喜欢音乐，我就要试着不断去听，听一百首，让我的耳朵具有辨听的能力。我要能甄别出什么样的音乐和文字是契合的，我就需要不停地听着音乐读，一边读一边试。

正是出于这样的动机，李老师在不断的学习中积累、磨砺、重构自己的个人实践知识，提出了自己的“统合教学模式”。李老师认为首先要统合语文课程，形成自己的“师本课程”；其次要想办法发挥学生的主动性；再次要真正了解课堂学习的起点以增强课堂学习的针对性；最后增加课内阅读量，以保证学生确实在读书。她在 2012 年发表文章，提出“统合教学模式”，旨在改变索然无味的课程内容和耗时、低效的线性教学，沿着“国家课程师本化”的路径，尝试将分散在学科内外但联系密切的内容进行统合，从横向、纵向、时空三个维度改变课堂结构和重塑教学流程。一是横向统合，包括语文教材与相关文学资源的统合及跨学科之间的统合。例如，在一年级的语文教学中，李老师除了使用国家教材以外，引进大量儿歌、绕口令、韵文、优秀童书、古代蒙学读物等，陆续整理了《童谣识字》《韵文识字》《字经识字》《成语千句》

① 瞿葆奎：《教育学文集·教师》，73 页，北京，人民教育出版社，1991。

《趣味偏旁》等一系列语文“幸福课”读本，努力和美术、音乐、数学、微机等学科的教师合作，用于课堂间的资源统合。二是纵向统合，包括语文一册教材内容本身的统合与跨学段语文教材之间的统合。例如，二年级上册识字1至识字8的统合，专题“统合课”等。三是时空统合，包括语文与学生的校园生活、家庭生活和社会生活的统合，语文教学与学生自身发展(包括学习兴趣和习惯)的统合。这样的知识统合观，正是她的个人实践知识的反映。博耶(Boyer)曾建议将发现事物之间的联系当作基础学校课程的首要目标。① 目前我国基础教育界出现的各种整合课程、统合课程改革的实践尝试，正是对于事物之间联系的趋势的体现。同时，需要指出的是，这些课程的整合对于教师的要求较高。教师首先要是一个生活丰富的人，开放性是其基本要求。在此基础上，教师要明确建立联系的最终目标是学生经验联系的生成，让学生在联系中认识自己和他人，丰富视野，促进生命更好地成长。李老师无疑是这方面的典范。

(二)观念及教师的教育哲学观

观念与知识密不可分，观念主要反映了个体的价值观、态度和思想，知识是对事实性命题的认识。在此，本书将观念视为知识的一种特殊形式。教育观念即教师对教育、教学、儿童、课程、师生关系等重要因素的看法或观点，通常以一种无意识的经验假设支配着教师的行为，具有个体性、情感性、情境性、开放性、非一致性、相对稳定性和外在表现的复杂性。② 英国学者认为，观念或多或少应该是连贯的和系统的，观念越连贯、越系统，它们就越像一种理论。③ 观念趋向理论，就是趋向个人的教育哲学观。个人的教育哲学观正是个体对教育问题的系统、整体性的认识。如果教师个体形成了自己的教育哲学观，说明教师对教育观念的看法或观点已经相互接纳、紧密相连，形成了一个协调统一、具有个人意义的观念系统。它是支撑教师成长的主要因素，它不仅需要利用教育学的原理、知识来训练，而且需要教师形成对社会发展进步的看法，对人生、生命的积极、乐观态度，对学生平等、热

① [美]欧内斯特·L. 博耶：《关于美国教育改革的演讲(1979—1995)》，涂艳国、方彤译，25页，北京，教育科学出版社，2002。

② 庞丽娟：《教师与儿童发展》，80页，北京，北京师范大学出版社，2001。

③ 赵昌木：《教师成长研究》，博士学位论文，西北师范大学，2003。

爱的情感。师范教育的知识训练为他们的教育教学实践提供了一个基本的认知框架，能够唤起师范生对未来职业的向往，让他们通过理论的学习唤起观照实践问题的敏感性和形成思考问题的思维方法。① 教育观念只有经过内化，成为个人化的情感领域或个人化的经验领域，才能真正成为教师的内在素质。② 因此，教师专业发展的核心是教育哲学观的发展。教师个体生活史中的教育实践与经验反思在其教育观念的形成与发展中具有重要意义。

优秀教师之所以优秀，源于他们独特的信念体系，在于他们已经形成了自己的教育哲学观，并通过个人化的教育哲学观来自觉地指导自己的教育教学实践。教师通过教育教学实践的反思来强化或者更新自己已有的教育哲学观，这是一个动态建构、持续“反思—更新—成长”的过程，无论自我建构还是文化建构，都指向教师内在素质的丰富。本书认为，个人化的教育哲学观至少应包括以下几个方面：对人的成长与发展的认识(学生观)、对教育本质和价值的认识(教育观)、对教师职业的认识(教师观)、对师生关系的认识(师生观)、对课程和教学的认识(课程及教学观)。根据受访对象的生活史资料，本书对他们的教育哲学观进行了归纳总结，如表 4-3 所示。

从表 4-3 可以看出，优秀教师的教育哲学观主要表现在三个方面：首先，对人的成长与发展抱有极大兴趣。教师对生命敏感、好奇、喜爱，能够从生命成长的需求出发，葆有一颗童心，能够做到“与学生相似”，在与学生的交往过程中找到接触点和共振点，把握住教育的契机，为学生的成长与发展提供必要的支持和护佑，进而促进生命发展的可能性、完整性。其次，深刻理解教育的本质和价值。教育的本质是什么？要给学生留下什么？是知识、技能、问题的解决，还是其他？知识、技能及问题的解决固然重要，但更为重要的是教师要通过教育养成学生自信、豁达、大度、宽容、纯朴、睿智、坚韧、冷静等重要的情感品质，奠定人格发展的基础，为未来持续发展奠定基础。最后，用整个生命去成为“好老师”。优秀教师认为，教育就是以生命影响生命。教师真正的影响力在于他们生命的质量和状态，如果生命的状态不好，那么就不会有好的影响。因此，每位优秀教师都有自我角色的定位，归

---

① 朱小蔓：《教育的问题与挑战——思想的回应》，342 页，南京，南京师范大学出版社，2000。

② 吴安春：《德性教师论——创造型教师的专业发展》，201 页，北京，人民教育出版社，2003。

表 4-3 优秀教师的教育哲学观

受访对象	学生观	教育观	教师观	师生观	课程及教学观
马老师	为学生着想，调动学生的积极性，对学生给予积极评价	要为学生的终身学习打下良好的基础	平等对话者；认真负责；要平等对待学生，从心底淌出来	师生交往是思想的碰撞与交流，要体现生命的价值	课堂教学是师生的情感交流、思维碰撞、共度生命的过程
华老师	以学生为主体，与学生相似，葆有童心，要敬畏童心	要给学生留下心态、思维方式、行为习惯……更为重要的是留下自信、豁达、大度、宽容、纯朴、睿智、坚韧、冷静	化育者；做位一直被学生喜欢的老师，学生心目中的“好老师”	优化师生的情感关系，重构温馨感人的师生情谊	教学要达到传授知识、培养思维和滋润生命的目的，追求人文数学课堂，让数学课散发文化的味道
黄老师	每位学生都是有无限可能的生命个体；尊重学生的主体性，相信每位学生	以生命影响生命	生命引领者；尊重生命、爱惜生命、护佑生命	生命间的相互成全	生命课堂；相信每个人都有自己的一种内在的智慧
李老师	学生是独特的个体，需要关爱，需要精神上的引领	教育，应该让师生彼此幸福	服务者；做学生生命中的贵人	教学相长	幸福课堂；起步课程；统合教学模式

续表

受访对象	学生观	教育观	教师观	师生观	课程及教学观
陈老师	要尊重学生发展的规律，在自然的状态中，不要去强迫他们	用科学唤醒童心，就是给学生一个快乐的童年；有快乐的童年才会有健全的人格	唤醒童心者；用童心撼动童心	师生共同成长	通过科学探究，关注学生的亲身体验，培养他们的想象力、创造力、合作与分享能力、观察力等多元能力
魏老师	学生是自主成长的生命个体	教育让人求真、求善、求美	思想引领者；提供学习支持，让学生自主学习	彼此独立的个体；成为学生思想的“导游”	历史教学要保护学生的求真，教给学生求真的智慧，让学生养成公民素养
杨老师	学生是不断成长的个体，需要亲情的呵护、心灵的陪伴、成长的见证	教育要促进学生人格的完善	现场救助者	学生成长的见证者、心灵的陪伴者	要基于对每位学生的了解开展教学
曹老师	学生是教师成长的激情之源和动力	让每位学生能成为我国的合格公民，有良好的心性和品质，做好自己	关心品格者；侧重学生品行的教养	教师应该成为学生的玩伴	通过吟诵、阅读、公益活动等培养学生的品行

结起来，无非是三种姿态和一种状态：比较谦和的学习者的姿态、倾听者的姿态、智慧引领者的姿态和一种昂扬的生命状态。成为一直被学生喜欢的“好老师”，是他们的目标；做学生心目中的“好老师”，是一个漫长却有趣的过程。

(三)教师的能力结构

如果说知识或观念更多的是教师素质的内在形式，那么能力是教师内在素质的外化形式，并且受到知识或观念的支配。没有知识或观念，能力只能是本能意义上的生物行为，缺乏目标指向。教师能力作为内在素质的外化形式，受到由知识、观念等因素所形成的图式和基本假设的影响。教师面对复杂、变化莫测、不能预期甚至有时是突发性的教育“现场”，能够做出自我判断并毫不犹豫地去行动，绝非生物性的本能反应，依靠的就是这种业已形成的图式结构。换言之，教师能力的背后一定是已有的图式在发挥作用。当然，这种图式和基本假设伴随个人的实践活动而不断得到建构和修正，以适应不断变换的教育实践。当一种行为方式成为一种自然的方式时，就已获得了一种习惯和新的个性特征。① 也正是在此种意义上，我们可以解释为什么优秀教师具有自己个性化的教育能力。

教师应该具有哪些教育能力呢？首要的是课堂教学的能力。20 世纪 60 年代以来，受“能力论”培养范式的影响，国外十分关注教师的课堂教学能力，其背后的哲学基础是行为主义的认识论。国外对教师能力的探索经历了从对教师个体意义的某些心理特征的关注，转而研究特定的教师行为对于学生特定的认知行为与情感行为的影响，关注课堂中师生互动的行为，通过对教师的有效课堂教学行为的考察来描述教师应具备的专业能力。② 可见，它们关注的还是教师个体的教学行为。与国外的研究不同，我国学者侧重于研究教师的能力结构。例如，叶澜等人认为教师的能力包括理解他人和与他人交往的能力、管理能力和教育研究能力。③ 陈永明等人认为教师的能力包括教学

---

① 赵昌木：《教师成长研究》，博士学位论文，西北师范大学，2003。

② 经柏龙：《教师专业素质的形成与发展研究》，博士学位论文，东北师范大学，2008。

③ 叶澜、白益民、王枬等：《教师角色与教师发展新探》，25～26 页，北京，教育科学出版社，2001。

能力和通用能力，其中教学能力包括教学设计能力、教学语言表达能力、课堂组织与管理能力、运用现代教学技术的能力和教学测量与评价能力；通用能力包括有效协调人际关系与沟通表达的能力、问题解决与研究能力、创新性思维与实践能力以及批判性反思与不断学习的能力。① 王邦佐等人通过实证调查研究，认为教师的教育教学能力主要是在职后发展起来的，主要包括：对教学内容的处理能力(自己的教学风格、引导学生掌握学习方法、注意教育性)，教育机智(对学生因势利导、机智处理偶发事件、宽严皆和、差异教育)，与学生交往的能力(和谐师生关系、善于与学生进行情感交往、课余与学生打成一片)，教学的组织和管理能力(愉快有趣的学习氛围、课堂纪律的艺术性、积极组织学生参加课外活动、用各种方法调动学习积极性)，运用各种教学方法和手段的能力，语言表达能力，教学科研能力。② 此外，需要特别指出的是，朱小蔓在20世纪90年代初开始关注教师的"情感—人文"素质，认为教师的能力结构应该包括教师对学生及自身情感表达的识别、回应及调适的能力。她将这种能力称为"情感能力"，并认为情感能力主要包括：对他人及自己的情绪情感的察觉、觉知、体悟、理解；情感沟通与交往、情绪情感表达、情感移入、情绪调节与控制、情绪情感激励与自我激励。这些能力与教师的天赋条件有关，但更重要的是源自长期的人文修养，同时在一定程度上也是可以教化和训练的。

案例4-4　李老师的教学内容处理能力：语文统合教学③

李老师在上二年级"云之歌"一课时，以天空喻书、以云喻字导入，调动学生在古诗中有关"云"的积累。"远上寒山石径斜，白云生处有人家""朝辞白帝彩云间，千里江陵一日还""只在此山中，云深不知处""荡胸生层云，决眦入归鸟"……之后，统合、感悟、品味今人对天空这本书的解读——把云之美景变成语言文字，有关"云"的词语，如"云淡风轻""白云朵朵""云絮翻飞""云海翻腾""云雾缥缈……"然后，让学生美读《我是什么》《云房子》《庐山的云雾》

① 陈永明、朱益明、胡章萍等：《教师教育研究》，87～89页，上海，华东师范大学出版社，2003。

② 王邦佐、陆文龙：《中学优秀教师的成长与高师教改之探索》，43～44页，北京，人民教育出版社，1994。

③ 该部分出自李老师的博客文章，引用时有改动。

《火烧云》等关于云的课文、习作例文《二八月看巧云》和教师下水文《海南的云》。最后，让学生发挥想象编故事，创作《云之歌》。

案例 4-5　马老师的教学评价能力：档案袋评价①

马老师早在2000年左右就开始在自己的教学中运用档案袋评价，以提高学生学习英语的兴趣。档案袋评价是一种过程性评价，注重评价与教学的有机结合，并且强调学生的参与。这种评价方式不仅能记录学生的学习方法、学习成果和成长过程，而且能真实地反映学生在学习过程中的成功与挫折，让他们体验成功，培养他们学习的自主性和自信心。此外，具有多元性特点的档案袋也为教师全面评价学生提供了重要的依据。马老师设计的学生档案袋包括两大类别：课内学习情况记录和课外学习情况记录。课内学习情况记录包括课程的归纳复习、单词学习、对话练习、作业收集和参加各种英语学习活动的成果；课外学习情况记录包括课外资料收集、自编英文小报、在家学习情况记录、网上资料收集、报纸剪辑等，以及学生的自我评价、学习心得等。她还自己建立了一份教师档案袋，包括课题的研究计划、前测与后测的对比分析、个案记录、月评价表、研究记录、开展教学活动和评价的收获与体会、自己的反思等。

案例 4-6　陈老师的课程开发与设计能力：四季项目与印象巴学园②

最近我又推出一个项目，叫“四季项目”，是关于传统节日的项目。例如，元宵节，在一个灯博物馆里，我们搭出了一个教室，模仿古人上课，4个人一个桌子。语文教师先上“灯的国学课”，然后科学教师上课。语文课和科学课是紧密结合在一起的。本来预定的时间是半小时，后来语文教师上了整整一个半小时，国学课从来没有像那天下午一样精彩，我们都听得入神了。他就是借着很昏暗的灯光，念着一首首诗歌。另外，我们的科学教育真的要和实际结合起来，它最大的问题就是学科本位思想。

印象巴学园以《窗边的小豆豆》一书中的巴学园学校为蓝本，提倡打破教室空间的格局束缚，花草树木、虫蚁鸟兽皆可进入课程，让学生在纯天然的

① 该部分出自对马老师的采访文章。

② 该部分出自对陈老师的访谈资料。

环境中发现、实践，在大自然的怀抱里探索、创新。山水、田园、实景，不一样的体验，形成不一样的课程体系；不一样的活动，成就不一样的童年。2008年至今，我们已举行20多季活动，其中不乏经典之作，如“南田传奇”“植物传奇”“智慧、化学、机械、光影、湿地、廊桥传奇”等，深入人心，反响巨大。

案例4-7 华老师的教学机智：爱的连乘①

汶川大地震两周年的纪念活动那天，我去上课。我创设了一种独特的情境：拿了一些彩纸，抽出一张，在投影仪上对折再对折，这样就把一张纸平分成了4份，打开一撕，拿出其中1份，我折成一只千纸鹤。当时学生很惊讶，说真漂亮。我说这些纸是华老师专门从北京带过来的，送给大家。大家想想有多少只这样的纸鹤呢？这就是一个问题，要求学生自己去寻找条件。学生问我这些纸有几种颜色，我说5种；学生问我每种颜色有多少张，我说50张；学生问我每种颜色是否一样多，我说一样多。学生解决的不就是50×4×5的连乘问题吗？之后，我在传授知识上有了创新，在思维拓展上也提供了一种很好的情境，通过一连串的动作，帮助学生寻找条件。当学生算出1000只之后，我说大家会解决这个问题了，不过我很好奇，你们把这些千纸鹤叠出来之后准备送给谁呢？因为有些学生是单亲，他们脱口而出：送给爷爷、奶奶、老师，送给华老师、校长等。我这么一问，一个女孩就说“我要把它送给玉树的小朋友”。这让我想到一个连乘的式子：一个人的爱心×你×我×他×…＝美好的人间。我接着说这次来到汶川，我感受到另一个连乘的式子：一个人的爱心×365×13亿×…＝爱的海洋。“爱的海洋”可以解决任何问题，这堂课的主题就是解决问题。

“教育”这个词语在历史中的含义包含着“知识授受”和“生命体照料”两种基本功能。基于此，有关教师能力的研究，大致可以分为两大类：一类是围绕知识传授和自我专业发展的教育教学能力，另一类是围绕学生的成长和发展困惑而需要教师予以帮助的问题解决的能力。前者强调的是教师“edu-cation”(知识授受)的能力，后者强调的是教师“edu-care”(生命体照料)的能力。

① 该部分出自对华老师的访谈资料。

第一类能力主要包括：教学的设计与开发能力、教育内容的处理及技术手段的使用能力、课堂的组织管理能力、语言表达能力、教学评价能力、教育机智、教学科研能力、反思批判能力等；第二类能力主要包括：与学生交往的能力，创造性地解决学生的问题的能力，班级及少先队或共青团的管理、组织、指导、协调、激励能力，道德教育与生活指导能力，心理健康教育与咨询能力，反思、探究的能力等。这些能力不仅有技艺层面的，而且有制度或组织层面的，还有理性思维层面的。

案例 4-8 曹老师通过综合实践活动培养学生的综合能力①

我骄傲，我是中国人——大手小手班军旅综合实践活动

活动总目标：通过对古诗词中战争名篇的学习，让学生理解自古征战几多愁和诗人的爱国情怀；通过叠被子、队列训练等，让学生体会军旅生活和军人严谨的态度，学习他们严于律己的精神；让学生倾听黄同学爸爸对军舰的介绍，观摩军舰，对海上军事武器有深入的了解；通过系列活动，让学生从小树立民族自豪感和保家卫国的愿望。

第一板块的活动时间为 2015 年 3 月 16 日至 4 月 9 日。活动安排：每周利用晨诵的 15 分钟，让学生学习吟诵一首战争诗，篇目分别是古体诗——《诗经・王风・黍离》《诗经・小雅・采薇》《诗经・秦风・无衣》，王昌龄的《出塞》、王翰的《凉州词》；近体诗——杜甫的《春望》、毛泽东的《七律・长征》；现代诗——席慕蓉的《出塞曲》。

第二板块的活动时间为 2015 年 4 月 10 日。活动准备：黄同学爸爸事先准备好讲述的材料和 PPT。活动安排：利用周五的第六节品德课，请海军退役的黄爸爸讲述自己的军旅生活，并对军舰和海上作战进行简单的介绍；将学生分为两大组，每组 27 人，提出参加军旅观摩活动的具体要求；分发实践手册，要求学生将自己活动中的所知、所看、所想记录下来。

第三板块的活动时间为 2015 年 4 月 11 日至 4 月 12 日。活动准备：第一，提前在民政局的协调下，与某武警部队、某港驻海部队联系好活动细则；第二，由于活动场地受限，将学生分为两大组，分两天进行，每组学生 27 人，家长志愿者 6 人，教师 1 人，每次活动参与人数 34 人；第三，家长志愿者朱

① 该部分出自曹老师提供的活动方案。

爸爸提前联系好大巴车，黄妈妈和杨妈妈准备好包饺子的皮和馅以及矿泉水，陶妈妈和王妈妈准备好医疗备用箱；第四，参与活动的家长、学生、教师统一穿白色T恤班服，戴班帽。活动安排：上午——学校北门集合，乘车前往某武警部队，参观官兵内务整理，学习如何叠被子，并进行叠被子比赛，观看官兵队列操练，分组进行队列操练和评比，和部队官兵共同包水饺、吃水饺。下午——前往某港驻海部队，参观军舰，了解军舰的构造，倾听参加中越边境巡海的官兵讲述军事故事，集合返回。

第四板块的活动时间为2015年4月13日至4月16日。活动安排：利用两节品德课，让学生完成实践手册，交流学习收获和体会。

案例4-9　李老师"特别的关爱"对学生产生特别的影响①

他(指学生——编辑注)原来语文学得不好，数学学得特别好。后来他写了一篇文章，就是说他在学习上不专心致志。他还写了一个故事：学习的魔鬼和学习的天使总在打架，后来李老师不让走，天使慢慢战胜了魔鬼，写着写着魔鬼又战胜了天使。我觉得写得特别有意思，把他的文章读给大家，因为他看不到我的愤怒，他看到的是我的欣赏，是开心。其他同学都说写得好，都给他鼓掌。他从那以后就爱上写作，也开始爱读书了。他还专门写了一篇文章提到了这件事情。

我心目中的她

有这样一个人。首先，她是我的语文老师。到目前为止，她是对我影响最大的人。我和她最直接的关系就是师生关系，她为我做的却比普通老师对别人做的一万倍还要多。我总是爱写点什么，这个嗜好就是她带给我的。到现在我还清楚地记着，我二年级写的一篇在现在看来很幼稚的作文被她拿到公开课上去讲，还和当时是五年级的学生比了一下。"还有一页呢！"这句话让我骄傲了很长时间，从此我写的作文总是"还有一页呢"。对于她为我所做的，我已经无以言表。在我的记忆中，她从未对我严厉过，我很不愿意在她的面前展现出我的失败。她对我的严不是凶，而是在我的生命道路的两侧装上栏杆，不让我出错。

---

①　该部分出自对李老师的访谈资料及李老师提供的学生文章。

案例 4-10　杨老师对留守儿童的关爱①

2009—2010 年，我们当地遭遇了百年不遇的大旱。我们通过走访发现，这些留守儿童与媒体报道的不太一样，媒体都是"围观"的角色。他们在搬玉米的时候，比赛谁搬着玉米跑得最快，他们感觉劳动像呼吸一样自然，根本不像媒体说的那样劳动繁重，很辛苦、很无奈。我要把他们真实的生活状态展现出来，于是我开始酝酿。我意志坚定地尝试与周围的人合作，我说可不可以把留守儿童的日记编成书呢？大家都很悲观，说这有什么意义？我们乡村教师怎么可能出书呢？我还被我的一些同事起了一个绰号：吹牛皮。但是我暗自下定决心，认为这个现象不是一个学术问题，不是理论上的问题，它体现的是一种人文关怀。这种人文关怀也是社会责任感，从这一点出发，我认为一定会有突破口，就开始收集日记。

我教小孩写日记是想让他们有倾诉的方式。孩子说，老师，我跟你讲一件事，你千万不要跟别人说。我就知道写日记这件事做对了，因为山村里的孩子都不善于交际和表达。我选择写日记的方式是想让他们学会书面表达，再说出来就变成口头表达，这样他们的交际能力就会有所提升。我觉得孩子把心理话说出来可以一举多得，不仅表达内心，而且可以有倾诉的对象，把心里不健康的东西、憋得很难受的东西说出来。我看到很多的心里话，我觉得这个日记非出不可了，到最后我都着急了。2010 年 3—7 月，我收集到了 26 位留守儿童的日记，也收集了他们说的话和主题班会上的信等，构成了这个日记。

案例 4-11　黄老师以绘本为载体开展生命教育②

我们最早在学校开发了校本课程——慧心课。它不仅仅是心理健康教育，更是通过各种形式引导学生掌握生活的智慧。后来，我们开展了家长学校互动活动，让学生和家长一起参与。借助绘本，我采用对话的方式和沙龙，讲给学生和家长听；我们讨论一些问题，很多问题的答案就在讨论的过程中获得。所谓教育，并不是告诉学生答案或让学生接受观点，而是让学生在阅读绘本的过程中形成对事物的看法。后来，我们也鼓励教师讲绘本。通过讲绘

---

① 该部分出自对杨老师的访谈资料。

② 该部分出自对黄老师的访谈资料及黄老师提供的学生回馈信息。

本，他们的内心变柔软了。来北京学习这段时间，我在小学尝试讲过几次绘本课。有一次，我在某小学讲“好消息坏消息”，五年级的学生在课后做了反馈。学生甲：“一个人要保持乐观的心态，只有乐观，生活才会轻松快乐。这个故事更使我明白了友谊的珍贵。我曾经有一个朋友，我们对同一件事有不同的看法，我没有顾及他的感受，毫不留情地反驳了他，我们的友谊就从那天结束了。这让我明白友谊需要培育很久，而打破它只需要一句话。”学生乙：“我觉得有时好心情不一定是对的，坏心情不一定是错的。坏心情的人可能会很小心地做每一件事情，他们可能会观察、关注到一些更细微的事物。好心情的人会给别人带去欢乐与友情。所以，你不要左右别人的看法，也许他的看法是对的。你只要坚持自己的观点，一定会等到属于你的光明未来与世界。”学生丙：“友谊建立的过程是艰难的，你怎样将一个陌生人变成你最信赖的朋友？就像搭积木一样，建起来很困难，而推倒仅仅不到一秒钟，友谊亦是如此……通过这个故事，我认识到事物都有两面性，也许好消息就是坏消息的开始，而坏消息过去了就是好消息。”

案例 4-12　曹老师的家校沟通能力①

我原来一直被家长投诉，我开始思考我要怎样拉近与家长的关系，于是我就开家长会。第一次开家长会的时候，我说了一句话：这次家长会的意义比较特殊，请家中“一把手”的家长参加。结果来的绝大多数都是妈妈。我在班级开始构思、构想的时候，会征求家长的意见。大部分家长是能够认可我的。我有很多改革的措施和方法，包括用活动促进学生的成长。我一般是一个月开一次家长会，把这段时间学生的能力、品格、阅读、成长的情况说给家长听。

我也关注家长的成长。上一个月上传的是家长阅读的照片，凡是通过阅读挑战的家长获得一本书的奖励。家长发现了孩子的进步，慢慢就开始信任我了。现在我们形成了一种紧密合作的关系，家长在每一次活动中都会为我付出很多。我们每个月都有外出游学的活动，家长形成了很小的团体，每个人分工特别明确，这就为我减少了很多困难。我对自己说：家长愿意为我做事情，我没有理由不努力、不对我的学生负责任。这就激励了我。

① 该部分出自对曹老师的访谈资料。

这些家长很善良，也愿意帮我做事情。有时候就是和家长的心灵互动的问题，他们觉得老师是真正在为孩子做事情，他们就会愿意配合你。

通过上述优秀教师的案例，我们看到优秀教师都有共同的特点：一是精通自己的学科，具有较强的教学能力；二是了解自己的学生，能够做到关心备至；三是主动反思实践，不断提升自己的能力。这些教师通过把自己沉浸于教材内容和教学技巧之中，来激发学生的学习激情。关心备至很重要，真正的关心让学生感受到后，他们就能自己想学。除了关心学生和重视教学的内容以外，有影响的教师还不辞辛劳地以一种不寻常的、易于学生记忆的方式传授知识。实际上，一位能用新方法展示教材的教师并不一定具有什么惊人的创造力，而只是因为他更乐于花时间去思考怎样向一个具体的对象最佳地传授知识罢了。换句话说，创造力就像对学生的关怀和进入教学角色一样，可能是教师教学热情的反映。也许有影响的教师最大的成功在于他们能够使通常枯燥乏味的课堂生活转变成学生愉快的经验感受。①

(四)教师的“情感—人格”

已有的有关教师素质结构的研究较少关注“情感—人格”层面②，过分注重教师在知识、观念及能力层面的专业发展。实际上，知识、观念、能力及“情感—人格”是一个不可分割的整体。教师专业发展结构是个人实践知识、个人教育哲学观、专业能力或技能、情感—人格等方面的综合体，它们统一于完整的生命体内部，不可分割。没有“情感—人格”的专业发展，是残缺的、没有灵魂的。情感作为教师的基本素养，在苏霍姆林斯基看来，就是把全部的爱献给孩子，对孩子的情绪情感表现具有高度敏感性，有细腻的情感关注，以教育者的责任心和能力去处理孩子的细微、深沉、复杂的情感等。就专业

---

① 瞿葆奎：《教育学文集·教师》，69～71页，北京，人民教育出版社，1991。

② 白益民等人将“专业态度和动机”视为教师素质的构成要素；经柏龙将“专业情意”视为教师专业素质的构成要素，认为专业情意包括：专业精神，专业情操(理智感、道德感)，专业性向(人格特征或适合于教学工作的个性倾向)，专业自我(教师对个体自我从事教育工作的感受、接纳和肯定的心理倾向，既包括自我意识等认知方面，也包括自我尊重感、自我效能感、自我价值感、自我反思、自我监控、自我更新等情意领域)。实际上，他们所探讨的内涵都可囊括在“情感—人格”这一维度内。

发展结构而言，情感是教师专业发展的最重要的基础。佐藤学认为，教师的专业性不但包含理智的判断，而且由于是与人相关的工作，所以还包含着对人的情感的理解。① 情感维度是考察教师专业性的重要方面。因为教育的对象是人，教师面对的生命是多样的，教师的生命与学生的生命的相遇，本身就是情感发生、介入、发展的过程。

人格是人之品格、个性、气质和行为特征的综合体。教师的人格是基于个人禀赋的，在认知品质、人文品质发展过程中加以强化的，生理的、心理的、智力的特殊增长点逐步发展成的个体的倾向性。从伦理学的意义上讲，人格注重的是人的德行；从心理学的意义上讲，人格注重的是人的心理发展状况、个性发展及心理健康；从教育学的意义上讲，人格注重的是教师的人格对学生的成长、发展的影响，是教师职业的人格特质所发挥的教育影响。就教师的人格而言，一般意义上，人们将"德、才、学、识"视为教师人格的基本要素。所谓"德"，即师德，教师的道德品质，如热爱、奉献、宽容、耐心、诚信、公正、廉洁、正派等；所谓"才"，即教师的教育能力；所谓"学"，即教师的知识系统；所谓"识"，即教师的教育观念。可见，教师的人格综合了教师专业发展结构的所有要素。教师的人格与教育实践的本体性联系决定了教师的人格在教师专业发展、教师专业化中具有特别重要的意义。② 教师因各具个性而积聚在一起的群体人格的丰富性、多样性是学生个性发展的良好的外部环境。正是教师的人格及其魅力所产生的导向、示范、感召及亲和效应③，使学生"亲其师，信其道"，"促进"④学生热爱学习，改善行为，增强自信，塑造性格，生成价值观，形成为人处世的积极态度。教师的人格不仅对学生产生促进作用，而且支撑与影响着自身知识、观念及能力等结构要素的更新和发展。正是内部这种双向的互动关系，使教师的专业素养得以形成。因此，"情感—人格"指向的正是人格中的情感层面，情感与德、才、学、识及个性特征等共同构成人

---

① ［日］秋田喜代美、［日］佐藤学：《新时代的教师》，陈静静译，11页，北京，教育科学出版社，2013。

② 戚万学、唐汉卫：《教师专业化时代的教师人格》，载《教育研究》，2008(5)。

③ 吴光勇、黄希庭：《当代中学生喜爱的教师人格特征研究》，载《教育研究与实验》，2003(4)。

④ 教师的人格品质的基本内核是"促进"，教师通过言传身教、春风化雨等使学生耳濡目染，促进学生整个人格的形成和发展。参见吴光勇、黄希庭：《当代中学生喜爱的教师人格特征研究》，载《教育研究与实验》，2003(4)。

格的特质。教师的“情感—人格”是以浓厚的情感性而不是认知性为表征的。①认知是以事实的形式出现的，由个别推出一般的规律。情感是以个人事件的形式出现的，以个人的价值偏好、喜恶情感为表征。教师的人格是在情感经验的积累中，保留个人内心世界的特殊性和丰富性，逐渐形成的独具个性化的人格特质。

长期以来，我们只是在工具层面上理解情感，缺乏对情感的本体论认识。实质上，情感对于人的发展具有重要的价值，情感能够唤起学习。现代认知科学认为，情感系统处于认知系统和行为控制系统之间。② 俄罗斯学者认为，如果我们意识到情感对于有效学习的重要价值的话，我们利用这些价值将大大提高学习的质量。其原因在于，兴趣、热爱、迷恋等情感体验是由一定的对象(目的物)所唤起的，是驱使人的行为的内在动力。只有通过主体内在的自豪、自信、胜任和自我满意等情感体验加以巩固，人才能获得持续、稳定的内在动力，从而保证学习的效果和质量。③ 在人的社会性发展过程中，情感最直接和真实地表达其与人的社会性联结。通过“冲突—平静—再冲突—再平静”这样的过程，价值获得统整，情感恢复平静，从而形成较为稳定的人格。这一螺旋上升的自我统整的过程就是人格塑造的过程。

从国际教师专业发展的实践探索来看，20 世纪 60 年代末，在美国兴起的“情感师范教育”或“人格师范教育”，重视教师的内在人格和条件、教师对学生的爱心和关心等，试图从对某些外在因素的关注而转向对教师内在人格的关注。教师的“情感—人格”就如同“棱台的底座”一样，支撑着知识、观念及能力等结构要素。抽离了“棱台”这个“底座”，知识、观念及能力难以立足。正如夏丏尊先生的名言：“教育上的水是什么？就是情，就是爱。教育没有了情爱，就成了无水的池，任你四方也罢，圆形也罢，总逃不出一个空虚。”④我们十分认同这样的判断，并特别强调将“情感—人格”作为教师专业发展结

① 朱小蔓：《关注心灵成长的教育——道德与情感教育的哲思》，436 页，北京，北京师范大学出版社，2012。

② 朱小蔓：《关注心灵成长的教育——道德与情感教育的哲思》，320 页，北京，北京师范大学出版社，2012。

③ 转引自朱小蔓：《与世界著名教育学者对话》第 1 辑，55 页，北京，教育科学出版社，2014。

④ ［意］亚米契斯：《爱的教育》，译序 1 页，北京，中央编译出版社，2010。

构的基础性要素，因为“情感—人格”促进学习，沉淀观念，保障教育教学能力的提升。

教师的“情感—人格”素质的核心是教育爱。① 对于教育爱，古今中外的专家学者都有过大量的论述。教育爱是一种存在的爱，是教育者利用爱的感情，以发现意义与价值的内涵，并以此两者为教育的中心，去启发与培养学生的各种能力与创造力，使他们能够超越自己。人类有教育文明以来，最本质的精神是爱，爱生命、护生命、扶持生命成长。教育爱可以给予人的生命关系的联结，并在关系断裂时重拾这一联结。今天，在互联共存共生的网络时代，爱的精神实质不变，但爱更是联结，是互动，是双向建立关系和生发意义。教育爱具有春风化雨的力量，在潜移默化中让学生向善；教育爱具有完整的本质，是教师全心全意的付出。教育爱的最大力量在于架起了师生关系的一座桥梁，可以达到教育沟通的目的，以实现并完成教育的目的。此外，教育爱还具有唤醒的功能，使师生的生命获得成长。总之，教育爱主要体现在如下几个方面。

首先，对教育事业的执着和热爱。这种热爱受到教师的教育哲学观的影响。许多教师之所以选择教育事业并长期坚守，是因为他们理解了教育的本质和价值，他们愿意和学生在一起。学生作为生命成长过程中的个体，让教师看到期望，感受到拔节的清脆声；生命之间能够分享经验、知识、成长的记忆等，会给教师带来特别的满足感和成就感，让教师重温童年的乐趣。因此，许多教师发自内心地表达了对教育的敬意，他们认为“教育就是良心活”。“良心”这个具备传统文化意味的词，被教师视为规范自己教育教学的底线。良心是一个正常意义的复合体，使教师在做决定时，能依从道德的要求和价值做出判断。规范性的根源是道德的意义，在固定的情境中是良心。斯普朗格(Spranger)认为，良心有四种解释：只有在我之中对我而存在；在固定的情境中存在；在冲突中能够被作为正面的要求；作为判断之用并具有超越自我的价值。

---

① 朱小蔓通过实证调查，将教师的“情感—人格”素质界定为一个以教育爱为核心的由教育价值观、教育思维方式、教育行为技艺和教育风格类型组成的综合体。参见朱小蔓：《关注心灵成长的教育——道德与情感教育的哲思》，436页，北京，北京师范大学出版社，2012。

案例 4-13　华老师：教育让我有存在感①

做老师与我的兴趣爱好比较重合，因为我喜欢看书，而做了老师，就与读书有直接的联系。因为你的精神世界会直接呈现在别人的面前，而读书在很多的时候是在打造你的精神世界。人有时候是需要与别人分享自己的成长经历的。所谓与别人分享，如果这些人是未成年人，你不就是在教书了吗？分享你的认识，分享你的成长，所以从这个角度上来讲，我的爱好对于我做老师有用。我如果感觉没用，就不会喜欢这个行业。

我之所以坚守在这个行业，不是因为结果，不是因为我有多少位学生考上了好大学，也不是有多少位学生的价值观因为我而发生了改变，或许是因为我成了他们人生成长中的那个关键的人。我天性喜欢读书，读了书之后会希望找人聊天，需要分享。我把自己的这些收获和体会、思考分享给学生，这本来就符合我的兴趣爱好，这个过程对于我来说本来就是一件很愉快的事情。

一个人的成长是多种机遇综合的结果。一个人如果按照内心来思考、表达并且不被惩罚，那么能够得到别人的赞誉就是锦上添花，这就是让我感觉有存在感的时刻。在课堂上，如果我能做到这一点，当然，我们要按照学生能够接受的真相的程度去表达，那么我可以最大限度地按照内心来教书。我希望在这个过程中，我们能够有所成长，成长是让我们有存在感的事情。学生自然也会随着我们的成长而成长。

案例 4-14　李老师：有爱和责任才是教育②

我觉得热爱是最主要的，我确实很热爱这份工作，很享受教育的过程，它能体现我的个人价值。

第一，我们要从内心产生一份热爱的力量。因为有热爱，我们才会有幸福，才会有个人的专业成长。如果没有天生的热爱，我们可以进行后期的培养，从工作中寻找能够体现自身价值的力量。我们可以试着这样去做，我们就会发现学生又进步了，又成长了，就会慢慢积蓄这种力量。

第二，我们要有责任感。当我们成为一个社会人，拥有了教师身份的时

---

① 该部分出自对华老师的访谈资料。

② 该部分出自对李老师的访谈资料。

候，我们就是要负责任的。因为我们肩负着这种责任，承担的就是一个家庭的希望。这样，学生父母内心的焦虑才能够转换为对我们的放心。

其次，教师爱，即对学生的爱。教师与学生之间既无血缘性联系，又无个人功利联系，他们之间纯粹是一种民族希望、祖国前途、人民幸福、个体成长的意义性联系，它是一个特别亲密、亲切、亲爱的“人类希望共同体”。① 如果每位教师都能从这样的本源去认识师生之间的情谊，那么他们就会从学生出发，事事处处为学生考虑，使爱学生成为教师的性格。我们回首自己的学生生活时就会发现，给自己启蒙的，不是学校里学得的教材或技能，而是作为个人的教师。我们所学得的事物——事实、观念、价值和学习的要求，都来自那些我们从某种形式认可的、在教学艺术中有天赋的人。② 热爱学生的教师都有十分丰富的内心体验。第一是亲近感。这是一种教师和学生之间的依恋性的情感体验，教师愿意和学生在一起，离开他们，心里就感到没有着落。教师心里有学生，不管遇到什么事情总是很自然地联想到他的学生，而学生的喜怒哀乐又无不牵挂着教师的心思与情绪。③ 第二是愉悦感。教师的任务是增进精神愉悦。愉悦有两种类型：一种是那些被认为有助于激发我们精神的理智活动部分；另一种是那些给我们日常生活增添欢乐的记忆、关系、期待、充满想象力的事件。④ 如果教师总是喜欢学习、读书和思考，那么他一定想让学生有机会分享这种快乐，让他们分享自己体验到的快乐。问题就在于，教师能否意识到并提供这样的机会？如果教师是一个联结感很强的人，生活体验很丰富，那么他就能够将之与日常生活联系起来。换句话说，一位能够将学科与外部生活世界充分联结的教师，能够让学生感受无比美好的世界，能够给学生带来幸福感、满足感和惬意感。第三是同理心。学生喜欢有一定情感人文素养的教师。教师面对各种各样的学生，同理心对于他们来说是很重要的。教师要能够理解学生，知道学生成长的环境，愿意接纳和包容他们，站在他们的立场去考虑，乐意去倾听，进而与他们相似。

---

① 朱小蔓：《关注心灵成长的教育——道德与情感教育的哲思》，276 页，北京，北京师范大学出版社，2012。

② 瞿葆奎：《教育学文集·教师》，84 页，北京，人民教育出版社，1991。

③ 瞿葆奎：《教育学文集·教师》，174 页，北京，人民教育出版社，1991。

④ [美]内尔·诺丁斯：《幸福与教育》，龙宝新译，26 页，北京，教育科学出版社，2009。

因此，教师爱呈现出如下的特征：尊重、信任、赏识、宽容、理解、期待、关心、温和、理解人、友好、负责、有条不紊、富于想象力、亲切热忱、富有同情心、平易近人等。这些特征一方面是教师在与学生交往的过程中逐渐形成的，另一方面是在学生观的影响下形成的。教师需要有正确的学生观，视学生为成长中的人，在与学生交往中培养爱的能力，走进学生的心灵，起到照料者的作用。我们需要知道的是，爱只是给了我们这样一个权利，就是为别人去做一些事，但是它并没有给我们控制那个人的权利。教师爱是从内心流淌出来的，教师要具有爱的能力，了解学生的过往和个性，了解他们的成长经历和生活经验，尽可能地做到与学生相似，葆有童心；要在这一过程中让学生学会去爱，建立起一种关心型的关系，从而让爱在彼此生命间自然流淌。

案例 4-15 曹老师：学生学会了爱①

我是经常会上一些公开课的老师，包括班主任、学校工作也都会积压到自己的身上。有一天，一位学生送给我一颗红枣，对我说："老师，您身体不好，吃红枣是补血气的。"当时我就吃了那颗红枣。之后那位学生在三年的每天都送给我一颗红枣。后来，我看到办公桌上有一瓶牛奶，上面写着："老师那么瘦，妈妈说每天多喝一点牛奶就可以长胖一点。"所以，这是我产生动力和激情的很重要的原因。

当你给学生一份爱的时候，他们是看得到的，他们会用更多的爱回报你。当我很累的时候，我就对自己说，看看你的学生，他们能够体谅你，他们懂得感恩。我想，就是互相的爱在推动着我去做这些事情，学生也慢慢地感受到了这份爱。一方面，这是与古往今来的教育分不开的；另一方面，生活是最好的老师。孩子感恩于你，所以家长才会感激你，才会帮助你做很多的事情。

案例 4-16 杨老师：根据孩子的心发散我们的思维②

教师必须是重情意的人，要照顾到别人的感受。教师还要有主动性，有

① 该部分出自对曹老师的访谈资料。

② 该部分出自对杨老师的访谈资料。

以人为本的主动性，以人为核心，这样才能发散自己的思维。接触到一批孩子时，我要想到我不能辜负他们，这就是重情意；我不辜负他们，我就要主动认识他们，研究他们。

和城市教师比起来，我们乡村教师的专业自信主要是我们有更多的空间接触真实的人。农村的孩子比城市的孩子更加单纯，我们觉得在一个单纯的孩子身上种下的一粒种子容易发芽，容易长成禾苗和大树。孩子对我们的期望很高，相信我们会带给他们很多的东西。

最后，对学科的爱。有激情的教师是在用自己的生命教学，这种生命能量的扩展，不仅使学生感受到知识的魅力，而且提供了与学生相遇的机会，让学生也生龙活虎起来。① 所以，教师对学科的爱的背后其实还是对学生的爱——让学生领略所有的美好。教师不仅要喜欢自己所教的学科，而且要伫立于所教的学科，广泛涉猎和阅读。如果教师对社会经济、政治、文化等的关切越多，积累的人文知识越多，那么他们的“后援知识仓库”就越丰富，越能拓宽学生的视野，丰富学生的精神世界。

案例 4-17　陈老师：我把精神寄托在科学教育上②

每个人在精神世界中都要有寄托。我寄托到自己从事的职业上。可能这些事情原来与我也没有什么关系，但我就是莫名其妙地喜欢，并且一做这些事情三天三夜不睡觉都觉得精神抖擞。所以我觉得情感的建立应该是从小时候就开始的。

科学教育最关键的是让学生学会动手和动脑思考。我之所以要用科学唤醒童心，就是要给学生一个快乐的童年。学生有了快乐的童年，才会有健全的人格。科学教育，尤其是小学的科学教育，不是简单地让学生学习书本知识，而是要让学生把鲜活的生活与真实的生命体验联系起来。

公益界的朋友这么看待陈老师：他是一位痴迷于科学教育的科学教师，非常投入；他是一位有理想且有行动力的科学教师；他很有爱心，多次到西

① ［美］帕克·帕尔默：《教学勇气——漫步教师心灵》，吴国珍等译，114页，上海，华东师范大学出版社，2014。

② 该部分出自对陈老师的访谈资料。

部去送教，组织夏令营活动，在周边山区也扶持了几所乡村学校，会定期过去开展科学嘉年华等活动。他对科学的痴迷、对世界的好奇、对学生的热爱，是支撑他持续前行的不竭动力。

案例 4-18 华老师：我就是数学①

华老师常说，我头脑中的东西一部分是数学，另一部分是为了数学。他热爱学科，痴迷“磨课”；他专注与执着，长时间研究一个问题；能够保持对环境的敏感性，“看到”和“解读”那些日常教学情境中的问题，并利用各个途径寻求新知，进行探索、改善。他在剃须、吃饭、走路时对它念念不忘，有时可以为它废寝忘食，常常在睡觉时因想到一个好点子而一跃而起。正是这种全身心的投入、坚持不懈的毅力和自律、不敢半点消极怠工和唯恐前功尽弃的心态，使他能够享受到极致快乐。

教师工作的最大特点是，他们所面对的是人。这个人，是我们寄予希望、托付未来的人。师生关系的这种本质必定赋予学生——教育对象——情感的意义。因此，教师的工作不能只用脑子去做，还要用心去做。我们不仅要用知识、理论为学生敲开真理的大门，而且要用自己的整个心灵和情感去拥抱他们。爱学生是教师的天职，更是教师的一种幸福。② 教师所从事的是用自己的灵魂去塑造他人的灵魂的工作，其间充满了与学生之间的融合、智慧的碰撞、情感的交流。在这个过程中，教师实现了自身的价值，也充分享受了人生。因此，新时期的教师专业发展结构应该由知识、观念、能力和“情感—人格”四个系统构成，每个系统由若干因素构成。其中，“情感—人格”是知识、观念和能力的基础；知识是观念的基础；观念是专业成熟的标识；能力受到知识、观念的影响而以外显的形式呈现。知识、观念、能力和“情感—人格”统一于教师个体，构成了完整的教师专业发展结构。

---

① 该部分出自对华老师的访谈资料及他的著作。

② 鲁洁：《回望八十年——鲁洁教育口述史》，324～325 页，北京，教育科学出版社，2014。

第四节 锤炼职业情感，生成自我经验模式

《荀子·儒效》有言："习俗移志，安久移质。"教师经历了长久的积累才形成了自己独特的专业发展结构。通过对优秀教师的职业生活史的考察发现，与已有的专业发展阶段理论不同，优秀教师的专业发展阶段呈现出"自我命名"的特征，呈现出对学科教学及学生成长的关注。自我命名的背后是对自我经验的回溯。同时，对于优秀教师的专业发展结构来说，无论个人实践知识、个人教育哲学观、专享的个人教育教学能力还是个性化的"情感—人格"，都凸显了教师的个体自我经验，正是对教师个人生活史的回溯，我们不得不重视生命哲学①，尤其是生命背后的个体自我经验，因为它是人的人格特征。②

德国哲学家狄尔泰对"经验"的解释——生命所展现和承受的正是依靠生命本身，从本体论上强调了个人经验的独有和特享，无须向外寻求理论或先验的支持，生命只在生命内部实现自我更新。我们强调担负起生命的责任，实现生命的潜在意义，是强调生命的真正意义要在世界当中而不是从内心去发现，因为它不是一个封闭的系统。人生存于复杂的社会网中，自我并不是一个抽象概念，而是一个经验的现实。个体需要意识到周围人的存在，并将周围人视为其自身存在的一部分。自我的情境不仅需要被动地接受，而且需要主动地认可。一旦人与人相互联系这个事实被认可，个体才会开始承担社会责任。同时，自我也是在不断生成的。

自我是一个生活概念，生活是获得具体经验的媒介。这种媒介把客观的内容同主观的内容联系在一起，体现着一种信念：生命是自我经验的可靠的、

---

① 生命哲学在19世纪末至20世纪初的德、法等国非常流行，以当时的研究论题，即人的生命、人的生活、人的价值、人的历史文化为理论对象，强调生命的精神创造和心灵世界的独特性，强调人文科学方法的独特性，形成了一股与理性主义思维模式相抗衡的普遍思潮。法国哲学家柏格森(Bergson)的生物倾向生命哲学、德国哲学家狄尔泰的社会历史领域的生命哲学、德国哲学家奥伊肯(Eucken)倡导的历史—文化倾向的生命哲学(又称为"精神生活哲学")，是当时生命哲学的三大流派。生命哲学的魅力在于两点：一是哲学的思考只有服务于生活才有价值，因为我们拥有的生命是唯一的一次；二是生命哲学的价值在于它包含的思维形式要比形式逻辑的思维形式更丰富、更灵活。参见[德]费迪南·费尔曼：《生命哲学》，李健鸣译，前言1页，北京，华夏出版社，2000。

② 朱小蔓：《关注心灵成长的教育——道德与情感教育的哲思》，376页，北京，北京师范大学出版社，2012。

自动起作用的准则。① 生命组成了自己的逻辑空间，生活经验从属于生命这个事实的内部，要比外部世界的思维形式灵活得多。生活经验可以作为自我经验模式。生活经验是意义形成的独立形式，能够建立起外部和内部、主观性和客观性之间的联系。借用黑格尔逻辑学的话：在生命中，所有的内容都向自我呈现。② 生命哲学以生命为自我经验的媒介。持这种立场的优秀教师，以体验的形式获得的生活经验成为他们理解人生的基础。这一理解不同于认知教育过程中的解释，它建立在这样的信念上：人不是生活在因果关系的锁链中。相反，意义、意图和理解等自始至终渗透在人的行为和生活中，不能用因果关系去解释。理解永远是个人的理解，只有在个人的心境中才出现。③ 在体会、了解、想象别人的精神世界的过程中，他们越遗忘自己——投身于某种事业或献身于所爱的人——就越有人性，就越能实现自己的价值。优秀教师能够把他们个人的自身认同融入工作；他们在生活中将自己、教学科目和学生联系起来，不分你我。正是在这张复杂的联系网中，教师实现了自己存在的意义与价值。

弗兰克尔(Frankl)认为，存在有三种含义：一是存在本身，如人的特定模式的生存；二是存在的意义；三是对个体存在之意义的追求，即对意义的追求。④ 走向自我经验模式的教师是能够体会到自我存在感的，也能够领悟到生命的意义和价值，因为他们注重从生命内部发展自己而非进行外部的追逐，所以他们是幸福的。教师把自己丰富的个性融入教育过程而拥有的教育幸福感才是真实自然的，是任何力量也无法剥夺的存在的家。⑤ 走向自我经验模式的教师无疑是处于"生活在蕴含着明天的今天"这样一种生命存在状态，他们在时间的链条中找到了生命存在的意义，进而将整个生活投入其中，只为彼此生命的成全。奥伊肯认为，我们内心深处便有寻找这样一种意义的向

---

① [德]费迪南·费尔曼：《生命哲学》，李健鸣译，13页，北京，华夏出版社，2000。

② [德]费迪南·费尔曼：《生命哲学》，李健鸣译，14页，北京，华夏出版社，2000。

③ 朱小蔓：《关注心灵成长的教育——道德与情感教育的哲思》，283页，北京，北京师范大学出版社，2012。

④ [美]维克多·弗兰克尔：《活出生命的意义》，吕娜译，121、135页，北京，华夏出版社，2010。

⑤ 吴国珍等：《心灵的觉醒：理解教师叙事探究》，73页，北京，北京师范大学出版社，2010。

往，这种无法抵抗的内在冲动迫使我们从内部来尝试和说明生活，使它完全成为我们自己的生活。① 生活的意义在于把生活当作一件艺术品那样来构造。② 教师，就是化育人心的神圣职业。教师与学生之间“进行着一种生命的交换”，教师的生命从学生的生命那里获得了“升华”。教师的工作是一种对人生的至高幸福的追求，是一种生命意义上的享受。

---

① ［德］鲁道夫·奥伊肯：《生活的意义与价值》，万以译，51页，上海，上海译文出版社，2005。

② ［美］欧内斯特·L. 博耶：《关于美国教育改革的演讲（1979—1995）》，涂艳国、方彤译，31～32页，北京，教育科学出版社，2002。

第五章 理解教师专业发展的情感基础

前面第二、三、四章对不同时期的情感在教师专业发展过程中的作用及机制进行了详细的阐述。基于前面的讨论，本章将立足教师职业的性质，在特定的文化境脉下，以存在论逼近的方式对教师的专业属性进行重新解构，并在此基础上，去探寻情感与专业发展的内在联系。

第一节　教师专业发展的再认识

反思已有的有关教师专业发展的众多研究，正如佐藤学所言，还是停留在规范论立场，缺乏存在论的逼近。“专业与否对于我国教师似乎没有特多的实际意义……许多的讨论脱离我国教师的实际生存状态，充其量仅是一种知识层面的讨论。”①西方学者认为，有关专业化职业、专业的、专业主义、专业化等字眼的讨论并未涉及职业性质②，缺乏对职业的特性、效能和社会价值的冷静分析，而只是去追求外在的社会地位、声望和权力。因此，本书希望基于存在论逼近的立场，去寻求教师的实然方式和存在方式，引导教师追问“教师是怎样的一种角色”“教师意味着什么”“为什么我是教师”等这样一些关涉教师存在的根本性问题。

---

①　朱晓斌：《教师与学生情感行为的发展》，7页，北京，教育科学出版社，2014。

②　[美]约翰·I. 古德莱德、[美]罗杰·索德、[美]肯尼思·A. 斯罗特尼克：《提升教师的教育境界：教学的道德尺度》，汪菊译，10页，北京，教育科学出版社，2012。

一、立足教师职业的真实存在

教师意味着什么？应以怎样的价值立场去理解教师职业的性质及内在价值？对于这些根本性问题的回答，直接决定着教师专业发展的程度。长期以来，我们习惯于以社会外在的规范论或制度论要求“教师应当如何”，并使教师向着那个方向发展，却极易忽视存在论视野下的教师个体的存在方式及发展欲求。佐藤学认为，教师的规范论逼近源于启蒙主义的传统；制度论逼近源于近代的技术理性传统；存在论逼近继承了卢梭的浪漫主义传统，旨在获取教师自身存在的意义与教育实践中的“真实性”意识。① 我们可以通过对不同职业的比较和对职业内在特点的整体审视两种不同的路径，获得对教师职业的“真实性”意识和教师自身存在的意义。这两种路径也可以通向教师的专业发展。

（一）通过对不同职业的比较认识教师职业

在欧美教师专业化发展的思潮中，一种通常选择的路径就是将教师职业与医生、律师等职业相比较，试图向这些社会公认的具有专业性的职业看齐，推动教师专业化的实现。有的研究者通过职业的地位差异感②来说明为什么教师喜欢与医生、律师等职业相比较。教师认为，教师职业是“高地位差异感”，即教师自己认为自己的工作非常重要，但是却没有获得应有的较高地位。这种高地位差异感，使许多教师充斥着不满情绪，其根源在于自身认为其所具备的价值与他人认为其所具备的价值之间的地位差异感很强。从美国对教师专业化的研究可知，美国教师将医生、律师等作为仿效对象，而并未将工程师、牙医、建筑师等作为仿效对象，尽管这些职业群体具有许多专业化职业的特征。其主要原因可能是这些职业不具备医疗和法律行业的声望与权力，尽管它们不可小觑。此外，教师对于那些历史久远的普通职业只字未提，这再次表明人们择业时正越来越倾向于看重显而易见的权力和名誉，而

---

① ［日］佐藤学：《课程与教师》，钟启泉译，207 页，北京，教育科学出版社，2003。

② 地位差异感是指个体自身认为其所具备的价值（自我价值）与他人认为其所具备的价值之间的差异。

不是去冷静地分析职业的特性、效能和社会价值。①

联想我国教师，他们一直以规范论的“传道、授业、解惑”为自己的职责使命，他们更多的是在我国传统文化的伦理道德关系中认知自己的社会地位。所以，伴随政治的起起伏伏，教师的社会地位也是起起伏伏的。但总体来说，“天地君亲师”的较高的社会地位是比较稳定的，社会的期待比较高，教师自身的认知也比较高，所以不像美国教师那样明显体会到高地位差异感。如果说有的话，更多的是教师将外在的社会期待内化为一种责任感与使命感。教师自我加压，唯恐“良心”上过不去，这种因伦理道德的社会期待使教师有种历史和现实的压迫感。

芬斯特马赫(Fenstermacher)比较系统地反思了教师职业与律师、医生职业之间的差异。他认为至少存在三个重要的区别，这三个区别使教师职业的独特性得以凸显。这三个区别分别为：知识神秘化、保持社会距离、相互付出努力。②

首先，就知识的神秘化而言，医生认为自己没必要将知识传授给病人，只负责病人的康复即可；律师更是如此，他只负责运用自己的专业能力帮助别人打赢官司，没必要将这些知识传授给他们。在公众眼中，他们之所以专业，是因为他们掌握了别人所不能掌握的专业知识，他们因知识而神秘。然而，与医生和律师不同，社会的大多数人都认为教师应该将自己的所知毫无保留地传授给学生，这些知识包括学科的知识及相关的学习方法，还包括要教会学生如何做人。如果教师不能“传道、授业、解惑”，这一职业也将不复存在。

其次，就保持社会距离而言，医生和律师出于自己的职业理由，会尽量自觉地与自己的服务对象保持距离。教师却不可以，教师有时也希望与学生复杂、混乱甚至是带有危害性的生活保持距离，但是这样做，他们就不能成功地开展教学。教师不可能对学生形形色色的生活坐视不理。要想成功地开展教学工作，教师需要尽可能广泛、深入地了解学生，关注所教授内容如何与学生的生活经历相联系，乐意帮助学生形成自己的目的、兴趣和愿望。如果像医生和律师一样保持一定的社会距离，教师就会被认为服务不到位。对

① [美]约翰·I. 古德莱德、[美]罗杰·索德、[美]肯尼思·A. 斯罗特尼克：《提升教师的教育境界：教学的道德尺度》，汪菊译，46～47页，北京，教育科学出版社，2012。

② [美]约翰·I. 古德莱德、[美]罗杰·索德、[美]肯尼思·A. 斯罗特尼克：《提升教师的教育境界：教学的道德尺度》，汪菊译，115页，北京，教育科学出版社，2012。

于这一点，罗伯特·谢弗(Robert Schaffer)指出，其他与人打交道的职业都有喘息的机会，即在聚精会神地发表看法、规划理想与设计产品之后的时刻。例如，医生每天只有一部分时间给病人看病，他们几乎从不给一群病人看病，而且多数病人都很虚弱，精神状态不佳，根本无法抗拒医生。同样，只有为数不多的律师愿意出庭辩护。与教师不同，他们被要求面对法官与陪审团的时间在工作日中所占的比例很小。① 教师的工作目标有弥散性，工作内容也有全域性，这样的工作特征要求教师全心全意，这就常常遮盖私人生活与职业生活的界限。② 教师如果与学生刻意保持距离，只履行自己上好课的责任，上完课甩手走人，唯恐与学生纠缠不清，社会距离是保持了，可师者的内涵却消逝了。

最后，就相互付出努力而言，医生和律师的服务对象只要相信他们即可，因为他们是专业的，所以只需要单向顺从，这使我们再一次处于专业人员的完全控制之下。试想，他们确实很专业，但如果缺乏基本的职业道德，那后果将不堪设想。教师则不同，教师是处于关系之中的，脱离关系就难以存在。教学的关键在于学习，学习是双方的互动。教师要钻研教材，了解学生的知识背景和相关情况；学生要在教师的引导下努力理解、接受。可见，师生双方需要相互努力才能获得成效。

芬斯特马赫关于上述三点区别的看法，其实质是指出了专业化背后的一些弊害。倘若我们按照以上三点去推动教师的专业化，那么这种专业化会加大教师与学生的距离，会对学生隐瞒所需的知识，会让学生成为技术性教学的接收器。③ 换言之，教师职业具有自己的内在优势，即知识的传递和转化理解、与学生的密切联系、关系之中的双向互动。教师肩负着保护学生的天性，维护教师、家长、学生之间的关系特性的道德职责。教师需要研究分析学生的天性及教师、家长与学生之间的关系特性，从此出发，融入对自己职业的专业化辩护。正是因为以上三点，教师职业能够获得人们一致的道德赞誉。教师如果置自己的内在优势于不顾，而去追求与医生等的相似性，就会

① [美]约翰·I. 古德莱德、[美]罗杰·索德、[美]肯尼思·A. 斯罗特尼克：《提升教师的教育境界：教学的道德尺度》，汪菊译，71页，北京，教育科学出版社，2012。

② 刘云杉：《从启蒙者到专业人——中国现代化历程中教师角色演变》，205页，北京，北京师范大学出版社，2006。

③ [美]约翰·I. 古德莱德、[美]罗杰·索德、[美]肯尼思·A. 斯罗特尼克：《提升教师的教育境界：教学的道德尺度》，汪菊译，117页，北京，教育科学出版社，2012。

受挫，因为他们之间并无太多的相似性可言。因此，相似性的追求虽然是专业化重建的一条路径，但这条路径并不适合教师。

(二)通过对职业内在特点的整体审视认识教师职业

如果说上述对教师职业的认识路径，是从不同职业的外部对比中发现其内在特点的话，那么这条路径是回返到教师职业自身，从内部思考教师工作的复杂性及教师的存在和教师职业的意义、价值等，走进教师的日常生活世界的。

对于教师职业特点的认识，佐藤学基于自己多年的扎根研究，以存在论逼近的方式，简练而形象地概括了教师工作的三个特点：无边界性、多面性和不确定性。所谓无边界性，是指教师的工作职责不是那么清晰，教师的工作永远没有终点。因为学生一直在成长，生命在继续，教师投入多少、投入达到什么程度并不好规定，没有标准，是无限定的，全看教师个体对生命的理解和体悟。所谓多面性，是指教师工作内容的多元性和工作时间的多面性。从学科教学到学生指导，事无巨细，各种偶发、意外随时将井然的工作秩序打乱。这就要求教师考虑中心性和边缘性的问题，对中心工作做出正确判断和应对，避免忙碌感和消耗感；教师有工作的计划性和对意外的充分应对能力。① 所谓不确定性，是指教学、好的教育、教学方法的适应性等都没有固定的标准，因人而异。这种不确定性源于生命成长的多样性，需要教师因材施教，考验着教师的教育智慧。

教师职业的无边界性、多面性和不确定性，比较真实地还原了教师的存在。教师职业的这些特点容易给教师带来各种危机，使教师陷入焦虑，尤其是伴随家庭和社区的教育功能衰退、儿童生活中危机现象的扩大，使教师的职域与责任无限扩大，带来了日常工作的繁杂、专业属性的空洞化和职业认同危机，导致规则主义与惯例主义。② 同时，危机也是契机，可能会带来转机。首先，教师工作边界的无限扩大及多元的工作内容，势必要求教师把以

---

① ［日］秋田喜代美、［日］佐藤学：《新时代的教师》，陈静静译，7页，北京，教育科学出版社，2013。

② ［日］佐藤学：《课程与教师》，钟启泉译，213、268页，北京，教育科学出版社，2003。

往不断向外扩散的教师职域重新向中心统整，进行集约化的综合。① 否则，教师将陷入无休止的忙碌和消耗中，带来更多的不确定性。其次，教师职业的不确定性虽然使教师迷茫彷徨，不知所措，但却表明了教育实践存在创造的可能，这需要教师的自律，需要教师立足自身经验模式，发挥自身的教育智慧。教师职业的无边界性与集约性、多面性与回归性(统整性)、不确定性与自律性，构成了教师专业发展的张力。

教师作为“中间人”的角色，具有中介性质，正是在处理这种张力的过程中，介入学生的个人人生，介入社会的公共福祉，实现生命的影响、文化的接续，展现出教师职业的魅力。这种实践过程不是在专业化、客观化的技术真空中进行的，而是在具体的社会历史情境和每个人的生活情境中，在每个人不同的问题、希望与梦想中展开的。② 它指向关系性存在中的生命，体现为生命的创造性和伦理性(人道性)。教师的创造性不同于科学家的知识发现：科学家面对的是客观的对象，教师面对的是主体的人。教师是在与学生长时间的相处中，发现学生的潜能，进而为学生提供各种可能的支持，用心灵点燃心灵，让学生成为更好的自己。在创造中，教师得以确认自己，教师的生命力得以焕发，教师自身的价值感得以实现。当教师的创造性发挥出来时，当教师的教育产生了转化性的教养效果时，教师才真正体验到了自己工作的价值和意义；教师的精神境界开始升华，并达到一种从未体验过的新境界；教师才深切感受到自我价值实现时的喜悦感和满足感。③ 教师的伦理性不同于我国传统文化中的伦理道德，它指向关系中有着完整生命的学生。一位关怀学生生命的教师，能够对学生“明示的需要”及时回应，让学生感受到教师的关爱，并逐渐培养学生关心他人的能力。然而，不幸的是，学校及教师并未将目光转向于此，使教师产生存在论危机。④

---

① 以教育内容为例，以3R(读、写、算)为中心所组织的传统的教育内容应当重建，以3C进行统整。所谓3C，是为他者的幸福操心的关爱(care)、智慧地考察牵涉自己与他者生活的社会事件的关切(concern)、恢复同自然界的和谐关系和同他者人生之亲和的联系(connection)。参见[日]佐藤学：《课程与教师》，钟启泉译，211页，北京，教育科学出版社，2003。

② 刘云杉：《从启蒙者到专业人——中国现代化历程中教师角色演变》，197页，北京，北京师范大学出版社，2006。

③ 吴安春：《德性教师论——创造型教师的专业发展》，196页，北京，人民教育出版社，2003。

④ [日]佐藤学：《课程与教师》，钟启泉译，210页，北京，教育科学出版社，2003。

二、教师专业属性的两种逼近

在对教师的真实存在有了整体的了解之后，我们需要反思教师的专业属性，即教师的专业性如何体现。众所周知，西方学术界对于教师专业身份的提出，一方面是由于在社会转型和教育变迁的过程中，教师群体为提高自己的社会地位和待遇而参照医生、律师行业做出的反应；另一方面是由于新时期社会发展和学生发展要求教师具有专业意识、专业能力和专业精神，否则教师难以适应社会发展和课程发展的需求。然而，追溯“专业人员”的词源，我们会发现它是指在一个令人灰心失望的世界中建立专业信仰的人，时至今日，它的词源意义已经消失。我们现今所说的专业人员是指拥有某领域的专门知识，掌握了对门外汉来说太古怪离奇以致理解不了的特定技术，接受过一种被高傲地宣称为价值无涉教育的人。① 如此的专业人员远离活生生的教育对象和教育实践，不应该成为教师所追逐的目标。

根据已有的研究，佐藤学认为对于教师专业属性的理解，有两种不同的逼近方式：一种是技术熟练者的形象，另一种是反思实践者的形象。前者是基于技术性实践的模式提出的，后者是基于反思性实践的模式提出的。20 世纪 80 年代后半叶以来，学术界的讨论开始从技术性实践转换到反思性实践，麻省理工学院的哲学教授唐纳德·舍恩在《反思性实践家——专家如何思考实践过程》一书中提出以反思性实践取代技术性实践。虽然舍恩的这一概念并非以教育为对象而展开论述，但在数年后，这一概念成为推进教师教育与教学研究范式转换的主要动力。正如佐藤学所言，主要是因为以往的教师教育与教学研究也是受技术性实践模式支配。②

(一)技术熟练者

根据舍恩的研究，技术熟练者的形象背后是相应的现代科学知识的支撑，是以科学技术的合理运用为原理的技术性实践。专业是指基于科学技术的合理运用原理，熟悉科学理论与技术，并能够把这些知识与技术应用于实践。专业所具备的核心特质是一套专业知识和一个服务的理想。从历史上看，以

① [美]帕克·帕尔默：《教学勇气——漫步教师心灵》，吴国珍等译，199 页，上海，华东师范大学出版社，2014。

② [日]佐藤学：《教育方法学》，于莉莉译，91 页，北京，教育科学出版社，2016。

此形象为主的技术性实践满足了热衷追求效率优先的教学系统开发及普遍性教材程序的开发的需求，并据此实现了教师教育的制度化。然而，在学校教育的过分制度化、划一性与效率性受到批判，人们对个性化、创造性的教育热切期待的今天，可以说技术性实践的历史使命已经终结，技术性实践的枷锁需要冲破。这种对于教师专业属性的理解，是从比较中(医生、律师等地位较高的职业)寻求相似性，基于相似性确定发展路径和教师形象，是一种外在于教师职业特点的应然推断。技术熟练虽然会给予教师一种安全感，使教师有足够的自信，但在获得这种安全感的同时，却摒弃了教育生活的整体过程。欧美国家对教师专业属性的研究，经历了一个由专业化到专业发展的转向，有其批判反思和扬弃。然而，教师专业化和教师专业发展的概念传到我国后，我们对其缺乏思考和论证，缺乏由专业社会学转换为教育学视角的自觉探索①，更缺乏在实践领域的热情回应，反而在此过程中让教师迷失了方向，忽视了教师真正的内在需求。

(二)反思实践者

反思实践者的形象背后不是相应的现代科学知识的支撑，而是问题解决之后形成的实践性学识，是通过调动经验所赋予的缄默知识来省察问题，在同情境进行对话的同时展开反思性思考，并同对象一同合作，解决复杂情境中产生的各种复杂问题。这种对反思性实践活动过程的省察不仅注重构成技术性实践基础的原理与技术的严密性，而且尊重这种省察及其与现实问题的联系。② 从这种立场出发，教师的教育实践不再是单一的知识、技能的传授和训练，而是教师处于复杂的教育情境中，与学生建立良好的交往关系，通

---

① 20世纪90年代以来，尤其是基础教育课程改革以来，教师专业化和教师专业发展备受关注，为教师教育研究开辟了一个新的方向。各种言说方式，或者肯定教师专业的特性，或者否定教师专业的特性；或者重视教师的个体发展，或者重视教师的群体发展；或者肯定教师发展的主体性和内在过程，或者强调教师发展的外在条件；或者重视教师的权力地位，或者重视教师工作的专业特性。这些研究从不同的侧面对教师职业的专业性质及专业面向做了一定的论述。但是这些论述既没有实现教育学视角的转向，也远离教师的实践，使教师在专业发展的道路上饱受折腾。精英主义、学科主义和功利主义在强势的文化话语中往往让教师迷失了方向。参见朱晓斌：《教师与学生情感行为的发展》，前言8页，北京，教育科学出版社，2014。

② ［日］佐藤学：《教育方法学》，于莉莉译，90～91页，北京，教育科学出版社，2016。

过实践性学识帮助学生解决困扰他们的问题。这些问题既有学习方面的，也有生活方面的。教师作为当事人，是具有主动性和为自身负责的问题解决者。罗杰斯运用“当事人中心治疗”的理论，来说明一个主动自愿前来寻求帮助以解决问题的人。① 这种立场使教育的内涵得以拓展，使传统的关心和照料的含义重新进入教育者的视野。因此，这种逼近是基于学生的立场，是基于问题解决的立场。它让教师置身于学生活生生的复杂的泥沼般的问题情境中，要求教师从知识、技能的传授转向问题解决过程中的洞察、省察、反思、实践，要求教师在问题解决过程中逐渐生成实践性认识，培养教育机智，实现师生的共同成长。区别于技术熟练者的专业知识，这种通过存在论逼近所获得的实践性学识具有情境依存性、经验性、熟虑性、综合性的性质，是教师用自己的生命与学生相处时积淀起来的，是生命情感的结晶②，更能够体现教师的专业性。正如佐藤学所言，正是因为技术性实践这种宿命般的客观情境的复杂性、问题的复合性和技术的不确定性，才使教师这一职业可能成为新的专业职位。③

对比上述两种关于教师专业属性的理解，本书认同反思实践者的形象。因为反思实践者的教师形象是基于对专业领域中技术理性的批判而提出的。所谓实践性学识，不同于技术熟练者的效率性和有效性，它是教师与学生在相互展开反思性思考的教育过程中生成的，是教师与学生彼此互为主体展开探究活动的教育教学结果。教师的专业属性应该体现在师生共同生活的过程中，是教师运用自己的经验在教育情境中进行反思实践的过程，而不是技术操作或运用的过程。如果教师个体的内在情感、态度、价值观没有发生变化，那么反思不可能真正发生。在这一过程中，面对真实的事件，教师或者根据经验中相关事件的想象来观察，或者根据自己的理性来观察，或者根据经验中的效用关系来观察，或者根据生命冲动的要求来观察。无论哪种形式，都是教师作为主体的能动建构。④

---

① [美]卡尔·R. 罗杰斯：《当事人中心治疗：实践、运用和理论》，李孟潮、李迎潮译，460～461页，北京，中国人民大学出版社，2004。

② [日]佐藤学：《课程与教师》，钟启泉译，271页，北京，教育科学出版社，2003。

③ [日]佐藤学：《教育方法学》，于莉莉译，92、160页，北京，教育科学出版社，2016。

④ 朱晓斌：《教师与学生情感行为的发展》，10页，北京，教育科学出版社，2014。

第二节　理解优秀教师的情感

研究的立场决定研究的旨趣。基于前文对教师专业属性的立场的认识，本书认同反思实践者的教师形象。作为反思实践者的教师，其教学和育人活动不单单是技术性的，而是教师高度主体性地参与问题情境，与学生形成活跃的关系，有兴趣和能力解决学生的问题，并以此为成就。基于这一立场，优秀教师的情感是在与学生、学科、同侪的关系中的“情动”的实践，是个人生活史中情感经验的不断积累、改组，同时受到“文化—社会”因素的影响，逐渐生成一定的情感品质和情感能力。

一、关系性存在中的“情动”

从生活实践的角度来看，人不是由某种先验的抽象本质所规定的存在，人其实就是他的现实生活。生活不是独立自成的，也绝不可能是固定不变的。生活中的人必定要与其他人和万事万物发生联系，从而产生互动的人、关系中的人。实践是人的本源性的存在方式，而创造性、超越性、关系性是实践固有的本性。人的存在就是共在、共生，这种共在性的关系实际上是一种独特的、创造性的个体存在之间的相互依存和融合。① 所有的人作为真实的自我，都必然是关系中的自我。但是，具体的关系往往具有偶然性，我们需要探讨人的关系的具体特性。描述自我不能只谈理性或选择，但时代和文化也不能囊括自我的全部内容。所有的自我总体上都是在具体的关系中形成的。② 对于教师而言，更是如此，正如马丁·布伯(Martin Buber)所言，教育的核心在于关系。

(一)师生共在的情感生命

师生关系是教育中最为核心的关系，狄尔泰早就认为要使教育学成为科学，只有从教师与学生的关系去描述才有可能。教师对于学生来说有着多元的角色、多重的关系，但核心是人的关系、人道主义的关系和彼此尊重、关

① 鲁洁：《回望八十年——鲁洁教育口述史》，249、256页，北京，教育科学出版社，2014。

② ［美］内尔·诺丁斯：《始于家庭：关怀与社会政策》，侯晶晶译，93页，北京，教育科学出版社，2006。

心的关系。这种关系是“师生心灵的约会”与“情感的交融”。关爱、尊重、呵护而不伤害，使学生产生安全感、信任感，是帮助他们抵御不确定的社会风险的“疫苗”和“保护壳”。教师关心的是学生的真实需要，而且关心是双向互动的，能够经受实践与时间的检验。

海德格尔认为，关心是生命最真实的存在，我们每个人都有关心的需要，也希望自己有能力关心别人。诺丁斯认为，关心最重要的意义在于它的关系性。如果我们真的关心一个人，而不是出于功利的考虑，那么我们就会倾听他、观察他、感受他，愿意接受他传递的一切信息。真正的关心是对被关心者的“在意”(caring about)，是一个人对他人“融人于己”式的关注与呵护，是“帮助他人实现自我”。双方始终存在于由关心者和被关心者共同构成的“关心—回应”的链环中。① 这就意味着“我在这里，你可以呼唤我”，教师可以倾听、帮助、保护和引导学生。布伯认为，这是关系最重要的基础。“因为这个人的存在而信任这个世界——这是教育关系最内在的成就。因为这个人的存在，无论虚无如何占据你的内心，也不可能是一片渺茫。因为这个人的存在，在黑暗中仍有光，在恐惧中仍有救赎，在同胞们的麻木中仍有大爱。”②因为教师的存在，学生得以获得安全感、信任感。真正的教师即使在物理上缺席，但也会远远表现出在场的迹象：专注于学生，尊重和渴望学生的幸福。③

如上所说，关心意味着走出自己的个人框架而进入别人的框架，自己心中“充满他人”。当我们关心别人时，我们参考别人的思考角度、他们的需要和他们对我们的期望。我们专注在被关心者的身上，而不是我们自己。然而，我们行动的理由必须同时考虑他人的需要和渴望，以及他们的问题困境的客观成分。④ 教师职业本身就具有这样的特点，教师需要进入学生的个人生活，与其保持密切的关系，方可在这种关心型关系中相互影响。因此，“去关心”意味着根据情感和尊重去行动而非根据既定的原则。正如诺丁斯所言：“活着

---

① [美]内尔·诺丁斯：《幸福与教育》，龙宝新译，11 页，北京，教育科学出版社，2009。

② [美]内尔·诺丁斯：《幸福与教育》，龙宝新译，24 页，北京，教育科学出版社，2009。

③ [美]内尔·诺丁斯：《关心：伦理和道德教育的女性路径》第 2 版，武云斐译，10 页，北京，北京大学出版社，2014。

④ [美]内尔·诺丁斯：《关心：伦理和道德教育的女性路径》第 2 版，武云斐译，11 页，北京，北京大学出版社，2014。

的人永远比任何理论重要。”①我们不依赖某种特别的书籍来引领我们对关心问题的探索，我们运用榜样、对话、实践和求证。②“询问—对话—反思—回应”本身就是教师专业属性的具体体现。教师作为关心者，不应该在抽象的原则或者实体中寻求安全感，而是承担对被关心者的当下的责任、对情形的当下的责任，以及对自己和被关心者所规划的可预见的未来的责任。③ 如果学生爱和信任教师，他们就会渴望与教师亲近，总会想办法为他做点什么，总是试图建立或回应这种关心型关系。正如前文提到，学生会塞给曹老师一袋牛奶等。这意味着学生有着独特的爱的能力。在发展可持续的推理能力之前，学生拥有温情的能力、感受的能力和回报的能力，甚至具有利他的能力。他们感受到教师的关心，进而迫切想回应这种关心型关系。所以，教师不仅要关心学生，而且要让学生在关心型关系中感受、体验关心，进而学会关心。

教师需要调动整个身心，“融人于己”，与成长中的学生拥有一种“同在感”，以自己的现场感、亲历性来唤起学生的好奇心和探求欲，或者说他们彼此唤醒，彼此鼓励。④ 真正的教育存在于师生的共学、共事、共修养之中。师生有了同甘共苦的经历，就能渐渐发生相亲相爱的关系。⑤ 倘若教师尽可能与学生保持密切的关系，学生就能得到更好的道德发展与智力发展。简而言之，学生在尽可能长的时间内与道德榜样相处，这个时候教师就在他们的

---

① [美]内尔·诺丁斯：《学会关心：教育的另一种模式》第2版，于天龙译，6页，北京，教育科学出版社，2011。

② 诺丁斯认为，从关心伦理的角度来看，道德教育不同于以往的普遍性的道德规范，应该包括榜样、对话、实践和求证四个部分。榜样作为关心者为我们演示了如何关心，而被关心者的我们因为有了被关心的经历，势必也想以关心者的身份对别人的需要做出回应，这是一种内心的道德反应。对话是双方追求共同理解、同情和欣赏的过程，是双方一起探寻一个在开始时不存在的答案的过程。实践是一种主观能动的建构，借由反思、回应、觉察等实现。求证是对他人行为的优点进行确认和鼓励，是建立在一种深刻关系之上的爱的行为。参见[美]内尔·诺丁斯：《学会关心：教育的另一种模式》第2版，于天龙译，38页，北京，教育科学出版社，2011。

③ [美]内尔·诺丁斯：《关心：伦理和道德教育的女性路径》第2版，武云斐译，29页，北京，北京大学出版社，2014。

④ 刘云杉：《从启蒙者到专业人——中国现代化历程中教师角色演变》，197～198页，北京，北京师范大学出版社，2006。

⑤ 刘云杉：《从启蒙者到专业人——中国现代化历程中教师角色演变》，96页，北京，北京师范大学出版社，2006。

道德发展中占据了最有利的位置。① 没有师生间的这种共在感，真正的精神交流、真正的人格教育就不可能实现。教师需要站在学生的立场，与学生相似，并做同情性理解，设身处地替他们考虑，真心希望他们好。教师与学生有了这种联结，有了对彼此生命的理解，有了那种悲天悯人的情怀，教师也就会变得敏感、细腻，自然就会找到解决问题的方法。但是很多教师意识不到这一点，过多地向外寻求知识、技术和方法等，唯独意识不到其实自己缺了一颗热爱学生的心。如果每位教师都能够像苏霍姆林斯基一样“把整个心灵献给孩子”，像陶行知一样“爱满天下”“捧着一颗心来，不带半根草去”，那么教师就是生命型教师、情感型教师，这样的教师难道没有专业性吗？

教育本身就是一种“情动”的实践。就教师的工作性质而言，正如“投出去终将要返回的飞镖”那样，教师的工作是能够获得丰厚的心理回报和满足感的。② 当然，这取决于教师的情感投入及关系的建立。教师的工作是将自己的力量倾注在学生的身上，为每一位学生投入希望。③ 教师的情感投入是基于对生命的理解、对生命成长的期待，是基于自己作为教师的职责要求。情感投入并不期待什么现实的回报，只是生命进入的一种状态。当然，学生作为被关心者如果能够体认教师的情感投入，感受到教师的真心付出，那么他们就会在言语上、行动中和内心真诚表达自己的感谢或以实际行动来回应教师。当学生成长并表现出学习的兴趣时，当他们向教师表达自己的感谢时，一种生命影响生命的过程得以实现，教师就会自然生成一种成就感、满足感、延迟的幸福感④，感慨“一切付出都值了”，感到生命处于一种完满的感动中。

---

① [美]约翰·I. 古德莱德、[美]罗杰·索德、[美]肯尼思·A. 斯罗特尼克：《提升教师的教育境界：教学的道德尺度》，汪菊译，119页，北京，教育科学出版社，2012。

② [日]秋田喜代美、[日]佐藤学：《新时代的教师》，陈静静译，11页，北京，教育科学出版社，2013。

③ [日]秋田喜代美、[日]佐藤学：《新时代的教师》，陈静静译，11页，北京，教育科学出版社，2013。

④ 教师会体验到因生命的渴求而产生的心灵上的依赖感。这样的互属关系会让人感觉充满活力和创造力，感觉生命因而变得丰盈充实，会让人觉得生命那簇微小的火苗仿佛因为另一个人的加入而燃烧得更加旺盛。教师将此过程视为一种无悔的选择。例如，特级教师于漪将学生的成长视为对自己最大的奖赏，能从学生的成长中体验到一种成就感、满足感和幸福感。她充满激情地说：“作为一名真正的教师，是用生命在歌唱，用生命在实践……假如我有第二次生命，我仍然毫不犹豫地选择教师这崇高而又神圣的职业，因为给永远比拿愉快。”参见于漪：《于漪语文教育论集》，714页，北京，人民教育出版社，1996。

(二)与学科、知识的情感联结

学科、知识是教师专业发展的知识基础，是教师作为知识传递者所必须具备的基础性条件。从欧美国家教师专业发展的探索实践来看，许多研究者试图通过学科、知识的科学化和专业化来实现教师职业的专业化。这样一种教师专业发展的路径是受到教育学与心理学的科学原理和技术所制约的，其背后的教师形象是技术熟练者。这种教师专业发展的路径虽然强调了学科、知识的重要性并将此推向极致，却忽视了最终的目标指向——学生的成长与发展。本书并不否认学科、知识的基础性作用，但它们只是手段，并非是最终的目的。由此，我们需要认识到，教师与学科、知识的关系的最终指向，是为了学生更好地发展。

对于教师而言，他们需要把握每个学科背后的格式塔，建立起各种联系。联系越多，越有助于教师认识与理解这个学科。在此基础上，教师需要做的就是帮助学生建立与各个学科的复杂联结，唤起学生对这个学科的兴趣。有了学习的兴趣与动力，学生就能主动探索各种联系，此时教师只需要为学生提供各种支持。教师可能会先于学生认识这些联系，也可能在某些联系上的认识不如学生。那么，教师应该以怎样的态度去帮助学生认识、发现这些联系呢?

在客观主义者看来，在知者和已知事物之间，任何要求主观介入的求知方式都是简单的、不可信的，甚至是危险的：把直觉当作没有理性加以嘲笑，把真实感情当作多愁善感而不加理睬，把想象看作混乱的、难控制的，把讲故事贴上个人化和无意义的标签。对认识自我和已知事物都充满恐惧的客观主义，使自我与世界的关系疏远，使教师与学科、学生和自己的关系出现畸形。而且，这种认识方式不能令人信服地说明认识过程实际上是如何发生的，即使对科学本身的核心内容也是如此。① 认知与情感并非是二元对立的，而是融合在一起的。舍弃情感的认知，是不可能真正认识伟大事物背后的复杂联系的。2006 年，欧盟专家组提出了“学会学习”能力的“认知—情感”二维概念框架。之后，欧盟委员会终身学习研究中心对这一框架进行了修改，形成了“认知—情感—元认知”的三维概念框架。其中，情感维度包括五个子维度：

---

① ［美］帕克·帕尔默：《教学勇气——漫步教师心灵》，吴国珍等译，46、48 页，上海，华东师范大学出版社，2014。

学习动机、学习策略和对待变化的取向，学业上的自我概念和自我评价，学习环境，对来自重要他人的支持的感知，学习关系。① 所以，我们重视情感在学科、知识中发挥的重要作用。

教师需要认识到，学生认识世界是从认识人开始的。教师对知识的迷恋会使学生折服。如果教师想成为受人尊敬的人的话，那么就要做学生在真理面前的引路人，和学生一起去发现真理。一位只会向学生灌输现成的知识，要求背熟的教师，一定会让学生感到伤心，然后便是内心的愤懑。需要注意的是，教师的智慧不只是在检验学生的知识时才会在他们的面前展现。教师利用自己的智慧过多地强调学生的无知，或者在他们面前显示自己的优势，再也没有什么比这更为有害的了。教师的智慧不是堵塞道路，而是开拓道路，照亮一条知识路。教师要善于安排学生的智力劳动，让他们感到他们跟教师在一起会变得聪明一些，每增加一点新的知识都会使教师高兴。②

所以我们要意识到教师与学科、知识之间的情感联结的重要性：教师对教学的认真负责、一丝不苟的治学态度和精益求精的工作作风以及对所教学科的热爱与沉迷，对知识的钻研、花时间去涉猎、持续学习，对真理的探索、热爱和维护，对偏见和谬论的鄙弃和厌恶，对学科的情感价值观的理解、认识及运用，都能感染学生，增加学生的理智感，激发学生的求知欲望。教师在任何场合中所表现出来的深刻而正确的道德感和道德情操，对祖国、大自然和社会生活的浓厚情感以及对艺术作品的审美感，都会影响学生的情感发展。

因此，在教育教学活动中，教师需要敞开自己与学科、知识之间的情感联结，并在敞开的过程中帮助学生获得或重拾生命与知识的联结。教师对学科内容和教学内容有兴趣甚至热爱，能自然感染学生；教师对知识背后的方法、价值观和知识产生的过程有深刻的理解，能用个人的方式表达、传递出教材的情感内蕴；教师要善于设置必要的情境，激发学生的兴趣，将学生带入积极学习；教师在创设环境或空间时要关注学生情感的正面发展，使学生感受到安全、平等、开放、信任和鼓励的情感氛围；教师选择的教学组织形式要符合学生的学习心理，教师要能较好地驾驭小组学习、探究式学习，促进

---

①　鲍银霞：《欧盟“学会学习”能力监测进展评介》，载《上海教育科研》，2014(3)。

②　[苏联]B. A. 苏霍姆林斯基：《怎样培养真正的人》，蔡汀译，142～143页，北京，教育科学出版社，1992。

学生积极投入学习；教师对教材、教学组织、教学设计、学生随机表现的应对等表现出关怀、欣赏、宽容、尊重的态度；教师具有个人风格的带有情感性的口语和肢体语言表达要能够引发学生的情感共鸣。

(三)教师同侪的支持互助

教育者劳动的个体性和教育成果的集体性的特点，内在地要求教育者之间通力合作——保持教育影响的一致性，整体促进学生的发展。如果教师之间的关系处于紧张、对立或各行其是、各搞一套的状态的话，就会破坏教育工作本身的统一性，分散教师的注意力，离散教师的教学育人的目标。同时，在复杂的教师职业劳动中，教师之间仍然会产生各种实际的矛盾。例如，由教师的劳动分工产生的矛盾，即每位教师只对自己担负的特定任务负责，容易忽视或否定其他教师的作用；教师之间因在年龄、个性、知识水平和工作经验等方面的差异而形成的矛盾；教师面对切身利益互不相让、都想得到好处而不顾他人时产生的矛盾；教师因旧社会形成和积淀下来的传统习气，如“同行是冤家”“文人相轻”、知识私有、信息封锁等的影响而产生的矛盾。[①]这些矛盾的存在与解决迫切要求教师同侪的团结协作。

教师同侪的支持互助有助于教师个体的专业发展。在相对封闭和孤立的状态下，每位教师的天赋的发挥都会受到限制，显现出生命内涵的贫乏。在团结协作的关系和活动中，由于相互之间的激励，教师更容易表现出在个人独处时难以拥有的独特性。越是具有独特性的教师，越是愿意寻求建立团结协作的关系，因为团结协作的关系有助于教师个体创造性的激发与发挥。同时，教师同侪的支持互助也是产生工作、生活乐趣的源泉。个人独处时虽然也会进行个人感兴趣的活动，但是工作显得沉重、劳累，容易导致精神上的疲劳、倦怠，生活显得单调、枯燥，缺乏生机。团体协作中的相互讨论、启发、帮助，会使劳动变得轻松有趣，使单调的生活变得丰富多彩。在团结协作的关系情境中，教师个体才会获得诱发和唤醒生命感动的机会。当一位教师周围的关系世界逐步扩展和他本人对这种不断扩展且日益复杂的关系世界的融通性不断提升的时候，他的独立性和对其他教师的依赖性也会辩证地增强。他会逐渐领悟到在社会、人际、心灵之间存在相互冲突，也存在相互融

---

① 朱小蔓等：《教育职场：教师的道德成长》，133～134 页，北京，教育科学出版社，2004。

合；他照应周围同侪的意识日益明晰和强烈，从而生成一种与同侪相互依存、互惠共生的道德智慧。①

可见，教师同侪之间的联结与互助是教师专业发展的重要保障。从教师学习和发展的角度来看，学校本身就是学习者的共同体。促进专业群体互动成长的同事关系的形成，是创造学习共同体的学校值得关注的课题。佐藤学通过大量的研究发现，这种同事关系是教师旨在改进教育实践而在学校中形成的合作关系。他认为，学校成功的决定性因素在于促进教师专业成长的合作关系的形成；教师专业成长的决定性因素也在于校内教师的合作关系的形成。学校专业共同体的成熟度和这种共同体所拥有的专业文化的成熟度，是教师成长的最大障碍。② 正是教师之间的反复对话和交流，不断深化着教师的反思性实践。

新时代的教师，需要进一步开放自己，加强与同侪之间的联结，不仅为了教师个体的专业发展，而且为了学生最终的发展。我们从个人的尝试和错误中成长，但是如果没有一个共同体支持我们去冒险，我们去尝试和承受失败的意愿就会极度有限。③ 所以，通过教师同侪的支持互助，我们可以更多地了解自己和教学。这样的过程能够建立教师同侪之间的职业生命的联结和专业知识与生命的联结。另外，教师同侪也是一个情感的共同体。在这个共同体中，教师面对同样的困境，感受着因职业的无边界性带来的烦乱感、压力感和消耗感，感受着因职业的回归性带来的延迟幸福感和成就感。良好的教师同侪关系不仅有助于教师积极、正向情感的建立，为教师带来归属感、安全感，而且能够帮助教师调适情感状态，提供情感补给，增强情感能力。

二、良善的人性情感、人文情感及职业情感的复杂交织

人在本质上是一切社会关系的总和。每个个体正是在各自的关系性存在和“过去—现在”的时间链条中，不断积累和生成着自己独有的经验感受，走向独特而崭新的自己。如果说教师情感是关系性存在中的情动实践，是从横

① 朱小蔓等：《教育职场：教师的道德成长》，128页，北京，教育科学出版社，2004。

② [日]佐藤学：《课程与教师》，钟启泉译，80、248页，北京，教育科学出版社，2003。

③ [美]帕克·帕尔默：《教学勇气——漫步教师心灵》，吴国珍等译，138页，上海，华东师范大学出版社，2014。

向的维度去理解教师情感的本质内涵的话，那么教师情感是对情感经验①的不断改造、重组，是从纵向的维度去理解教师情感的孕育和生成过程的。

(一)童年时期孕育的人性情感

人类大脑的发育依赖于基因信息和生活经历的共同作用。虽然基因决定了大多数神经元的联结方式，但生活经历通过激活基因的表达影响着这种联结过程的发生。“婴儿大脑的欠发育意味着生活经历将在大脑各种功能的形成上起到极其重要的作用。而且，经历甚至会影响大脑的构造，这种构造决定了人们对生活经历的感知和记忆方式。”②两种主要的脑内联结生成了两种记忆形式：内隐记忆和外显记忆。内隐记忆是早期非语言记忆的一种，自人们出生起就存在并活跃一生。内隐记忆可以引起大脑某些特定回路的反应，包括基本情绪、行为反应、认知观点，还可能涉及身体感觉的编码系统。我们的大脑能够在不知不觉的情况下对内隐记忆进行编码，无须有意识记忆。内隐记忆的心理模式可以对重复的经历做出反应。比如，儿童与依恋对象多次接触后在大脑中建立起依恋感，以后再遇到困难或伤痛时，会主动寻找依恋对象获得安全感。伴随大脑海马的发育，外显记忆逐渐建立。外显记忆包括语义记忆和自传记忆，前者在1岁半左右产生，后者在2岁之后产生。无论哪种记忆的提取和编码过程，都需要意识介入。特别需要指出的是，自传记忆具有一种自我认知感和时间感，这与前额叶皮层有关。前额叶皮层位于上层脑皮层的最前部，对于包括自传记忆、自我意识、反应能力、直觉预警和情感调节在内的多种大脑活动都非常重要，而这些大脑活动正是由依恋情结决定的。它的发育较易受人际关系的影响，这就是为何幼年时期与别人的关系，特别是依恋感会影响人的一生。③

---

① “情感经验”中的经验，不同于“逻辑—认知”教育中的经验，是人直接体验的生活，是人在逻辑思考前与外部世界的存在上的统一状态。它不仅通过记忆和体验保存人生的价值和意义，而且随着记忆进入人对生活的理解，随时影响个人对生活的认识。参见朱小蔓：《关注心灵成长的教育——道德与情感教育的哲思》，283页，北京，北京师范大学出版社，2012。

② [美]丹尼尔·西格尔、[美]玛丽·哈策尔：《由内而外的教养：做好父母，从接纳自己开始》，李昂译，23页，杭州，浙江人民出版社，2013。

③ [美]丹尼尔·西格尔、[美]玛丽·哈策尔：《由内而外的教养：做好父母，从接纳自己开始》，李昂译，14～17页，杭州，浙江人民出版社，2013。

依恋的相关研究表明，依恋是经历的结果，而不是学生天生的一种特征。依恋感能够在情绪调节、思维产生以及与他人的情感联结上形成高度灵活的适应能力。学生为应付家庭、学校等环境所采用的适应模式，同样会被运用到家庭之外与其他人的关系上，以后他们与外部环境的互动会加强这种适应模式，并使其长久地存留下来，最终变得根深蒂固。如果自我理解所需要的神经机制的发展受限，那么丰富自己的精神生活的能力就会受到限制，同时与他人的精神世界产生联结的可能性也会非常有限。① 如果在母婴的应答关系中，或者在学校师生的应答关系中，没有建立健康的依恋关系，学生不但会将正当地表达情感的需求错误地消退，而且有可能形成情感缺乏人格，会对日后社会适应性构成严重障碍。②

每个个体正是在依恋感、归属感、认同感以及同情、分享和友谊感的基础上，才有可能进一步生成责任感、使命感、敬畏感、崇敬感，以及由于不断地进行道德反思而升华出的道德尊严感和人生幸福感。这些情感体验在家庭教育和学校教育中都会出现，需要及时发现、及时应答，特别是要在生命早期就加以关注，使其在人的发展过程中得以扎根、孕育、萌生和生长。③个体的早期生命经验和生命经历，与个体所在的家庭生活经历及最早的重要他人(如父母)密切相关，它既是时代和文化的缩影，也会影响生命早期的情感体验及情感发展。通过家庭生活和重要他人的“过滤”，个人与时代、社会相联系，获得一定的情感经验。早期的关爱、温暖、安全、和谐、依恋等情感的应答环境和生活经验有助于促进个体积极情感的发展和社会性发展。如果那些积极的情感倾向得到保护并获得发展的、积极的条件性支持，那么对于个体后来生活中复杂情感的发展和对情感经验的主动选择等都具有重要的生物学意义。

人际神经生物学的研究带给我们最主要的启示是，生活经历会影响大脑神经元的联结，进而影响记忆方式、思维方式；思维方式也会影响经历，通过不断反思，我们会慢慢成长，会加深自我认识，这些又可以反过来提升自

① [美]丹尼尔·西格尔、[美]玛丽·哈策尔：《由内而外的教养：做好父母，从接纳自己开始》，李昂译，124页，杭州，浙江人民出版社，2013。

② 朱小蔓：《关注心灵成长的教育——道德与情感教育的哲思》，64页，北京，北京师范大学出版社，2012。

③ 朱小蔓：《关注心灵成长的教育——道德与情感教育的哲思》，14、64页，北京，北京师范大学出版社，2012。

我感知的能力，增加我们的敏感度。因此，如果给学生提供一种互动和反思的外在经历，能够使学生的大脑朝着社会化的方向发育。基于过去经验的“被动回应”模式与基于过去经验反思的“主动回应”模式，无论哪种模式都要求正确处理过去经验并适切地回应。我们既要尊重学生“联结—独处—再联结”的自然变化和需求，也要对这种需求给予适切的回应。如果学生因为生命中重要他人的冷漠回应而使联结需求没有得到满足，他们就会感到疏离和孤独。学生的情绪机制一旦形成，就会产生与他人进行联结的需求。在学生最需要联结的时候，他们对其他人的冷漠回应也最为敏感。在日常教育实践中，多数教师都不太会留意学生表达出的信息，因为学生所发出的信息的真实含义往往不明显，我们理解它或许需要对信息进行“解码”。然而，教师的心总是被自己的想法和感受占据，或者因为缺乏对情感的重要性的认识，错失了适时回应的良机。岂不知，教师的专业性不仅体现在教师的知识、技能层面，而且体现在教师的情感联结—回应方面。毕竟，教师职业是一种情动的实践。

人的情感正是在联结—回应的过程中逐渐走向成熟、丰富的。在第二章中，本书通过对优秀教师早期生活史的回溯，已经意识到生命早期的情绪、情感孕育发展的本体论意义及其重要性。我们需要呵护、关爱生命早期的基础性情感，为其发展创造良好的情感环境和情感氛围。家庭、学校等学生早期的成长环境应该是一种惬意的、温暖的环境，符合他们对美好事物的期待与想象。其他那些吻合于自然生命和精神生命生长的正向情感，如被自我意识唤起的意义感、成功感、价值感、幸福感等，将有助于人的情感品质的发展。对于那些不利于自然生命和精神生命成长的负向情感，如自卑、怯懦、焦虑、害羞、羞愧、悲伤等，虽具有正向价值，但在童年生活期也不适合长久地持存，否则将严重影响人的性格和人格。

世界是一种包括人类经验在内的相互联系的现实存在。人只有通过仔细深入的研究才能获得更为深刻的认识。实际上，探讨教师情感，就是整体研究、体认这种联结感。情感凝聚了整体的各种联系，使我们可以更好地认识整体。对于自己的早年经历，我们如何看待？是否认真反思其内在联结并妥善处理？在现实生活中，我们对与学生的关系的处理是否会使我们反思师生之间的情感应答关系？因此，教师需要回溯自己童年的经历，建立起早期情感体验与后期专业发展之间的联系，从而更好地从情感维度或视角整体反思和建构自我经验模式基础上的专业发展。

（二）职业生活中的情感发展

生活的常态就是酸甜苦辣咸，喜怒哀乐惧。我们身处其中，每天体验着各种各样的复杂情感。正是因为五味俱全，我们的生命过活才有滋有味，丰富多彩，精神才日渐丰富。教师正是在经历矛盾，产生冲突，发生情感困顿、纠结、深思的过程中，才日渐产生深刻的情感体验，使情感走向成熟。生命早期的联结—回应为情感的孕育和发展奠定了良好的基础。进入职业生活，面对教育实践，教师的情感在反复的螺旋上升中逐渐走向成熟。

在第四章中，本书对教师在不同发展阶段所面对的问题情境及所产生的情感做了简单分析。在适应阶段，教师的情感呈现出矛盾对立的特点，既有进入职场的喜悦感，又有担忧自己能否适应的危机感；既有新教师面对学生特有的亲切感，又有面对复杂问题的无措感；既有想尽快适应环境、进入状态的归属感和摆脱危机的安全感，又有专业储备不足的焦虑感和所学难以所用的无助感，以及职场工作的忙碌感和重复劳作的消耗感。在这一阶段，教师的情感虽是“五味杂陈”，但是却对安全感和胜任感具有强烈的需求。在胜任阶段，教师因为关注教学使自己的教学能力得到提升，获得一定的胜任感、确定感和从容感。虽然无适应阶段的危机感，但是风险期仍伴随很多紧张和不安。教师正是在一次次解决这些问题的过程中，历经情感的波荡起伏，逐渐走向成熟阶段。在成熟阶段，教师显然能智慧应对教育教学的复杂问题，能深入理解教师职业的特点，能融洽地与学生相处，因此能够体验到教育教学的成就感、幸福感、意义感、价值感及存在感等。同时，中年期的危机及教师工作的无边界性等特点，使教师不可避免地会体验到职业的倦怠感、烦乱感、压力感和消耗感等负面情感。可见，成熟阶段并不是真正的“成熟”，还有待自我更新。这需要教师勇于面对自己的过往，以专业发展为指向，对遇到的问题予以全面、整体的反思。在反思实践中，教师不断确证，将情感再度深化，引向成熟。从上述不同发展阶段的教师情感的特点来看，我们可以感受到教师在职业生活中的情感起伏：时而会跌入低谷，体会到低谷的经验；时而又会感受到上升的力量，内心充满愉悦与幸福；时而又要面临抉择的困境，忍受抉择之苦；偶尔也会享受到马斯洛所说的高峰的体验，幸福喜乐充实心间。正是这些不同的生命体验，丰富了教师情感的内涵，推动、促进教师的专业发展。

职业生活中的教师情感何以生成？从情感发生的角度来看，大致有两种机制：一种是情意感通机制，另一种是需求冲突机制。情意感通机制，是以教师获得共通感、同情心、敬慕感为主要标志的。所谓共通感，不再是一种纯粹的规定性。他者是一个个有限的理性存在者，我们首先是与他者共处在世界中一同领悟着、感受着。人同此心，情同此理，这样方可获得对他者的体认。我们朝向他者的反思，就是体会他者的领悟；我们在对这些不同感受的体会中，获得对于思的规定。所谓规定、意义，其实就是我们通过生活本身和与他者的共处感悟出来的。现在，我们获得了规定，而规定就是对于思的规定，通过思而将自身显现出来，投入我们所生存的世界。然而，投入世界即对自身的消解，这使共同的情感作为反思再一次使我们获得了与他者的联系，获得了创生的可能性。正是通过一次次的生成与消解，我们的情感得以不断丰富、深厚。共通感在载负着历史的厚重中前行。① 教师正是在与学生、同侪的共处中获得联系，反思自身，在思与反思的循环往复中和不断生成与消解中，将自己的情感逼向深处。

如果说情意感通机制是教师主动建构和生成正向、积极的情感的话，那么需求冲突机制是教师面对需求冲突时进行较量而生成和发展内在的情感。每位教师的情感都是一种复合性的情感，这其中既有人类共同的情感基础，又有因职业需要而产生的职业情感。不同情感之间会产生矛盾、冲突，也正是在这种矛盾、冲突的循环往复中，情感才逐渐走向成熟。我们并不反对负向、消极情感，相反，认为像羞耻感、内疚感等道德焦虑是个人自我完善和修养的重要基础。② 正所谓“没有否定的情感，就不可能有肯定的情感”③，不经过否定的过程，“肯定的情感”的内涵也难以丰富。因此，我们拒绝非此即彼的思维方式，我们希望采取统合的、复杂的思维方式来完整地认识事物。④ 虽然教师会不可避免地面对这些冲突与选择，会心存恐惧，但不必置身心于自己的恐惧之中——因为自己内心世界的景观中还有自己表达和行动的天地。

① 卢春红：《情感与时间——康德共同感问题研究》，7页，上海，上海三联书店，2007。

② 朱小蔓：《关注心灵成长的教育——道德与情感教育的哲思》，71页，北京，北京师范大学出版社，2012。

③ [苏联]B. A. 苏霍姆林斯基：《怎样培养真正的人》，蔡汀译，33页，北京，教育科学出版社，1992。

④ [美]帕克·帕尔默：《教学勇气——漫步教师心灵》，吴国珍等译，79页，上海，华东师范大学出版社，2014。

负向、消极情感的存在，既证明了正向、积极情感的价值，也表达了教师内心对渴望相互联系的需求。因此，我们需要用爱来取代恐惧。① 教师的爱具有包容性，能够化解已经产生的负向、消极情感，也能够使原有的情感经过冲突之后变得更加深刻、醇厚。教师的情感正是在一次次的冲突、较量和抉择之中不断历练得以升华的。教师面对学生时的情感识别、表达、回应及调适的能力，都是教师多年从教生涯中肯定和否定的情感不断交融、碰撞的升华。没有这些情感经验的累积与发酵，难以生成教师即时的教育机智。

通过情意感通机制和需求冲突机制，教师在职业生活中得以积累丰富的情感经验。这些情感经验是个体在特定的文化环境和生活经历中长时间沉淀积累下来的，日后遇到相似的环境条件的满足或者刺激，就会被唤醒、激活。情感经验既不是个体依靠概念或理智，也不是依靠识记、背诵或归纳总结形成的，而是在时间的链条和情境中个体不断感受、体验并沉淀内化形成的。人类在长期演化中，有两种记忆被保存下来：一种是语义记忆，另一种是场景记忆。后者给人时间的感受，把人们带到过去，更贴近人们的私己经验。② 这是因为，情感经历和神经调节回路参与记忆编码有关，具有私己经验的情感经历在日后被回忆起来的可能性很大。当情感回路在记忆编码中的参与程度比较高的时候，这种记忆单元的存储力度和存储的经历印象也就更强。情感上平淡无奇的经历不会被记忆编码，以后这些经历的细节也不容易被想起。③ 因此，教师职业生活中复杂情感是建立在私己情感体验的基础上，在教师与外部世界的即时互动以及生活阅历嵌植于神经回路中产生的。这种复杂情感的形成，既需要教师“此时此地”的自我感受和与他人的互动，也需要教师“心理上的时间之旅”，从而让教师在这样一种内在心理与外在世界的动态变化及互动中，形成一种“过去—现在—将来”的连贯一致且能够反思的亲历式自我。亲历式自我融入了自己已有的情感经验，并通过情意感通机制和需求冲突机制不断改造、重组已有的情感经验的结构和取向，从而生成新的情感经验。教师的情感正是在这样一种生成与消解的循环往复中走向深化、成熟。

---

① ［美］帕克·帕尔默：《教学勇气——漫步教师心灵》，吴国珍等译，51页，上海，华东师范大学出版社，2014。

② 朱小蔓、朱永新：《中国教育：情感缺失》，载《读书》，2012(1)。

③ ［美］丹尼尔·西格尔、［美］玛丽·哈策尔：《由内而外的教养：做好父母，从接纳自己开始》，李昂译，123页，杭州，浙江人民出版社，2013。

三、文化—社会境脉下的自主建构

人是一种能够反思自身存在且能够创造自身的存在方式的存在，人的存在所形成的是“生活”而不仅仅是“生命”。这里的“存在”(to be)就变成了有特征性的“to do”。“To do”的形式使生活不仅仅是个既定的生命过程，而是成为一个“不断成为着”的事业。① 教师情感既是个体生活史的经验累积与改造重组，也携带着历史—文化基因。教师情感正是主体在实践中融入个体新的情感经验，对已有的历史—文化基因进行融合创造的过程中得以不断生成、发展的。因此，对于教师情感，除了需要从与其职业相关的学生、学科、同侪的视角去理解，还需要从历史—文化—社会的视角去理解，在文化—社会境脉下去考察教师情感的独特性。教师情感不仅是一种关系性存在，而且是一种历史性存在。我们在特定的文化—社会境脉下考察教师情感，才能展现教师情感的真实、复杂的存在，认识影响教师情感的孕育、发展的诸多因素。忽视教师情感存在的文化境脉，等同于自行阻断历史—文化；忽视教师情感的丰富性、多变性和复杂性，难以更好地理解当下教师情感的真实存在。

(一)传统文化的影响

情感是与特定社会的独特文化密切相关的一种社会现象，是由特定社会的文化所塑造的，反映集体意识，又反过来影响特定社会的文化面貌和文化进程。基于遗传和文化，情感协助建立了一个人际、集体之间交互作用的系统，同时也被交往的礼仪和规范制约。事实上，任何智力活动或情感活动都是一种社会生活，其载体显示了它们赖以丰富、发展和升华的社会环境的存在。②

中华传统文化本身是一种“情本体”的文化，历来讲求人际的“情意感通”，包括人际的“推己及人”“亲爱泛众”“以友辅仁”“以德报怨”等，强调的是一种爱护、关怀、感恩、回报、体谅等基本情感的互动。个体的情感正是在此文化境脉下孕育、生成、发展和建构起来的。我们的情感具有社会性、伦理性，不是由人通过对道德规律的客观性的逻辑认知转化而来的，而是社会习俗熏

---

① 赵汀阳：《论可能生活》第2版，18页，北京，中国人民大学出版社，2010。

② [意]史华罗：《中国历史中的情感文化——对明清文献的跨学科文本研究》，林舒俐、谢琰、孟琢译，18～19页，北京，商务印书馆，2009。

习与理性思维积淀，所谓理性内化的产物。我国的文化强调仁性是一种伦理心境，是一种稳定的伦理情感，或曰良心本心。① 然而，传统文化过分重视情感上人际的和谐、相容，强调人情主义是情感文化的特征，这对我国近现代科学的发展和思维方式的现代化带来了消极阻滞的作用；传统文化过分强调情绪控制、抑制，强调情感表达的有节、含蓄和面部表情的掩饰、收敛；传统文化过分强调情从理出、情合于理。传统文化一方面忽视情感的自然流露、流畅表达和对不良情绪的疏导，另一方面又忽视情感世界的隐秘性、丰富性、复杂性和精神独处的自由。② 我国的教师不能敞开自己，与我国传统文化的影响密切相关。所谓敞开，就是把情感之类的主观精神表达出来。传统文化崇尚的是"热水瓶性格"，不大提倡通过姿态、表情，尤其是情感性词汇展现情感。邓晓芒认为，我们的表情，特别是在正式场合下的表情，往往是遮蔽性、防范性的，而不是表达性的，不是为了表情，而是为了隐情。③ 习惯于这种人与人之间的情感隐匿的教师，会不自觉地隐情而缺乏对学生情感需求的敏感，这样学生的情感需求自然也就无法得到满足。

同时，在传统伦理道德的差序格局之中，传统文化过于强调社会群体的情感，如义务感、责任感、敬业爱岗等，"先天下之忧而忧，后天下之乐而乐""天下兴亡，匹夫有责"等。对社会群体的情感的强调有其积极向上的一面，但也容易忽视个体的情感需要。其实，传统社会已经认识到情感的真实性，也承认情感的自然属性，但在行动层面，还是尽可能地要求将情感降到最低程度，并努力将情感的能量导入社会需要的语境。另外，情感必须被控制。这种控制在形成教养和经验的社会化过程中习得，教育每一个个体坚定地认同减少社会紧张关系的价值观念。一方面是人性和情感的联系，另一方面是道德法则和个体欲望的并置，这两种因素促使我们坚守这样的信念：我们应该让情感、欲望和激情服从更高层次的社会需求。既然如此，人道主义把人提升到参天地的高度，实现天人合一，把社会和个体精神紧密地联系在一起。④

---

① 朱小蔓：《情感德育论》，50页，北京，人民教育出版社，2005。

② 朱小蔓：《关注心灵成长的教育——道德与情感教育的哲思》，325页，北京，北京师范大学出版社，2012。

③ 邓晓芒：《灵之舞——中西人格的表演性》，17页，北京，东方出版社，1995。

④ ［意］史华罗：《中国历史中的情感文化——对明清文献的跨学科文本研究》，林舒俐、谢琰、孟琢译，182页，北京，商务印书馆，2009。

在我国传统社会中，自我并不与社会对立，而被视作社会的一部分；自我被定义为个体的社会角色的总和。在这种观念下，真诚意味着遵守礼仪；自我认定是一种自我本身和进入社会角色的自我行为的投射。人类的真实情感只能被视为主要的内在美德与情感的表现。道德成为情感世界的评判依据。因此，任何与基本需要和社会规范不一致的其他激情和欲望，都在某种程度上用注重实效和处境的方法被忽略、替代或压抑。我们把道德情感和美德习惯视作最主要的情感，普遍强调情感中的社会因素。情感并不是被压抑，而是根据社会需要被春风化雨般地“驯化”了：我们为情感的认知属性和动机属性提供了范式，以求重塑人们的思想意识和活生生的情感。因此，在我国的文化中，人们忽视任何“理智—情感”或“物质—精神”的主要对立，而关注使情感顺应社会的具体途径。“均衡—极端”成为问题的两极，既关乎社会责任，也关乎个体健康。一旦社会需要居于优先位置，自我成为社会性的自我，情感就很难维持自主性，从而被纳入道德领域。①

在西方，关于“灵魂”的探讨导致了理智与情感、物质与精神的对立；在我国，其他的二元对立屡见不鲜，如静与动、天理与人欲、性与气、道心与人心。我们关心的问题是，如何实现一种整体上的平衡？如何让心灵获得一种纯粹的、本质上的宁静？如何在外在刺激与内心冲动的交互作用下不失本心？我们的整体主义态度，既体现在世界观上，也体现在具体的人生观上，并影响着对自我和心理健康的理解。②

因此，具体到教师的情感，也同样如此。教师作为与“天、地、君、亲”并列的重要的社会群体，成为礼教的身体载体与人格化身，自然强调社会需要。在社会伦理和文化制度的要求下，社会的规范、价值对教师个体造成了压迫感，需要触及教师的内心，使教师愿意主动地接受，从而使教师劳动呈现出情感劳动的特性，但是情感劳动并不能完全展示教师工作的本真。对于我国的教师而言，深受儒家的“差序格局”和“推己及人”的文化传统的影响，教师既不能完全无视社会的规范、价值，也不能全是随心所欲。教师需要在个体需要与社会需要、真实自我与角色自我、个人价值与社会价值之间做出

① [意]史华罗：《中国历史中的情感文化——对明清文献的跨学科文本研究》，林舒俐、谢琰、孟琢译，464～466页，北京，商务印书馆，2009。

② [意]史华罗：《中国历史中的情感文化——对明清文献的跨学科文本研究》，林舒俐、谢琰、孟琢译，160～161页，北京，商务印书馆，2009。

两难选择，再加上已有体制机制的压抑，教师内心的复杂情感可想而知。如果我们对教师的情感缺乏足够的关怀，不能帮助、引导他们合理地释放，其后果难以想象。

(二)现代社会对教师的情感期待

教师职业自古以来就被赋予了神圣而崇高的地位与身份，表达了社会良好的情感期待。在近现代社会，教师的各种隐喻均表达了社会对教师在道德、行为、心灵、智慧等方面的良好期待，是理想化教师的形象。李商隐的“春蚕到死丝方尽，蜡炬成灰泪始干”，被众多人用来描绘教师作为“蜡炬”的“牺牲自己、奉献社会”的精神，但也遭到许多人的批判，认为这种隐喻不尊重教师的生命，过分强调社会外在的期待。然而，我们需要做批判性的理解，教师的“点亮”仍是对教师职业的基本规定，这一点无论社会外在的期待还是教师内在的认同，都不能否认。“点亮”并不意味着要燃尽，也需要补给、加油。那些要求教师燃尽的期待，虽然表达了一种精神的悲壮，但却并不可取。网络上有一首流行的佚名诗：“那火焰，摇曳在我的泪水之中！人们赞美的，是我燃烧的光芒；可是——却不曾看见，我在燃烧中的——苦痛！”相信此诗的作者表达了一种深深的痛苦感，这种痛苦源于社会对教师外在的期待与评价，却并未深入其中，看到教师背后的艰辛。其实，这是想唤起社会对教师职业的深入认识。这些隐喻虽然表达了社会的情感期待，但问题的关键在于这些社会外在的期待能否转化为教师个体的内在认同。

如果我们仅仅把教师这一工作看作自我奉献、自我牺牲，看不到由这种牺牲、奉献所得到的人生意义的升华、心灵的净化、精神的激发、与他人情感的融合，看不到教师的工作是一种对人生至高幸福的追求，是一种生命意义上的享受，那么我们所理解的牺牲、奉献就十分空洞、抽象、苍白；也得不到精神力量的持续支撑，可能会以一种救世主的姿态去对待自己的工作，把所面对的对象——学生当作自己背负的十字架，也许还会因为自己做出的牺牲、奉献而感到世界的不公，并因此而失落、唏嘘不已。① 长期以来，我

① 鲁洁：《回望八十年——鲁洁教育口述史》，317页，北京，教育科学出版社，2014。

们过于强调教师的育人功能，忽视了教师自身的育己。① 教师的育己功能隐含着专业发展的内涵，促使教师在日常生活实践中，通过关系性的存在，不断积累，获取养料与能量。只有将两者结合在一起的教师，才能体会到教师职业的尊严与快乐，才能主动寻求发展，体会创造性工作的成就感，提升自身与学生的生命质量，彼此完善，走向和谐的生命状态。

关于教师职业的专业化，我国的文化一直有自己独特的旨趣，即“学高为师，身正为范”。教师除了具备专业的知识技能之外，还要有道德操守和人文情怀，成为学生的榜样。教师首先应该是教育者，其次才是专家。这同我们在传统上对教师的认知是一致的，即教师首先是“传道”，作为教育者，育人；其次才是“授业、解惑”。从社会的情感期待来看，理想的教师形象是专业教学技术者和人性人文素养真善美的结合。社会既希望教师在专业知识和专业技能方面是专家，又希望教师能善待每位学生，用自己的人格魅力影响学生的生命成长。我国传统文化中“传道、授业、解惑”的教师形象已经深入人心，它兼具社会公共性和专业性。因此，单一的技术化形象难以让社会接受，毕竟它只是专业发展的一个维度，如果没有情感态度、伦理道德、社会责任等维度，教师的专业发展也只是片面的，也不会走得太远。

第三节　教师情感与专业发展的内在联系②

由前文可知，本书认同教师作为反思实践者的专业发展。因此，教师的专业性不但包含理智的判断，而且由于是与人相关的工作，还包含着对人的情感的理解。③ 教师面对的生命都是多样的，教师生命与学生生命的相遇，本身就是情感发生、介入、发展的过程。④ 教师专业发展如果没有情感支持，

① 叶澜、白益民、王枬等：《教师角色与教师发展新探》，9页，北京，教育科学出版社，2001。

② 对于教师情感与专业发展的内在联系，本书主要是基于优秀教师个人生活史中的情感经验，从对情感的认知、情感状态(感受)、情感品质、情感能力四个维度展开的，考察这四个维度对教师专业发展的基础性作用。

③ ［日］秋田喜代美、［日］佐藤学：《新时代的教师》，陈静静译，11页，北京，教育科学出版社，2013。

④ ［苏联］B. A. 苏霍姆林斯基：《给教师的建议》修订版，杜殿坤编译，421页，北京，教育科学出版社，1984。

是难以想象的。情感作为教师专业发展的内质性条件，不仅具有工具性价值，而且具有本体性价值。作为反思实践者的优秀教师的情感是一种复合性的情感，其背后的人性情感、人文情感和职业情感伴随其生命成长与专业发展的不同阶段，它们交织在一起发挥作用，促进教师的专业发展。

一、教师对情感的认知及自觉影响整体育人

长期以来，我们对情感本身以及对学生和自己的情感发展及其变化机制缺乏基本的认知。我国的教师培养无论职前还是职后都缺乏关于人的发展与培养的知识，以及如何与人沟通的知识。人的发展的知识主要包括认知、情感、动作、身体四个方面。情感是生命活动的源泉，是生命最重要的活动及运行机制，是人的价值取向的标示器，是人的精神状态的基本表征。教师的专业成长不能建立在必要知识和认知缺失的荒漠上，迫切需要补充这部分知识。

一方面，教师对作为内质性条件的情感缺乏足够的认知，与情感自身的特点有关。情感是人类精神生活的重要组成部分，是隐藏在对他人的社会承诺背后的力量，但因其复杂性、模糊性等特征，各学科领域对情感的研究都缺乏一致性。对情感的研究既引导人们深入认识生物学的结构和过程，也引导人们探讨以"文化"著称的纯粹的人类领域。同一个概念，既对自然科学提出难题，也对人文科学提出难题。因此，情感常常是一个难以捉摸的领域，它与个体内在生命的联系程度要胜过与社会生活的联系程度，但这并不削弱它的重要性——它构成我们存在的本质、我们关照现实的方式和个人的历史进程。各种情感状态促成了有意识或无意识的自我体察，这种自我体察紧密地联系着人们的时间意识，联系着对连续和中断的感觉、持续和节奏的概念、心理时间和"仪式时间"(liturgical time)以及对陌生和熟悉的感受。因此，研究情感对于理解人类行为——包括个体行为及私人历史，也包括社会行为——是至关重要的。① 另一方面，教师对情感缺乏足够的认知也与对情感的认知偏见有关。西方哲学、心理学，从柏拉图的灵魂概念到笛卡尔的二元论，都是在"理智—情感"(以精神与物质的对立为中心)的二元模式下讨论情感，将情感视为影响理智的不良因素，为客观主义者所摒弃。

① ［意］史华罗：《中国历史中的情感文化——对明清文献的跨学科文本研究》，林舒俐、谢琰、孟琢译，456、25页，北京，商务印书馆，2009。

我们的每种情感都表达了对主体有特殊意义的内驱力、本能、需要、动机、目标或期望。这些意义可以分为三种：一是与主体的生理身体和心理特性有关的个体利益(personal interests)(基本需要、安全以及对自我及其形象保存的完整性)；二是与主体的社会性有关的关系利益(relational interests)，这往往通过经验和学习而获得(独立性、社群关系、实践需要、参与需要和自主需要)；三是与个性规范化有关的社会利益(social interests)，如公正和道德，或者可称作自我实现的需要。① 可见，内驱力、本能、需要、动机、目标或期望是情感作为内质性条件发挥工具价值的重要体现。离开这些去谈专业发展，只能是抽离了"血肉"的技术熟练者的教师形象，远离教师专业发展的真实面目。

在第四章中，本书分析了教师的专业发展结构，认为知识、观念、能力与"情感—人格"共同构成教师专业发展的内涵，"情感—人格"在其中发挥了基础性的作用。情感几乎是个人实践知识形成的最深藏的奥秘，不可能与其认知内涵割裂开来。认知本身就是生命整体参与的过程，如果没有生命的整体参与，只能是干瘪的、无助于生命的成长发展的。目前，无论"第二代认知科学" ②对认知机体论的、情境性的、发展变化的和复杂性系统的新特点的强调，还是欧盟对"学会学习"的情感维度的强调，都显示了情感对于人的发展具有重要的本体价值。因为兴趣、热爱、迷恋等情感体验是由一定的对象所唤起的，是驱使人的行为的内在动力，所以只有通过主体内在的自豪、自信、胜任和自我满意等情感体验加以巩固，才能获得持续、稳定的内在动力，从而保证学习的效果和质量。③ 在人的社会性发展过程中，情感最直接和最真实地表达其与人的社会性联结。因此，情感维度理应成为教师专业发展的基础性维度，不能只强调知识、技能维度。

通过优秀教师个体生活史的回溯，本书发现优秀教师因其自身特定的情感经历和在职业生活中情感经验的累积，他们能够认识到学生在很多方面表现出的问题是因为学生正当、合理的情感需求没有得到满足，从而能够给予

---

① [意]史华罗：《中国历史中的情感文化——对明清文献的跨学科文本研究》，林舒俐、谢琰、孟琢译，264页，北京，商务印书馆，2009。

② Lakoff, G. & Johnson, M., *Philosophy in the Flesh: the Embodied, Mind and Its Challenge to Western Thought*, New York, Basic Books, 1999, p. 3.

③ 朱小蔓：《与世界著名教育学者对话》第1辑，55页，北京，教育科学出版社，2014。

学生适时、适切的回应，帮助学生解决存在的问题，体现了作为反思实践者的教师形象。然而，很多时候一些教师并未将情感作为一个重要的考察维度，而只是根据过往狭隘的、浅表的经验或自身成人的思维定式去简单、粗暴地处理。他们眼中不是有着自身情感需求的活生生的人；他们并未近距离地接触学生，只是想尽快解决问题，减少自己的麻烦。这种无视人的成长需求和差异的行为不是教育行为，其背后反映了教师对情感领域认识的不充分。这种不充分会直接影响教师对专业发展的认知，以致在行为层面做出错误的行动。

因此，教师需要认识到情感对教师专业发展的促进、激励、推动等作用，对不同的年龄段、学段、性别、生活境遇的学生的情感发展特点及相应的回应、表达方式等有基本的认知，了解情感对于学生的学习、价值观的形成和人格个性的形成的深刻影响，培养自己与学生建立积极情感交往的愿望及能力，包括敏感性等。① 教师还需要进行自我追问：教师职业是一种什么性质的职业？要做好教师工作，需要怎样的情感支持？在日常教育生活中，我有着怎样的情感经历或遇到了怎样的情感冲突？我又是如何转化、克服的？我应该以一种怎样的情感状态面对学生？我是否足够敏感以发现、识别并调适情感？怎样的情感表达能够建构一种和谐稳定的师生关系？在不断思考这些问题时，教师会获得一些有关情感方面的自我认知，并不断进行反思实践，进而改善自己的专业发展。

二、正向、积极的情感体验的长期持存有助于增强内驱力、应对危机

一切情感都产生于我们的联系。② 斯宾诺莎(Spinoza)将驱力、动机、情绪和感受等概念统称为情感，并认为这是人性的核心。他认为，感受是由情绪及相关现象所引发的各种痛苦及快乐的体验。快乐和痛苦是他试图理解人类和建议人们如何生活得更好的两个重要概念。他进而将情感分为积极的情感和消极的情感两类：前者表现为对现实的热爱，后者表现为对现实的拒斥

---

① 刘胡权：《关注教师情感人文素质，提升教师教育质量——北京师范大学朱小蔓教授专访》，载《中国教师》，2015(1)。

② ［美］查尔斯·霍顿·库利：《人类本性和社会秩序》，包凡一、王源译，6页，北京，华夏出版社，1999。

和沮丧、怨恨的情绪。消极的情感源自我们对真实本性和外在环境的无知，我们只有理解生活并积极地参与生活，才能获得快乐。当我们生活在主观世界和客观世界相和谐的境地时，自由来自我们对自身终极动力的理解。① 根据斯宾诺莎的理解，我们可以认识到情感状态(感受)是由情绪及相关现象所引发的生命体验，产生于生命过程，又是生命的来源，也是生命所指向的目的。但这种生命体验是短暂的、持存的、可调节的，是情感的基调。本书从正向与负向、积极与消极两个不同的维度来认识与理解情感状态(感受)对专业发展的影响。正向与负向表示情感所带来的生理意义上的感受性向，积极与消极表示情感对于人的长远发展的意义和作用特质。

在特定的生活情境中，生命中正当的情感需求如果得到及时、适切的回应，我们就会感受并不断积累和重温有关安全、惬意、友善、信任等正向、积极的情感体验。这些正向、积极的情感体验保障个体生命在正常的体力、智力、交往活动中获得重要的自我价值感，表现出学习和创造的勇气、兴趣和意志力，这是人性中的真善美之根。对于教师而言，尤为重要，它将为其专业发展乃至生命成长提供源源不竭的动力。相反，在不利的成长环境及缺乏基本的人道(仁爱)关系中产生的负向、消极的情感体验，尤其在神经系统尚脆弱的童年生活期，其长时间的持存会造成人的自我价值感、自尊心、信任、爱的愿望与能力的受损，给其性格、人格、价值认同带来创伤性影响。在生命早期，生命体和外界的联结较少，对外界的感受比较单一。伴随成长中自身经验的不断丰富和辨识、感受能力的增强，我们的敏感性随之增强。但正是外在的规范、束缚太多，使我们的敏感性随之降低，或让位于其他我们认为重要的东西。如果在生命早期，能够持续引导并强化安全、舒适、依恋、被爱和信任等正向的感受，那么我们神经系统之间的积极性联结就容易建立并逐渐形成条件性反应。如果日后身处相似情境，我们容易再次感受到积极的情感体验，这为个体情感的健康发展提供了重要的基础。没有这个基础，个体的情感会面临许多危机，个体的身心发展会受到影响。

因为自身职业的无边界性、多面性和不确定性，以及自身作为“中间人”对他者高度负责的角色，教师在日常的职业生活中经常会产生压迫感、焦虑感、陌生感等一系列的负面感受，甚至会遭遇深深的无力感及分裂感。如果

---

① [美]安东尼奥·R. 达马西奥：《寻找斯宾诺莎——快乐、悲伤和感受着的脑》，孙延军译，4～5、18页，北京，教育科学出版社，2009。

教师自身的情感基础比较健康、稳固的话，就能够应对倦怠感等类似的负向、消极的情感。相反，如果教师自身的情感基础比较薄弱的话，这些负向、消极的情感会长期存在，不仅会影响教师的心理健康，而且会对教师的专业发展乃至学生的成长产生负面的影响。

因此，教师要尽量从自己繁杂的工作中回到事情的本源，认识到教师工作的“回归性”，看到其积极的一面，进而生成一种积极的情感体验，获得一种自我效能感和自我价值观，而不要被消极的情感体验牵引。这就要求教师学会辨识自身的情感，对于出现的负向、消极的情感，需要探明原因和真相。有些负向、消极的情感可能会有一定的正面价值，但不宜持续存在。教师要以反思实践者的形象认识自我、反思自我，经常认识并反思自己的情感状态；教师要学会与自己展开情感生活的对话，通过思考自己在现实中的处境、寻找束缚自身的力量、解释情感状态(感受)产生的原因，然后学会“转念”，生成并强化一种正向、积极的情感体验，逐渐恢复和重新获得自我同一感。

三、教师的情感品种及情感品质是专业发展的灵魂及源泉①

情感不仅是生命的重要组成部分，而且是教师专业发展不可或缺的持久动力。教师自身感受、体验着人类丰富情感的冲击。教师有责任使学生感受到人类情感的丰富，要善于将自己的感受及情感体验传递给学生。如果一位教师不懂得情感的操练，对生活没有深刻的体验，那么能给予学生怎样的影响呢？一位连自己的生命都没有绽放的教师如何去引领学生领悟生命的意义与追求？一位教师不知道内质性的东西何在，把生命的重心放在外部世界，用世俗的观念、他人的意见来左右自己的生活乃至生命，如何成就学生呢？因此，教师自身生命的存在就是一本打开的书，是学生学习的教育资源，其情感的丰富、积极的生命状态、超越世俗的境界格局，可以使学生耳濡目染、春风化雨。可是，现在一些教师疲于应对日常和教育教学的琐事，甚至忘记了关心、亲密关系、尊重、激情等情感品质的重要性。这些情感品质对于教师自身的专业发展、良好师生关系的建构、教育教学效果的提升有着积极的影响。

---

① 情感品质是指那些比较稳定的、具有一定认知基础且经过个体体验和积累的情感。情感品种是生命的成长发展过程中出现的情感的种类，如安全感、依恋感、惬意感等，较之情感品质，情感品种不是那么稳定，没有经过长时间的体验和积累。

那么，作为反思实践者的优秀教师在职业生活中会经常出现哪些有价值的情感品质呢？回溯这些优秀教师的个人生活史，本书发现在教师职业生活中经常出现的、有积极价值的情感品质大概包括责任感和意义感。责任感是个体在关系性存在中既体认到自我的价值，也体认到自我对他人或其他事物的正当性或合理性的要求。责任感以意义感为基础，意义感的获得是在关系性的存在和特定的文化价值体系中体认到自身存在的价值，是主体对自我存在的一种确认。教师的意义感源于教师对职业的认同感、归属感和使命感，对社会外在的规范、期待等的内在认同。例如，教师在愉悦中体验教师职业的丰富，在愉悦中把握教师职业生命的意蕴。这种精神的满足源于教师能够以超功利的态度看待自己的职业，但是并非所有的教师都能体验到或超越功利去看待职业内在的美。只有钟情于此，将自身生命与职业使命融为一体的教师才能体验到这种教育的境界——生命的创造。又如，满足感和幸福感是学生自尊感的源泉，源于学生的成长和进步以及得到自己倾注的心血的回报；给予和付出的心甘情愿且内心的自足，源于对职业价值的深深确认。此外，生命感①、真实感②、同理心③、安全感、自我同一感、胜任感以及师生关系、同侪情谊等④，是教师在特定的职业情境中生成职业认同、道德操守及信念的重要源泉。

教师只有敞开整体的生命状态，才能使学生的生命打开，在生命的交流、流淌中，实现教育的意义。这种以情感影响情感、以生命影响生命的方式，使处于关系之中的师生双方获得共同成长。因此，对情感品质的筛选、积累、持存十分重要。这就要求教师做到如下两个方面：一是要对那些具有积极价

---

① 生命感是指对包括自己在内的生命体的生存状态具有较高的敏感性，能够及时恰切地领悟不同生命的生存处境，在生命体之间的关系世界中，又具有生命“共生—共在”、独立—依赖、独特—多样、互惠共生、和谐发展等生态意识。参见刘慧：《生命德育论》，132页，北京，人民教育出版社，2005。

② 真实感是一个关涉个体存在的情绪情感，是基于生命整体打开或开放的切身感受。

③ 同理心是针对他人的处境而不是自己的情况所产生的一种情感反应。目睹别人的痛苦可以引起两种功能不同的情感状态：一种是同情性关切，由同情、关切、热心、仁慈等情感构成；另一种是个人的痛苦，由震惊、担心、难受、羞耻和害怕等情感构成。个人的痛苦的情感将引起唯我的动机以减轻自己的痛苦，同情性关切的情感引起利他主义的动机以减轻别人的痛苦。

④ 其他在教师职业生活中经常出现的、有积极价值的情感品质还有真诚、热忱、宽容、坦诚、利他、奉献、坚韧、信念同一与持守等。

值的情感品质保持敏感，避免“不感症”①。教师要有意筛选、梳理自己的情感品质，发现促使其生成的情境或条件。二是要呵护、珍爱这些积极的情感品质。在日常生活实践中，教师要从审美的角度出发，修养身心，不断内省并主动调节这些情感品质。也就是说，教师要以一种非功利或超功利的态度，在丰富的情感体验中走向审美体验。走向审美体验的教师，能够突破、超越现实的樊篱和琐碎，反观生命的成长和完善，获得生活的乐趣和意义。

四、教师的情感能力是情感育人的重要体现

教师的能力本身就是教师专业发展的重要组成部分。长期以来，我们对注重知识传授和促进自我专业发展的教育教学能力比较重视，认为它是教师专业发展的重要体现。不可否认，教师需要这种基本的知识传授的能力，但是这种能力同样需要作为内质性条件的情感的支撑。试想一位教师如果不喜欢他的学科、不了解学生成长及学习认知的规律、不具备自我更新的勇气，这位教师的教育教学能力何以提升？教师除了具备教育教学能力之外，还需要具备围绕学生成长和发展的困惑予以帮助的问题解决的能力，这也正是作为反思实践者的教师所应具备的基本能力，即“生命体照料”的能力。这种能力同样是教师专业发展的重要体现。

“生命体照料”需要教师对生命体本身的成长发展规律有一定的认识和理解。美国学者加德纳(Gardner)在《多元智能》一书中，通过脑科学、心理学和人类学等研究和界定了人际智能(人际感)和自我智能(内省感)，指出人的表情识别、体察自身及他人的情感等都有特定的脑区及特定的神经运行方式。这两种智能对于人的发展具有重要影响。无论了解他人的人际智能，还是了解自我的内省智能，其核心是“识别—回应”，其实指的就是人的情感能力。朱小蔓将有外化表现、有功能作用的方面称为情感能力，主要包括情绪识别能力、情绪表达和调适能力。情绪识别是对表情的辨认，对别人或自己的内在感受、内在情感需求的辨认。情绪表达与调适是指人通过丰富多彩的文化情境与人际情境，使其消极情绪得到合理宣泄，使情感表达准确、合理而丰富。也就是说，人能够正确地表达和抑制情绪，学会选择与最重要的价值相

① 所谓“不感症”，是指对情绪情感的敏感性差，麻木冷漠，没有激情，索然无趣，日渐平庸和公式化，看不到人性的美好，对教育的奇妙没有感觉，对生命没有冲动，意义感不强，等等。

一致的方式对具体情境做出反应。①

教师的情感能力具体表现在两个方面：一是对自己的方面——识别、认识自己的情绪、脾性、旨趣；善于运用语言和非语言等形式适切地表达自己的情绪情感；能够正确地看待挫折与失败，激励自己、战胜挫折。二是对他人的方面——能够通过表情、体态、肢体语言等外在表现识别或辨识他人内在的动机、兴趣、需要等，进而能够适切地表达或回应，体察他人的处境或状态，能够动机移位，做到照顾、理解他人的情绪情感；能够移情、分享；善于欣赏、激励、感染他人。② 因此，情感能力主要是指对自己及他人的情绪情感的察觉、觉知、体悟、理解的能力，以及情感沟通与交往、情绪情感表达、情感移入、情绪调节与控制、情绪情感激励与自我激励的能力。这些能力与教师的天赋条件有关，更重要的是源自教师长期职业生活的积累，在一定程度上是可以经过教化和训练的。

通过优秀教师的生活史的回溯，本书发现优秀教师的情感能力主要体现在育人方面：优秀教师作为情感实践的主体，具有教育的敏感性，能够在学生的细微之处体察、发现、洞察他们的情绪情感状态或情感需求，理解学生的需求，并做出及时、适切的回应或表达。这种回应或表达是在适当的时候对适当的事物和人在适当的动机和方式下所发生的情感，这种情感即美德。③ 这种回应是基于学生生命成长的特点，是全身投入的积极状态，作为整个生命的敞开，并在敞开的过程中帮助学生获得或重拾生命与知识的联结的。对于优秀教师而言，他们需要具有与学生建立教育关系的态度与能力，包括教育爱、信任、希望、接纳、等待等，要努力避免冷漠、仇恨、残忍、威权、封闭等。优秀教师能够成为学生情感倾诉的第一人，倾听学生的烦恼，与学生探讨未来的发展，拉近与学生的情感距离，建立起和谐、信任的师生关系。

为此，教师需要理解学生的发言或行动中所包含的情感，对学生的情感需求进行识别、觉察和发现，并做移情理解，感同身受；教师作为反思实践者能够控制自己的情感，不被情感左右，能够在不同的场景中有意识地表达情感，并根据情境来调整与学生的距离，从而做出专家应有的行为。这主要

① 朱小蔓：《情感德育论》，52页，北京，人民教育出版社，2005。

② 朱小蔓：《关注心灵成长的教育——道德与情感教育的哲思》，175、399页，北京，北京师范大学出版社，2012。

③ [古希腊]亚里士多德：《诗学》，119页，北京，人民文学出版社，1962。

涉及教师的情感表达，即教师在识别的基础上适时回应、表达、调适，做出符合身份、场景、情境的恰当表达。识别、觉察、发现①，移情、共情、理解，回应、表达、调适，这一系列的教师情动实践本身虽有技能技巧性，但更多的是教师自身的“情感—人文”素养的体现，是教师专业性的最好体现。如果教师与学生保持距离，远离教学，那么这种具有自我保护性的自我与教育实践的割裂，只剩下冷冰冰的知识、技能，远离了学生。谈何专业性？

第四节 关注教师情感之维，促进教师专业发展

世纪之交，社会的转型发展使教师情感面临新的矛盾和挑战。虽然我们在理论上大力倡导教师的专业发展，但对于教师情感缺乏足够的重视。在实践领域，教师囿于各种现实，并未意识到情感的本体价值。情感维度的缺失不仅使教师的专业发展难以得到真正提升，而且对学生的身心发展也产生了不良影响，师生间的情感性交往难以建立，教育的内涵被大大削弱。需要注意的是，教师的情感发展状况及水平，包括经常感受、体验的内容与质量以及对自己的情绪情感的觉察与认知、调控与管理的能力，在物质日益丰富和技术日益强大的社会发展中越来越重要。正如朱小蔓所言，它不仅从生命的根基上支持个人的理智和道德健康的生活，而且以自然而强大的力量支持社会中人们的合作与共处，支持个体和社会的无限想象、愿望与创造活力。②因此，本书呼吁重视以职业情感为核心的教师专业发展的情感维度，提高教师作为“教师人”的“情感—人文”素质，促进教师的专业发展。

基于此，对于教师的职前培养而言，在“入口”上要关注生源的“情感—人文”素养，强调师范生自身的价值观、人生态度和个性气质，主要看其是否具有热爱教师工作的职业倾向性；是否具有做教师的基本素质，如口头与书面表达能力、群体适应的灵活性与组织能力、情绪的稳定性及个体仪表；是否具有真诚、率直的人格特点；是否具有利他的倾向；是否善于“识别—回应—调适”自己及他人的情绪情感。由于情感的内隐性、模糊性等特征，不像测评

---

① 艾斯纳(Eisner)称之为“教育鉴识”，是对教育场景中各种复杂情境的识别能力。参见[日]秋田喜代美、[日]佐藤学：《新时代的教师》，陈静静译，36页，北京，教育科学出版社，2013。

② 朱小蔓：《与世界著名教育学者对话》第1辑，55～56页，北京，教育科学出版社，2014。

知识或技能那样可以直接采取量化的方式，我们更多地需要通过案例分析、生活叙事、生活史陈述等方式做出测评。我们在“过程中”要调整教师教育的课程，增加“情感—人文”素养方面的课程设计或研究专题，如学生情感的发展特点、表达与理解方式等方面的课程以及情感对于学生的学习、价值观和人格个性的形成方面的课程。这些课程可以激发师范生对情感的敏感性，形成对情感的基本认知，培养情感交往能力。

对于在职的教师来说，我们需要做到如下三个方面：一是需要从长期习惯于要求教师应该如何做、如何转变转向更多地援助教师、关心教师，帮助他们学会积极关注，适切地回应，强化正向情感的联结，提升自己的情感能力，学会在呵护学生的同时呵护自己的情感，学会调整和改变自己，并从改变自己入手改变周围的环境。二是需要从长期单向的、齐一性的要求转向更加重视个体化经验和情境性条件，支持从教师个体内部渐渐发展正向、积极的情感和意愿，重视教师特定的情感体验，引导教师要尽可能在个体生活史中重视自己的个人情感与生命经验模式的强化、否定、改组和重构。这种切近个人生活境遇的、有内在感受力和冲击的教育条件可以让个体不断获得丰富、深刻的情感经验，获得生命能量的补给，增加情感发展的韧性，拓展已有情感感受的范围。三是要为教师的成长提供精神上的支持性环境，营造情感空间①，培育学校的人文文化，支持教师的自主成长，激活教师的发展空间。当下，新时期的教师不再将宏大叙事作为生活意义感的来源，他们愿意并且渴望投身到一个让他们没有太多的压抑感和有关怀、有鼓励、有成就感的环境里成长。②

结　语

教师的教育对象是学生，是人。人不只是理性的动物，还是情感的动物，

---

① 情感空间是非物理的、由人及人的情绪情感弥漫所构成的，进而反过来影响到人的情绪情感状态和存在方式的社会空间环境。情感空间是作为气氛的情感在其中扩展开来的空间，是由主体心理与外部环境相互交融而产生的、呈现社会文化符号和主体自我精神的生命空间。情感空间的属人性质和意义性的关系场，是通过联系与交往实现的。参见庞学铨：《新现象学的情感理论》，载《浙江大学学报(人文社会科学版)》，2000(5)。

② 刘胡权：《关注教师情感人文素质，提升教师教育质量——北京师范大学朱小蔓教授专访》，载《中国教师》，2015(1)。

正所谓“亲其师，信其道”。然而，长期以来，由于种种复杂的原因，教师素质中的情感这一维度十分缺失，其研究也相应薄弱。本书运用生活史的方法对优秀教师进行深入访谈，通过材料收集和梳理发现童年生活期、师范教育期和职业生活期的情感经历与教师的情感素质密切相关，从而支持教师对职业的理解及专业成长的自觉性。

童年生活期的情感记忆是教师专业发展的潜在生命力的源泉。“我生来就是做教师的”“我天生就喜欢探索和不同的人打交道的方式”“我喜欢交流说话，我善于表达”“我从小就觉得教师很了不起”……这个时期的教师情感经历及情感记忆是非常隐晦的，甚至是难以洞见的，但是它却为教师未来的发展奠定了基础。例如，童年生活期的依恋感、归属感、联结感等基础性的人性情感，构成了教师专业发展的根基性的职业情感之源，并且不断地衍生出新的更为复杂的情感品种——信任感、安全感、信赖感、亲切感、道德感等。这些萌生于童年生活期的情感品种将为教师专业发展奠定坚实的基础，通常表现为教师专业的早期观念及内在能力结构的初步显现。

成为一位教师并非一蹴而就，势必要经历一个不断探索、不断积累的学习过程。师范院校的学习期和职场破冰的实习期这两个阶段是成为教师必备的培育期、磨合期，甚至是激荡期。师范生在专业学习期，总会或多或少地有这样的情感体验：“做教师真好”“这位教师真美”“我以后就要做这样的教师”“选择师范无怨无悔”……然而，师范生在经历实习期后却会产生更为丰富复杂的情感体验：“现实和我想象的不一样”“学生也不总是那么可爱”“当教师可真辛苦”“至今还是难忘我的实习指导教师”……职场现实与职业理想的正面交锋，促使不少准教师呈现“震撼与感动”的职业体验，生成影响今后的职业生涯和专业发展的情感。无论师范生在学习期的作为未来教师的使命感、责任感、专业认同，还是在实习期的期待感、幻灭感等，这些在特殊环境下产生的情感经历、情感体验将逐步内化为他们作为教师的“情感—人文”素质。这将关切到未来教师的专业发展水平及职业幸福感。

真正进入职场后，在日复一日的职场生活中，教师每天都演绎着自我经验在教育现场的重组、更新与改造，呈现出不同的教学风格与专业成长路径。也正是在这一过程中，教师逐渐形成“情感—人格”，并将“情感—人格”外化为教育实践。“我越来越觉得我就是为做教师而来的”“我发现我一到课堂中来就如此地沉醉”“每次面对学生纯真的脸，我心里就特别幸福”“我喜欢和学生在一起，一点也不累”……教师如此深情的表达，显示了他们特有的“情感—

人格”。这种“情感—人格”显然已经外化为教师表达师爱、建构和谐的师生关系、生命融于教育的旨趣与热切追求。“情感—人格”在教师的专业发展结构中起着最为基础的作用，“情感—人格”、知识、观念和能力都是基于教师的自我经验而整合形成教师的内在素质的。

由上所述，教师专业发展的情感基础，是指在成为教师的整个生命长河中，能够支持教师对职业的理解、认同，促进教师的教育教学实践，驱动教师专业成长的自觉性的情感体验、情感经历、情感经验等。它与教师专业发展有着基础性的联系，最终内化并生成与教师生命融为一体的人性情感、人文情感和职业情感，这些情感交织在一起促进教师的专业发展和生命成长。那些正向、积极的情感状态(感受)，那些在教师职场中经常出现的具有内质性、奠基性、根源性、动力性、支持性的与教师专业发展休戚相关的情感品种(品质)，那些得以外化的情感能力，它们构成了教师专业发展的情感基础，在成为教师的整个生命长河中发挥着与教师角色相联系的内在影响力，并在教师专业发展的不同阶段，特定地、有分别地、不同程度地发挥着基础性的作用。

本书通过生活史的回溯，尝试探寻了教师情感与专业发展的内在联系，初步建构了教师专业发展的情感基础，丰富了教师教育的研究领域，为日后该领域的进一步深入研究奠定了必要的学术基础。通过这样的研究，本书希望教师能够自我关照其内在情感和精神成长的轨迹与状态，在“过去—现在—未来”的时间之流中整体呈现出自己专业发展的过程，以及自己在这一过程中的主动建构，从而能够唤醒自己沉睡的情感，提升自身的情感人文素养，促进专业成长，激发昂扬的生命状态。

对于教师专业发展而言，本书通过生活史的方法，为已有的哲学预设的情感四分框架(状态、质料或品种、品质、能力)做了实证支撑，并据此尝试探寻了教师情感与专业发展的内在联系。对于教师教育而言，本书弥补了该领域的研究中情感维度缺失的现状，为该领域的深入研究奠定了基础。

然而，情感自身的隐匿性、模糊性及内在性等特点，使本书中教师情感在教师专业发展和教师教育领域的本体论方面的论述比较分散、不系统。此外，本书需要积累更多的案例，从而“由表及里”地揭示教师成长的某些深层规律。本书将在教师教育的情感维度方面做进一步的深入研究，更多地思考现实层面的一些问题。例如，教师如何应对专业情感与日常生活情感之间的矛盾；教师如何更好地进行情感育人；等等。

时代在变迁，物质在丰富，技术在进步，那么什么不变或者变化得较为缓慢呢？人类学家告诉我们，是情感。虽然不同时代的个体要应对不同时代的问题，可是人性中那最为基础、最为柔软的情感却相对稳定。我们深知，人不仅是一种进化的动物，而且是联结精神世界与物质世界的桥梁。生命是生死交替接续的过程，教育的目的不仅要满足现世生活的必需，而且应该着眼于引出生命的连续发展过程，着眼于生命。一位教师或教育者如果缺乏对人的内在的理解，就很难进入学生的内心，学生也很难在情感上与这位教师亲近。如此的师生关系，只有师生之名，无师生之实，其根本问题在于人与人之间的情感联结断裂了。

如何从根本上修复这种情感的断裂？回归到我国几千年传统文化的智慧中，不外乎“存诚”与“进德”。《中庸》强调“尊德性而道问学”，以达“至诚”之境界。教师如果能够以至诚之心培养自己的人文素养，无论对于自身的专业发展还是对于学生的生命成长，都将有重要的价值。

参考文献

中文文献(著作类)

1. [法]埃德加·莫兰．复杂性思想导论[M]．陈一壮，译．上海：华东师范大学出版社，2008.
2. 鲍鹏山．中国人的心灵——三千年理智与情感[M]．上海：复旦大学出版社，2009.
3. [美]波·布朗森，[美]阿什利·梅里曼．关键教养报告：关于孩子的新思考[M]．夏婧，译．杭州：浙江人民出版社，2013.
4. [德]O·F．博尔诺夫．教育人类学[M]．李其龙，等，译．上海：华东师范大学出版社，1999.
5. 陈向明．质的研究方法与社会科学研究[M]．北京：教育科学出版社，2006.
6. [加拿大]大卫·杰弗里·史密斯．全球化与后现代教育学[M]．郭洋生，译．北京：教育科学出版社，2000.
7. [美]丹尼尔·西格尔，[美]蒂娜·佩恩·布赖森．全脑教养法：拓展儿童思维的 12 项革命性策略[M]．周玥，李硕，译．杭州：浙江人民出版社，2013.
8. 郭景萍．中国情感文明变迁 60 年——社会转型的视角[M]．北京：人民出版社，2010.
9. [俄]康·德·乌申斯基．人是教育的对象——教育人类学初探(上卷)[M]．郑文樾，译．北京：人民教育出版社，2007.
10. [俄]康·德·乌申斯基．人是教育的对象——教育人类学初探(下卷)[M]．张佩珍，郑文樾，张敏鳌，译．北京：人民教育出版社，2007.
11. 梁漱溟．人心与人生[M]．上海：上海人民出版社，2011.
12. 梁漱溟．这个世界会好吗：梁漱溟晚年口述[M]．天津：天津教育出版社，2011.
13. 刘次林．幸福教育论[M]．北京：人民教育出版社，2003.
14. 刘惊铎．道德体验论[M]．北京：人民教育出版社，2003.

15. 卢家楣．情感教学心理学[M]．上海：上海教育出版社，2000.

16. [加拿大]马克斯·范梅南．教学机智——教育智慧的意蕴[M]．李树英，译．北京：教育科学出版社，2001.

17. [美]梅拉妮·基伦，[美]朱迪思·斯梅塔娜．道德发展手册[M]．杨韶刚，等，译．北京：教育科学出版社，2011.

18. [美]乔纳森·特纳，[美]简·斯戴兹．情感社会学[M]．孙俊才，文军，译．上海：上海人民出版社，2007.

19. [美]乔纳森·H. 特纳．社会学理论的结构[M]．第7版．邱泽奇，等，译．北京：华夏出版社，2006.

20. 王坤庆．精神与教育——一种教育哲学视角的当代教育反思与建构[M]．武汉：华中师范大学出版社，2009.

21. [意]亚米契斯．爱的教育[M]．夏丏尊，译．北京：中央编译出版社，2010.

22. [美]威廉·格拉瑟．没有失败的学校[M]．唐晓杰，译．北京：首都师范大学出版社，2010.

23. 张光鉴，等．相似论[M]．南京：江苏科学技术出版社，1992.

24. 朱永新，高万祥．教师第一课[M]．福州：福建教育出版社，2013.

25. 朱永新，袁振国．中国教师：专业素质的修炼[M]．南京：南京师范大学出版社，2003.

中文文献(论文类)

1. [乌克兰]阿拉·博古什．苏霍姆林斯基人道主义教育中的惬意童年[J]．中国德育，2007(3).

2. 柴尚金．论中国古代哲学的情感思维[J]．社会科学战线，1995(1).

3. 陈来．论李泽厚的情本体哲学[J]．复旦学报(社会科学版)，2014(3).

4. 陈向明．实践性知识：教师专业发展的知识基础[J]．北京大学教育评论，2003(1).

5. 顾艳玲．新教师专业发展的叙事研究[D]．重庆：西南大学，2010.

6. 贺晓星．叙事资本：对教育社会史、生活史研究的一种深度理解[J]．高等教育研究，2013(3).

7. 姜勇．个人生活史与教师发展初探——一种解读教师专业成长的新视角[J]．外国中小学教育，2004(3).

8. 鞠玉翠．教师个人实践理论的叙事探究[D]．上海：华东师范大学，2003.

9. 句新文．试论作为探究和解释的生活史研究[J]．上海教育科研，2013(9).

10. [英]克里斯托夫·戴．保持激情：成就优秀教师[J]．陈彦旭，译．教育研究，2009(3).

11. [美]A·W. 库姆斯．师范教育的新设想(特约稿)[J]．殷普农，译．华东师范大学学报(教育科学版)，1989(4).

12. 李继．论教师情感的断裂与复归[J]．中国教育学刊，2015(5).

13. 李瑾瑜．专业精神——教师的必备素质[J]．中小学管理，1997(4).

14. 李泽厚，刘绪源．"情本体"的外推与内推[J]．学术月刊，2012(1).

15. 刘胡权．论教师专业发展的"精神"转向[J]．当代教育科学，2016(1).

16. 刘庆昌．论教育情感[J]．山西大学师范学院学报，2000(1).

17. 卢乃桂，王晓莉．析教师专业发展理论之"专业"维度[J]．教师教育研究，2008(6).

18. 鲁洁．人对人的理解：道德教育的基础——道德教育当代转型的思考[J]．教育研究，2000(7).

19. 屠锦红．教学情感研究引论[J]．湖南师范大学教育科学学报，2014(3).

20. 王平，朱小蔓．建设情感文明：当代学校教育的必然担当[J]．教育研究，2015(12).

21. 王亚利．教育情感及其评价研究[D]．太原：山西大学，2011.

22. 王志红．论教师成长中的情感特征[D]．福州：福建师范大学，2003.

23. 毋丹丹．传统教师德性的现代诠释[D]．重庆：西南大学，2013.

24. 吴思孝．教师专业精神：内涵、价值与培养[J]．教育理论与实践，2013(34).

25. 熊川武．教育感情论[J]．教育研究，2009 (12).

26. 徐志刚．教师情感能力的研究[D]．南京：南京师范大学，2007.

27. 于伟，栾天．历史本体论与走向情本体的教育[J]．教育学报，2011(4).

28. 鱼霞．教师成长：对"关键事件"的反思至关重要[J]．人民教育，2012(5).

29. 张传燧．论教师精神及其培育[J]．教师之友，2005(6).

30. 张华军，朱旭东．论教师专业精神的内涵[J]．教师教育研究，2012(3).

31. 张立新．教师实践性知识形成机制研究——基于教师生活史的视角[D]．上海：上海师范大学，2008.

32. 赵鑫．教师感情修养研究[D]．上海：华东师范大学，2010.

33. 郑新华．叙事研究与教师专业发展的个人经历与问题[J]．全球教育展望，2005(12).

34. 朱小蔓，丁锦宏．情感教育的理论发展与实践历程——朱小蔓教授专访[J]．苏州大学学报(教育科学版)，2015(4).

35. 朱小蔓，梅仲荪．道德情感教育初论[J]．思想·理论·教育，2001(10).

36. 朱小蔓．情境教育与儿童学习[J]．课程·教材·教法，2009(6).

37. 朱小蔓．谈谈"教师专业化成长"[J]．南通师范学院学报(哲学社会科学版)，2001(1).

38. 朱小蔓，严开宏．论个人化教育知识及其建构[J]．南京晓庄学院学报，2009(4).

39. 朱旭东．论教师专业发展的理论模型建构[J]．教育研究，2014(6).

英文文献

1. Atkinson, R. The Life Story Interview[M]. CA: SAGE Publications, 1998.

2. Britzman, D. P. Cultural Myths in the Making of a Teacher: Biography and Social Structure in Teacher Education[J]. Harvard Educational Review, 1986(4).

3. Carter, K. The Place of Story in the Study of Teaching and Teacher Education[J]. Educational Researcher, 1993(1).

4. Debra, K. M. Scaffolding Affections in Classrooms[M]. Schutz: P. A. (Eds.), Affection in education. Academic Press, 2007.

5. Denzin, N. K. & Lincoln, Y. S. Handbook of Qualitative Research[M]. 2nd edition. CA: SAGE Publications, 2000.

6. Geoff Whitty, G. Teacher Professionalism in New Times[J]. Journal of In-service Education, 2000(2).

7. Goodson, I. Studying the Teacher's Life and Work[J]. Teaching & Teacher Educaiton, 1994(1).

8. Gordon Kirk. Teacher Education and Professional Developnien [M]. Glasgow: Scottish Academic Press, 1988.

9. Harding, J. & Pribram, E. D. Losing Our Cool? Following Willliams and Grossberg on Emotions[J]. Cultural Studies, 2004(6).

10. Hargreaves, A. Changing Teachers, Changing Times: Teachers' Work and Culture in the Postmodern Age[M]. London: Cassell, 1994.

11. J. O. McDowelle, et al. Leading with Emotion: Reaching Balance in Educational Decision-Making[M]. The Scarecrow Press, Inc, 2002.

12. Maxwell, J. A. Qualitative Research Design: An Interactive Approach[M]. CA: SAGE Publications, 1996.

13. Rokeach, M. Beliefs, Attitudes and Values: A Theory of Organization and Change[M]. San Francisco: Jossey-Bass, 1968.

14. Sanford, A. J. & Emmott, C. Mind, Brain and Narrative[M]. West Nyack, NY, USA: Cambridge University Press, 2012.

15. Schutz, P. A., Crowder, K. C., & White, V. E. The Development of a Goal to Become a Teacher[J]. Journal of Educational Psychology, 2001(2).

16. Sutton, R. E. Emotional Regulation Goals and Strategies of Teachers[J]. Social Psychology of Education, 2004(4).

17. Williams, S. J. Emotion and Social Theory: Corporeal Reflections on the (Ir) Rational[M]. London: Sage, 2001.

18. Zembylas, M. Teaching with Emotion: A Postmodern Enactment[M]. Michigan: Intercollege, Cyprus and Michigan State University, 2005.

附 录

一、有关本书的研究课题及访谈事项的说明

尊敬的老师：

首先，感谢您同意参加“教师专业发展的情感基础研究”的生活史访谈！该说明旨在向各位老师介绍我的研究项目和研究方法，以便在您接受我的访谈时，了解该项目开展的背景及我访谈的主要目的，同时打消您的后顾之忧，以便该研究更好地开展。

我为什么要研究教师情感？主要考虑的是现在已有的关于教师专业发展的理论和实践，往往比较强调教师在学科知识与技能等外显层面上的专业性，忽视情感等内质性因素在教师成长中的重要性。大量的教育教学实践表明，缺失了情感的维度，教师的专业发展无从谈起。因此，本书的主要是探讨优秀教师的情感与专业发展的内在联系，希望拓宽教师专业发展的情感维度，以促进教师更好地发展。

什么是生活史研究？生活史研究就是通过个人记忆的挖掘和采集，去关注个人并研究个人，以更好地解释人类社会与历史之谜。就本书的研究而言，是希望通过您的自传式口述来了解您的专业发展过程，以及情感在这一过程中发挥了怎样的作用。当然，本书的研究会最大限度地保护您的隐私，涉及的相关内容均会做一定的技术处理，请您放心。

自传式口述访谈是生活史研究中的关键环节。每次的访谈会持续 2～3 小时，访谈过程中尽量不打断您的陈述。

通过您的自述，相信您能够更好地从“过去—现在—未来”的时间之流中认识情感与专业发展的内在联系，更好地梳理您的情感经历及情感经验，明确您的专业发展的信念及未来可能的发展路径，也会给别人的专业发展带来启示和思考。

您的专业发展过程一定是与众不同、独具魅力的，您的分享必将对本书的研究有独特的贡献与价值，十分期待您的分享！

二、协助访谈的问题①

(一)开放性的问题

1. 可以说得再具体一点吗？
2. 你当时是怎么想的？现在呢？
3. 你觉得它们之间有联系吗？是怎样的联系？
4. 你怎么看待？

(二)关于家庭

1. 你的父母是怎样的性格？对你的要求怎样？
2. 你跟你的父母像吗？是否继承了他们的一些特点？
3. 你是否有兄弟姐妹？
4. 你们生活的环境是怎样的？
5. 有没有自己记忆深刻的生活体验？
6. 家庭给予你的主要是什么？

(三)关于受教育经历

1. 你最初对学校、教师是怎样的印象？
2. 你最喜欢哪位教师，为什么？
3. 你最不喜欢哪位教师，为什么？
4. 你日后做教师跟早期的受教育经历有关吗？与哪些有关？

---

① 这些问题并非结构性访谈的提纲，而是为避免受访对象不能顺畅地自述或有所遗忘而需要研究者提示或引导的问题。

5. 你上学时有没有印象深刻的事情？

6. 你认为教育带给你的主要是什么？

7. 对于教育，你有没有一些不愉快的记忆？

8. 对于教育，你还想说点什么？

(四)关于职业生涯

1. 截至目前，你认为你的职业生涯可以分成几个阶段？

2. 在不同的阶段，你有怎样的情感记忆？

3. 你觉得对于教师职业，哪些要素能够体现其专业性？

4. 你是否喜欢教师职业？为什么？

5. 当你遭遇负向、消极的情感时，你是怎样克服的？

6. 在你的职业生涯中，有哪些关键事件和关键人物？

7. 你认为对于教师而言，最重要的是什么？

8. 在职业生涯中，你经常出现的情感有哪些？你认为哪些对专业发展有益？哪些是应该避免的？

(五)其他相关因素

1. 你对目前你的专业发展情况满意吗？未来有什么规划？

2. 让你重新选择职业，你还会选择教师吗？

3. 你觉得哪些建议和智慧可以分享给他人？

4. 你如何看待教师的情感？

5. 你觉得你的专业发展是否受到文化传统的影响？其具体体现是什么？

6. 你如何看待社会对教师的专业期待？

7. 你觉得教师具有专业性吗？如何体现？

8. 你希望哪一段经历可以重来？

(六)结束之前的问题

1. 你如何看待你今天的自述？有何感受？

2. 你还有特别想说的吗？

三、关于同意参加本书的研究课题的声明

受访对象(姓名)：

所在单位：

所教学科：

我宣布对“教师专业发展的情感基础研究”的情况全部知悉，并同意自愿作为受访对象参与该课题。

为使该研究更好地开展，双方达成以下协议。

第一，受访对象主要参与个人生活史的自述性的访谈，并愿意提供与之相关的辅助材料供研究使用。

第二，受访对象有权选择离开该研究，无论出于怎样的原因。

第三，出于研究伦理，本书的研究将对受访对象及访谈内容进行匿名等技术处理，与之相关的出版物、日记札记、观察材料等仅限于本书的研究使用，不用作他用。

访谈地点：

访谈时间：

研究者签名：

受访对象签名：

后 记

教师这一职业的最终指向是育人，育人需要知识、技能、伦理道德、情感、审美等多方面基础的支撑，而不仅仅是知识、技能层面。缺乏情感基础的知识、技能也只能是表层、肤浅的。长期以来，我们比较关注教师在知识、技能等层面的专业发展，而对于情感层面比较忽视，“日用而不知”。如果没有教师本人对所教学科的挚爱甚至痴迷、执着的情感，没有对胜任该学科教学的自我肯定的积极体验，不但教师自己走不远，而且也无法影响学生的情感、态度、价值观。因此，情感是教师核心素养的重要组成部分，是教师专业发展的基础。情感基础，是走向个体内在精神世界的重要途径。本书以“情感”之眼来关注教师的内在人文素质，为教师的专业发展做了一些基础性的工作。

然而，有关情感及情感教育的研究，囿于思维方式、研究方法的局限，致使情感教育和教师情感教育的研究未能走向更深入、更精细，对实践层面的影响也远远不足。教师情感，离不开职场本身，离不开关系视域。我们不管从事教师教育研究，还是进行教师工作实践，都要真正回到教师工作职场本身、回到职场生态本身、回到教师职业生活本身和活生生的人的本身上来，回到我国教师独有的传统与文化上来，回到教师的新时代背景上来。虽然“路漫漫其修远”，但我仍愿“上下求索”。因为，这是人性之基，它折射了生命之真善美。

图书在版编目（CIP）数据

教师专业发展的情感基础研究 / 刘胡权著. —北京：北京师范大学出版社，2019.11

（京师教师教育论丛）

ISBN 978-7-303-24707-3

Ⅰ. ①教… Ⅱ. ①刘… Ⅲ. ①师资培养—研究—中国 Ⅳ. ①G451.2

中国版本图书馆 CIP 数据核字（2019）第 090788 号

营 销 中 心 电 话 010-57654738 57654736
北师大出版社高等教育与学术著作分社 http://xueda.bnup.com

JIAOSHI ZHUANYE FAZHAN DE QINGGAN JICHU YANJIU

出版发行：北京师范大学出版社 www.bnupg.com
北京市西城区新街口外大街 12-3 号
邮政编码：100088

印　　刷：北京溢漾印刷有限公司
经　　销：全国新华书店
开　　本：730 mm×980 mm 1/16
印　　张：12.75
字　　数：232 千字
版　　次：2019 年 11 月第 1 版
印　　次：2019 年 11 月第 1 次印刷
定　　价：56.00 元

策划编辑：陈红艳 鲍红玉　　责任编辑：马力敏 孟 浩
美术编辑：李向昕　　装帧设计：李向昕
责任校对：康 悦　　责任印制：马 洁